ROMAIN ROLLAND

Musiciens d'autrefois

TROISIÈME ÉDITION REVUE

PARIS
LIBRAIRIE HACHETTE ET Cie
79, BOULEVARD SAINT-GERMAIN, 79

1912

3 fr. 50

Musiciens d'autrefois

1671-11. — Coulommiers. Imp. PAUL BRODARD — P12-11.

ROMAIN ROLLAND

Musiciens d'autrefois

L'OPÉRA AVANT L'OPÉRA

L'« ORFEO » DE LUIGI ROSSI — LULLY — GLUCK

GRÉTRY — MOZART

TROISIÈME ÉDITION REVUE

PARIS

LIBRAIRIE HACHETTE ET Cie

79, BOULEVARD SAINT-GERMAIN, 79

1912

MUSICIENS D'AUTREFOIS

INTRODUCTION

DE LA PLACE DE LA MUSIQUE
DANS L'HISTOIRE GÉNÉRALE

La musique commence seulement à prendre dans l'histoire générale la place qui lui est due. Chose étrange qu'on ait pu prétendre à donner un aperçu de l'évolution de l'esprit humain, en négligeant une de ses plus profondes expressions. Mais ne savons-nous pas combien les autres arts, mieux favorisés pourtant, plus accessibles à l'intelligence française, ont eu de peine à acquérir droit de cité dans l'histoire générale? Et y a-t-il si longtemps que celle-ci s'est ouverte à l'histoire de la littérature, des sciences, de la philosophie, de toute la pensée humaine? Cependant la vie politique d'une nation n'est que l'aspect le plus superficiel de son être. Pour connaître sa vie intérieure, source de son action, il faut pénétrer jusqu'à l'âme par la littérature, la philosophie, les arts, où se sont reflétés les idées, les passions, les rêves de tout un peuple.

On sait quelles ressources la littérature offre à l'histoire, de quelle aide, par exemple, la poésie cornélienne et la philosophie cartésienne peuvent être pour comprendre les générations françaises des traités de Westphalie, ou combien la Révolution de 89 resterait lettre morte si l'on n'était familiarisé avec la pensée des Encyclopédistes et des salons du xviii° siècle.

On s'est rendu compte aussi des précieux renseignements que fournissent les arts plastiques pour la connaissance d'une époque : c'est sa physionomie même, ce sont les types, les gestes, les costumes, les modes, tout le visage de la vie journalière qui ressuscite. Et que d'indications pour l'histoire! Tout se tient : toute révolution politique a son contre-coup dans une révolution artistique, et la vie d'une nation est un organisme où tout est lié, les phénomènes économiques et les phénomènes artistiques. Des ressemblances et des différences de monuments gothiques ont permis à un Viollet le-Duc de retrouver les grandes voies de commerce du xii° siècle. L'étude d'une partie d'architecture, du clocher, par exemple, a pu montrer les progrès de la royauté de France, la pensée de l'Ile-de-France imposant aux écoles provinciales, depuis Philippe-Auguste, son type de construction. Mais le grand service historique des arts, c'est de nous mettre en contact avec le cœur d'une époque, de nous faire toucher le fond de sa sensibilité. En apparence, littérature et philosophie renseignent avec plus de clarté, réduisant en formules nettes et précises les caractères d'un temps. Mais elles y introduisent une simplification factice, elles en donnent une idée raidie et appauvrie. L'art se modèle sur la vie. Et ce qui ajoute à son prix, c'est que son domaine est infiniment plus étendu que celui de la littérature. Nous avons dix siècles d'art en France, et nous nous contentons le plus souvent, pour juger de l'esprit français, de quatre siècles de littérature. De plus, notre art du moyen âge, par exemple, nous introduit dans la vie des provinces, sur laquelle notre littérature classique ne nous dit presque rien. Peu de pays sont faits d'éléments plus disparates que le nôtre. Races, traditions, milieux sont différents, et parfois opposés : Italiens, Espagnols, Allemands, Suisses, Anglais, Flamands, etc. Une forte unité politique a fondu tous ces éléments, a établi une moyenne, un équilibre entre les civilisations qui se heurtaient chez nous. Mais si cette unité est marquée dans notre littérature, les nuances multiples qui composent notre personnalité y sont bien atténuées. L'art nous donne une image beaucoup plus riche du génie français. C'est une sorte non de grisaille monochrome, mais de verrière de cathédrale, où toutes les couleurs du ciel et de la terre s'harmonisent. Ce n'est pas là une simple image. Je songe aux rosaces gothiques, produit de l'art français, de l'art purement français de Champagne et d'Ile-de-France, et je pense : voici le peuple dont on dit que la caractéristique est la raison et non l'imagination, le bon sens et non la fantaisie, le dessin et non le coloris! Et ce peuple a créé ces roses d'Orient mystiques !

Ainsi la connaissance des arts élargit et anime l'idée que l'on se fait d'un peuple, d'après sa seule littérature.

*
**

Combien cette idée sera encore enrichie, si, pour la compléter, nous recourons à la musique!

La musique déroute ceux qui ne la sentent point; sa matière semble insaisissable; elle échappe au raisonnement, elle paraît sans contact avec la réalité. Quels secours l'histoire pourrait-elle donc tirer de ce qui paraît hors de l'espace, hors de l'histoire?

Mais d'abord il n'est pas exact que la musique ait un caractère aussi abstrait; elle a des rapports constants avec la littérature, avec le théâtre, avec la vie d'un temps. Ainsi, il n'échappera à personne que l'histoire de l'Opéra éclaire l'histoire des mœurs et de la vie mondaine. Toute forme de musique est liée à une forme de la société, et la fait mieux comprendre. — D'autre part, en beaucoup de cas, l'histoire de la musique est en relations étroites avec celle des autres arts[1]. Il arrive sans cesse que les arts influent

1. M. Pierre Aubry a montré que la musique du moyen âge passe par les mêmes phases que les autres arts. C'est d'abord l'art roman, « où la musique profane a peine à se dégager du chant liturgique, et se traîne avec lourdeur à la suite des mélodies grégoriennes, où les notations neumatiques sont obscures et incomplètes ». Puis vient

les uns sur les autres, qu'il se pénètrent mutuellement, ou que, par un effet de leur évolution naturelle, ils en arrivent, pour ainsi dire, à se prolonger hors de leurs limites, dans celles de l'art voisin. Tantôt c'est la musique qui se fait peinture. Tantôt c'est la peinture qui se fait musique. « La bonne peinture est une musique, une mélodie[1], » dit Michel-Ange, à un moment où la peinture cède en effet le pas à la musique, où la musique italienne se dégage, pourrait-on dire, de la décadence même des autres arts. Les barrières entre les arts ne sont pas à beaucoup près aussi hermétiquement closes que le prétendent les théoriciens; constamment ils débordent l'un sur l'autre. Un art se continue et s'achève dans un autre art : c'est le même besoin de l'esprit qui, après avoir rempli jusqu'à la faire éclater la forme d'un art, cherche et trouve dans un autre son expression complète. Ainsi la connaissance de l'histoire de la musique est souvent nécessaire à l'histoire des arts plastiques.

Mais à la prendre dans son essence même, son plus grand intérêt n'est-il pas de nous livrer l'expression toute pure de l'âme, les secrets de la vie intérieure, tout un monde de passions, qui longuement s'amassent et fermentent dans le cœur, avant de surgir au grand jour? Souvent, grâce à sa profondeur et à sa spontanéité, la musique est le premier

l'art gothique, où les musiciens, comme les architectes d'Ile-de-France, règnent sur toute l'Europe. Alors, « la musique mesurée des trouvères allège et précise la ligne mélodique, flottante et indécise avant. En même temps, tandis que les mélodies grégoriennes n'excédaient guère l'*ambitus* (l'étendue) des modes, les proses des XIIe et XIIIe siècles atteignent les limites les plus élevées de la voix humaine, montent et ne savent plus redescendre, — aussi haut que les flèches gothiques. » Puis, c'est au début du XIVe siècle, la même exubérance, la même exagération de virtuosité technique que dans les autres arts. La prodigieuse habileté du musicien en arrive aux subtilités du contrepoint, et la belle notation proportionnelle du XIIIe siècle aux notations compliquées du XIVe et du XVe siècles. Contre cette complication et cette obscurité croissantes se produira en musique, comme dans les autres arts, la réaction de simplicité et de clarté de la Renaissance.

1. Dialogues de François de Hollande, 1548.

indice de tendances qui plus tard se traduisent en paroles, puis en faits. La *Symphonie héroïque* devance de plus de dix ans le réveil de la nation germanique. Les *Meistersinger* et *Siegfried* chantent, dix ans avant, le triomphe impérial de l'Allemagne.

Il y a même certains cas où la musique est le seul témoin de toute une vie intérieure, dont rien ne se traduit au dehors. — Que nous apprend l'histoire politique sur l'Italie et l'Allemagne au xviiᵉ siècle? — Une suite d'intrigues de cour, de défaites militaires, de ruines accumulées, de mariages princiers, de fêtes et de misères. Et alors, comment nous expliquer la miraculeuse résurrection de ces deux peuples, au xviiiᵉ et au xixᵉ siècles? — L'œuvre de leurs musiciens nous le fait entrevoir; elle montre, en Allemagne, les trésors de foi et d'énergie qui s'accumulent en silence, des caractères simples et héroïques, l'admirable Heinrich Schütz, qui pendant la guerre de Trente Ans, au milieu des pires désastres qui aient jamais dévasté une patrie, continue paisiblement à chanter sa foi robuste, grandiose, inébranlable; autour de lui, Jean-Christophe Bach, Jean-Michaël Bach, ancêtres du grand Bach, qui semblent porter en eux le tranquille pressentiment du génie qui sortira d'eux; Pachelbel, Kuhnau, Buxtehude, Zachow, Erlebach, — grandes âmes enfermées toute leur vie dans le cercle étroit d'une petite ville de province, connues d'une poignée d'hommes, sans ambition, sans espoir de se survivre, chantant pour elles seules et pour leur Dieu, et qui, parmi toutes les tristesses domestiques et publiques, amassent lentement, opiniâtrément, des réserves de force et de santé morale, bâtissent pierre à pierre la grandeur future de l'Allemagne. — En Italie, c'est, à la même époque, un bouillonnement de musique; elle ruisselle sur l'Europe entière; elle asservit la France, l'Allemagne, l'Autriche, l'Angleterre, montrant quelle était encore au xviiᵉ siècle la suprématie du génie italien; et, sous cette exubérance fastueuse et déréglée de création musicale, une suite de génies profonds et concentrés, comme Monteverde à Mantoue, Carissimi à Rome, Provenzal, à Naples, attestent l'austère grandeur d'âme et la pureté de cœur qui pouvaient se conserver parmi la frivolité et le dévergondage des cours italiennes.

Voici un exemple plus frappant encore : — Il est peu probable que l'humanité passe jamais par une époque plus terrible que la fin du vieux monde : la décomposition de l'Empire Romain et les grandes Invasions. Cependant, sous cet amas de décombres fumants, la pure flamme de l'art continuait à brûler. La passion de la musique rapprocha les vainqueurs barbares et les vaincus gallo-romains. Les abominables Césars de la décadence et les rois visigoths de Toulouse étaient également fous de concerts. Les maisons romaines et les camps à demi sauvages résonnaient du son des instruments[1]. Clovis faisait venir des musiciens de Constantinople. — Ce ne serait rien encore d'aimer l'art; ce qui est bien plus remarquable, c'est que cette époque a créé un art nouveau. De ce bouleversement de l'humanité est sorti un art aussi parfait, aussi pur, que les créations les plus accomplies des âges heureux : c'est le chant grégorien, qui, d'après M. Gevaert, débuta au IV° siècle par le chant de l'*Alleluia*, « cri de victoire du christianisme après deux siècles et demi de persécutions », et dont les chefs-d'œuvre semblent de la fin du VI° siècle, entre 540 et 600, c'est-à-dire entre les invasions des Goths et les invasions des Lombards, « à une époque que notre imagination se représente comme une suite ininterrompue de guerres, de massacres, de destructions, pestes, famines, cataclysmes tels que saint Grégoire y voit les symptômes de la décrépitude du monde et les signes avant-coureurs du Jugement dernier. » Cependant, tout respire, dans ces chants, la paix et l'espoir en l'avenir. Une simplicité pastorale, une sérénité grave et lumineuse des lignes, comme dans un bas-relief grec; une poésie libre, pénétrée de nature; une suavité de cœur infiniment

---

1. Claudien dit qu'on discutait ardemment sur la musique, à la cour d'Arcadius, au milieu des pires préoccupations politiques; et Ammien Marcellin écrit de Rome, vers 370 : « On n'y entend que des chants, et, dans tous les coins, des tintements de cordes ».

touchante : voilà cet art sorti de la barbarie, et où rien
n'est barbare : « témoin parlant de l'état d'âme de ceux
qui vécurent au milieu de tant de formidables événements ».
— Et l'on ne peut dire que ce soit là un art de cloître et de
couvent, enfermé dans un monde restreint. C'était un art
populaire, qui régna dans tout l'ancien monde romain. De
Rome, il passa en Angleterre, en Allemagne, en France.
Jamais art ne fut plus représentatif d'un temps. Sous le
règne des Carolingiens qui fut son âge d'or, les princes se
passionnaient pour lui; Charlemagne et Louis le Pieux
passaient des journées à chanter ou à entendre ces chants,
à s'absorber en eux. Charles le Chauve, malgré les troubles
de son règne, entretenait une correspondance musicale et
composait de la musique en collaboration avec les moines
du couvent de Saint-Gall, centre musical du monde au
IXe siècle. Rien d'émouvant comme ce recueillement d'art,
cette floraison souriante de musique, malgré tout, en
dépit de tout, au travers des convulsions sociales.

Ainsi, la musique nous montre ici la continuité de la
vie sous la mort apparente, l'éternel renouveau sous la
ruine du monde. Comment donc pourrait-on écrire l'histoire de ces époques, si l'on négligeait quelques-uns de
leurs caractères essentiels? Comment les comprendra-t-on,
si l'on méconnaît leur vraie force intime? — Et qui sait
si cette erreur initiale ne conduit pas à fausser non
seulement l'aspect d'un moment de l'histoire, mais de
l'histoire tout entière? Qui sait si ces mots de Renaissance
et de Décadence, que nous appliquons à certaines périodes
du monde, ne proviennent pas, comme dans l'exemple précédent, de ce que nous bornons notre vue à un seul aspect
des choses? Un art peut décliner; mais l'Art meurt-il
jamais? Il se métamorphose, il s'adapte aux circonstances.
Il est bien évident que dans un peuple ruiné, déchiré par
la guerre ou par les révolutions, la force créatrice pourra
difficilement s'exprimer par l'architecture : l'architecture
veut de l'argent, et elle veut le besoin de nouvelles constructions, le bien-être, la confiance dans l'avenir. On peut
même dire que les arts plastiques en général ont besoin,

pour se développer pleinement, du luxe et des loisirs, d'une classe raffinée, d'un certain équilibre de civilisation. Mais quand les conditions matérielles se font plus dures, quand la vie devient âpre, pauvre, harcelée de soucis, quand il lui est interdit de s'épanouir au dehors, elle se replie sur elle-même, et son besoin éternel de bonheur lui fait trouver d'autres voies artistiques ; la beauté se transforme, elle prend un caractère plus intérieur, elle se réfugie dans les arts profonds : la poésie, la musique. Elle ne meurt pas. Je crois bien sincèrement qu'elle ne meurt jamais. Il n'y a ni mort, ni renaissance de l'humanité. La lumière ne cesse pas de brûler ; seulement elle se déplace, elle va d'un art à l'autre, comme d'un peuple à l'autre. Si vous n'en étudiez qu'un, vous serez naturellement amené à trouver, dans l'histoire, des interruptions, des syncopes où le cœur cesse de battre. Au lieu que si vous avez une vue d'ensemble de tous les arts, vous sentirez couler l'éternité de la vie. — Voilà pourquoi je crois qu'à la base de toute histoire générale, il faut une sorte d'histoire comparée de toutes les formes d'art ; l'oubli d'une seule d'entre elles risque de rendre erroné tout le reste du tableau. L'histoire doit avoir pour objet l'unité vivante de l'esprit humain. Elle doit donc maintenir la cohésion de toutes ses pensées.

*
* *

Essayons d'esquisser la place de la musique dans la suite de l'histoire. — Cette place est infiniment plus considérable qu'on ne le dit d'ordinaire. La musique remonte aux lointains de la civilisation. A ceux qui la font dater d'hier, il faut rappeler Aristoxène de Tarente, faisant commencer la décadence de la musique à Sophocle, et Platon, qui, d'un goût plus pur, trouvait que depuis le VIIe siècle et les mélodies d'Olympe, on n'avait plus rien fait de bon. De siècle en siècle, on a répété que la musique avait atteint son apogée, et qu'il ne lui restait plus qu'à décliner. Il n'y a pas d'époques qui n'aient été musicales. Il n'y a pas de

peuples civilisés qui n'aient été musiciens, à quelque
moment de leur histoire, même ceux que nous sommes
habitués à considérer comme le moins doués pour la
musique : l'Angleterre, par exemple, qui fut un grand
peuple musicien jusqu'à la révolution de 1688.

Y a-t-il des circonstances historiques plus favorables
que d'autres au développement de la musique? — Il semblerait naturel, à certains égards, que la floraison musicale coïncidât avec la décadence des autres arts, voire
avec les malheurs d'un pays. Les exemples que nous avons
cités de l'époque des Invasions, et du XVIIe siècle italien
ou allemand, tendraient à le faire croire. Et il paraîtrait
assez logique, à première vue, qu'il en fût ainsi, puisque
la musique est une méditation individuelle, qui ne demande,
pour exister, rien de plus qu'une âme et qu'une voix. Un
malheureux, entouré de misères et de ruines, en prison,
séparé du reste du monde, peut créer un chef-d'œuvre
musical ou poétique.

Mais ce n'est pourtant là qu'une des formes de la
musique. La musique, qui est un art intime, peut être aussi
un art social ; elle peut être fille du recueillement et de la
douleur ; mais elle peut l'être aussi de la joie et de la frivolité même. Elle se plie aux caractères de tous les peuples,
et de tous les temps ; et quand on connaît son histoire
et les formes diverses qu'elle a prises à travers les
siècles, on ne s'étonne plus de la contradiction qui règne
dans les définitions qu'ont données d'elle les esthéticiens.
Celui-ci l'appelle une architecture en mouvement, celui-là
une psychologie poétique. L'un y voit un art tout plastique et
formel ; l'autre, un art de pure expression morale. Pour tel
théoricien, la mélodie est l'essence de la musique ; pour tel
autre, c'est l'harmonie. — Et, en vérité, tout cela est vrai,
et ils ont tous raison. L'histoire conduit en somme, non
pas à douter de tout, — il s'en faut de beaucoup, — mais
à croire partiellement à tout, à ramener les théories générales à des jugements qui sont vrais pour un groupe de faits
et une heure de l'histoire, à des fragments de la vérité. Et
il est parfaitement vrai, il est également vrai de nommer

la musique de tous ces noms qu'on lui prête; elle est architecture de sons en certains siècles d'architecture et chez les peuples architectes, si je puis dire, comme les Franco-Flamands du XVᵉ et du XVIᵉ siècles. Elle est dessin, ligne, mélodie, beauté plastique, chez les peuples qui ont le sens et le culte de la forme, chez les peuples peintres et sculpteurs, comme les Italiens. Elle est poésie intime, effusions lyriques, méditation philosophique, chez les peuples poètes et philosophes, comme les Allemands. Elle s'adapte à toutes les conditions de la société. Elle est un art de cour galante et poétique, sous François Iᵉʳ et Charles IX; — un art de foi et de combat, avec la Réforme; — un art d'apparat et d'orgueil princier, sous Louis XIV; — un art de salon, pendant le XVIIIᵉ siècle; — elle devient, aux approches de la Révolution, l'expression lyrique de personnalités révolutionnaires; — elle sera la voix des sociétés démocratiques de l'avenir, comme elle fut celle des sociétés aristocratiques du passé. Nulle formule ne l'enferme. C'est le chant des siècles et la fleur de l'histoire; elle pousse sur la douleur comme sur la joie de l'humanité.

On sait la place immense de la musique dans les civilisations antiques. Elle est attestée par les philosophes grecs, par le rôle qu'on lui assignait dans l'éducation, par ses rapports étroits avec les autres arts, les sciences, la littérature, surtout avec le drame. Hymnes chantés et dansés par tout un peuple, dithyrambes dionysiaques, tragédies et comédies toutes baignées de musique, — la musique enveloppe toutes les formes littéraires, elle est partout, elle s'étend du commencement à la fin de l'histoire grecque. C'est un monde qui n'a cessé d'évoluer, et dont le développement n'offre pas moins de variétés de formes et de styles que notre musique moderne. Peu à peu, la musique pure, la musique instrumentale, prit une place presque démesurée dans la vie sociale de tout le monde hellénique.

Elle eut tout son éclat à la cour des empereurs romains. Nombre d'entre eux : Néron, Titus, Hadrien, Caracalla, Helagabal, Alexandre Sévère, Gordien III, Carin, Numérien, étaient des musiciens passionnés, voire compositeurs et virtuoses remarquables.

Le christianisme naissant employa à son service cette puissance de la musique; il s'en servit pour conquérir les cœurs. Saint Ambroise « fascina, dit-il, le peuple par le charme mélodique de ses hymnes »; et l'on a vu que, de tout l'héritage artistique du monde romain, la musique est le seul art qui non seulement se conserva intact, à l'époque des invasions, mais qui refleurit plus vigoureux. — Dans les siècles qui suivirent, à l'époque romane et gothique, la musique garda sa place éminente. Saint Thomas d'Aquin disait « qu'elle occupait le premier rang parmi les sept arts libéraux, et qu'elle était la plus noble des sciences humaines ». Partout on l'enseignait. A Chartres, du xie au xive siècle, fleurit une grande école de musique, théorique et pratique. A l'université de Toulouse, il y avait une chaire de musique, au xiiie siècle. A Paris, centre du monde musical, au xiiie et au xive siècles, on relève, sur la liste des professeurs de l'Université, les noms des plus fameux théoriciens de la musique d'alors. La musique faisait partie du *quadrivium*, avec l'arithmétique, la géométrie et l'astronomie. Car elle était alors œuvre de science et de raison, ou elle prétendait l'être. Un mot de Jérôme de Moravie, à la fin du xiiie siècle, montre assez en quoi l'esthétique de ce temps différait de la nôtre. « Le principal empêchement pour faire de belles notes est la tristesse du cœur. » Qu'en eût pensé notre Beethoven? Et qu'est-ce à dire, sinon que pour les artistes d'alors le sentiment individuel semblait un empêchement plutôt qu'un stimulant pour l'art? Car la musique était, pour eux, un art impersonnel, demandant avant tout le calme d'une raison bien ordonnée. Jamais elle ne fut plus puissante qu'en ce temps où elle fut le plus scolastique. En dehors de la tyrannique autorité de Pythagore transmise au moyen âge par Boèce, il y avait bien des causes à cet

intellectualisme musical : des causes morales, tenant à
l'esprit d'un temps qui fut en réalité beaucoup plus ratio-
naliste que mystique et plus raisonneur que lyrique; —
des causes sociales, tenant à l'association habituelle des
pensées et des forces, qui maintenait la pensée de chacun,
si originale fût-elle, dans la gaine de la pensée de tous,
comme dans ces *Motets*, où des chants différents, sur des
paroles différentes, étaient tant bien que mal liés ensemble
en un même faisceau; — des causes techniques enfin,
tenant au grand travail matériel qu'il fallait accomplir
pour débrouiller la masse informe de la polyphonie
moderne que l'on façonnait alors, pour modeler la statue,
avant d'y faire entrer la vie et la pensée. — A cet art scolastique s'oppose, de bonne heure, l'art exquis de la poésie
chevaleresque, avec son lyrisme amoureux, sa vie ardente
et raffinée, son clair sentiment populaire.

Dès le début du xiv° siècle, un souffle venu de Provence,
un premier souffle avant-coureur de la Renaissance se fait
sentir en Italie. Déjà l'aurore point chez les compositeurs Florentins de Madrigaux, de *Cascie* (Chasses), et de
Ballate, du temps de Dante, de Pétrarque et de Giotto. De
Florence et de Paris, l'art nouveau, *ars nova*, se propage
en Europe, et produit, au commencement du xv° siècle,
cette moisson de riche musique vocale accompagnée, que
l'on redécouvre à peine de nos jours. L'esprit de liberté,
venu de la musique profane, pénètre l'art d'église. Et c'est,
à la fin du xv° siècle, une splendeur de musique, égale à
celle des autres arts de cet âge bienheureux. La littérature
musicale de la Renaissance est d'une richesse sans analogue, peut-être, dans l'histoire. La suprématie flamande,
si marquée en peinture, s'affirma plus encore en musique.
Les contrepointistes flamands débordèrent sur l'Europe;
ils furent les maîtres de musique de tous les autres
peuples. Français et Flamands dominèrent en Allemagne,
en Italie, à Rome. Leurs œuvres sont de magnifiques
architectures de sons, aux lignes et aux rythmes touffus,
d'une abondante beauté, d'abord plus formelle qu'expressive. Mais, depuis la seconde moitié du xv° siècle, l'indivi-

dualisme, qui s'était fait sentir dans les autres arts, se réveille partout en musique; le sentiment personnel s'affranchit; on revient à la nature. Glareau écrit de Josquin : « Personne n'a mieux rendu en musique les passions de l'âme » (*affectus animi in cantu*). Et Vincenzo Galilei appelle Palestrina « ce grand imitateur de la nature » (*quel grand imitatore della natura [1]*).

L'imitation de la nature, l'expression des passions, voilà ce qui caractérisait, aux yeux des contemporains, la Renaissance musicale du XVIe siècle; tel leur paraissait être le trait distinctif de cet art. Il ne nous frappe plus autant : car, depuis lors, cette tendance de la musique à la vérité morale n'a cessé de se poursuivre et de se perfectionner. Mais ce qui nous saisit d'admiration dans l'art de cette époque, c'est la beauté de la forme, qui jamais n'a été surpassée, ni peut-être même égalée, qu'en certaines pages de Haendel ou de Mozart. Age de pure beauté : partout elle fleurissait, mêlée à toutes les formes de la vie sociale, unie à tous les arts; jamais la poésie et la musique ne furent plus intimement mariées qu'au temps de Charles IX; alors Dorat, Jodelle et Belleau la chantaient; Ronsard, qui l'appelait la « sœur puisnée de la poésie », disait que « sans la musique la poésie était presque sans grâce, comme la musique sans la mélodie des vers inanimée et sans vie »; Baïf fondait une Académie de poésie et musique, et, travaillant à créer en France une langue faite pour être chantée, en donnait les modèles dans ses vers mesurés à la manière des Grecs et des Latins : trésor dont les poètes et les musiciens d'aujourd'hui ne soupçonnent pas encore la hardiesse féconde. Jamais la France ne fut aussi profondément musicienne : la musique n'était pas l'apanage d'une classe, mais de toute la nation :

1. Titre que Palestrina mérite d'ailleurs à un moindre degré que Josquin, que Roland de Lassus, que Vittoria, que Jakobus Gallus, que d'autres encore, plus vrais, plus expressifs, plus variés, plus profonds que lui, — lui, dont la gloire rayonne pourtant sur cette époque, grâce à l'éternité de son style, à son esprit classique, et à la paix Romaine qui plane sur son œuvre.

noblesse, élite intellectuelle, bourgeoisie, peuple, église catholique, églises protestantes. La même surabondance de sève musicale se fit sentir dans l'Angleterre d'Henry VIII et d'Élisabeth, dans l'Allemagne de Luther, dans la Genève de Calvin, dans la Rome de Léon X. La musique fut le dernier rameau de la Renaissance, le plus large peut-être; il couvrit toute l'Europe.

L'expression de plus en plus exacte des sentiments, en musique, après s'être essayée pendant tout le xvi⁰ siècle dans une suite de madrigaux pittoresques et descriptifs, aboutit, en Italie, à la création de la tragédie musicale. L'influence de l'antiquité intervint dans la naissance de l'opéra, comme dans la formation et le développement des autres arts italiens. L'opéra, dans la pensée de ses fondateurs, était une résurrection de la tragédie antique : c'était donc un genre littéraire, autant que musical; et, en fait, même après que furent tombés dans l'oubli les principes dramatiques des premiers maîtres Florentins, même après que la musique eut brisé à son profit les liens qui l'attachaient à la poésie, l'opéra continua d'exercer une influence, qu'on n'a peut-être pas encore assez mise en lumière, sur l'esprit du théâtre, surtout à partir de la fin du xvii⁰ siècle. On aurait tort de négliger, comme un phénomène insignifiant, le triomphe de l'opéra dans toute l'Europe, et les enthousiasmes morbides qu'il suscita. On peut dire que sans lui on ne connaîtrait pas la moitié de l'esprit artistique du siècle; on n'en verrait que l'aspect rationnel. Nulle part on ne touche mieux qu'en lui le fond de sensualité du temps, son imagination voluptueuse, son matérialisme sentimental, et, somme toute, si j'ose le dire, les assises branlantes sur lesquelles reposaient la raison, la volonté, le sérieux de la société française du grand siècle. Pendant ce temps, au contraire, dans la musique allemande, l'esprit de la Réforme poussait des racines solides et profondes. La musique anglaise brille et s'éteint, après l'expulsion des Stuarts et la victoire de l'esprit puritain. La pensée de l'Italie s'endort, à la fin du siècle, dans le culte de la forme admirable et vide.

Au xviiie siècle, la musique italienne continue de refléter la facilité et la douceur et le néant de vivre. En Allemagne, les sources d'harmonies intérieures, accumulées depuis un siècle, commencent à se répandre en ces fleuves puissants : Haendel et J. S. Bach. La France travaille à fonder le théâtre musical, ébauché par les Florentins et par Lully, le grand art tragique, à l'image du drame grec. Paris est le laboratoire où s'associent et rivalisent les efforts des plus grands musiciens dramatiques de l'Europe, Français, Italiens, Allemands et Belges, afin de créer le style de la tragédie et de la comédie lyrique. Toute la société française prend part avec passion à ces luttes fécondes, qui frayèrent la voie aux révolutionnaires musicaux du xixe siècle. Le meilleur du génie de l'Allemagne et de l'Italie au xviiie siècle est peut-être dans leurs musiciens. La France, plus abondante dans les autres arts qu'en musique, atteint pourtant, je crois, plus haut, en celle-ci : car je ne vois pas, parmi les beaux peintres et les sculpteurs du règne de Louis XV, un génie comparable à celui de Rameau. Rameau fut bien plus qu'un successeur de Lully : il fonda l'art musical et dramatique français, à la fois sur la science harmonique qu'il créa, et sur l'observation de la nature. Enfin, tout le théâtre français du xviiie siècle, tout le théâtre de toute l'Europe, s'effacent devant les œuvres de Gluck, qui ne sont pas seulement des chefs-d'œuvre de la musique, mais, à mon sens, les chefs-d'œuvre de la tragédie française au xviiie siècle.

A la fin du siècle, la musique exprime le réveil de l'individualisme révolutionnaire qui a remué le monde. Le prodigieux accroissement de son pouvoir d'expression, grâce aux recherches des maîtres français et allemands et au développement soudain de la musique symphonique[1], mettait à sa disposition un instrument d'une richesse sans égale, et qui de plus était encore presque neuf. En trente ans, la symphonie d'orchestre et la musique de chambre produisirent leurs chefs-d'œuvre. L'ancien monde

1. Surtout grâce à l'école de Mannheim, qui fut un des berceaux du nouveau style instrumental.

qui mourait y trouva son dernier portrait, le plus accompli peut-être, avec Haydn et Mozart. Et voici la Révolution, qui, après s'être essayée chez les musiciens français de la Convention : Gossec, Méhul, Lesueur et Cherubini, a sa voix la plus héroïque en Beethoven : Beethoven, le plus grand poète de la Révolution et de l'Empire, celui qui a le plus passionnément exprimé toutes les tempêtes des temps napoléoniens, les angoisses, les troubles, les ardeurs guerrières, les emportements enivrés de l'âme libre.

Enfin ruissellent ces flots de poésie romantique, les chants de Weber, de Schubert, de Chopin, de Mendelssohn, de Schumann, de Berlioz, ces grands lyriques de la musique, poètes des rêveries adolescentes d'un âge nouveau qui semble s'éveiller à la lumière, et qu'agite une fièvre inconnue. L'ancienne Italie, paresseuse et voluptueuse, fait entendre son dernier chant avec Rossini et Bellini ; la nouvelle Italie, l'âpre et bruyant Piémont, fait son apparition avec Verdi, chantre des luttes du *Risorgimento*. L'Allemagne, en gestation d'un empire depuis deux siècles, trouve avec la victoire le génie qui l'incarne, l'immense personnalité de Wagner, le héraut retentissant qui célèbre l'empire militaire et mystique, le maître despotique et dangereux qui conduit le romantisme indompté de Beethoven et de Berlioz, la tragédie du siècle, aux pieds de la Croix, au mysticisme de Parsifal. Le courant mystique se propage après lui par toute l'Europe, avec César Franck et ses disciples, avec les maîtres italiens et belges de l'oratorio, avec le retour à l'antique, à l'art palestrinien et à Bach. Et tandis qu'une partie de la musique contemporaine emploie l'instrument merveilleux, perfectionné par les génies du xixe siècle, à peindre l'âme subtile d'une société affinée jusqu'à la décadence, un mouvement populaire commence à s'ébaucher, cherchant à rafraîchir l'art à la source des mélodies populaires, à traduire en musique les sentiments populaires, — de Bizet à Moussorgsky, pour ne pas nommer les plus récents. Mouvement timide encore et un peu incertain, mais que nous verrons grandir, j'espère, avec le monde qu'il exprime.

Que l'on veuille bien excuser cette esquisse un peu grossière. J'ai essayé seulement de donner l'aspect panoramique de cette vaste histoire, en montrant combien la musique est toujours intimement mêlée au reste de la vie sociale.

Le spectacle de cette éternelle floraison de la musique est un bienfait moral. C'est un repos au milieu de l'agitation universelle. L'histoire politique et sociale est une lutte sans fin, une poussée de l'humanité vers un progrès constamment remis en question, arrêté à chaque pas, reconquis pouce à pouce, avec un acharnement effroyable. Mais de l'histoire artistique se dégage un caractère de plénitude et de paix. Le progrès n'existe pas ici. Si loin que nous regardions derrière nous, la perfection a déjà été atteinte; et bien absurde celui qui croirait que les efforts des siècles ont pu approcher l'homme d'une ligne plus près de la beauté, depuis saint Grégoire et Palestrina! Il n'y a là rien de triste ni d'humiliant pour l'esprit : au contraire. L'art est le rêve de l'humanité, un rêve de lumière, de liberté, de force sereine. Ce rêve ne s'interrompt jamais; et nous n'avons nulle crainte pour l'avenir. Notre inquiétude ou notre orgueil voudraient souvent nous persuader que nous sommes parvenus au faîte de l'art et à la veille du déclin. C'est ainsi depuis le commencement des temps. Dans tous les siècles, on a gémi : « Tout est dit, et l'on vient trop tard. » — Tout est dit, peut-être. Mais tout est encore à dire. L'art est inépuisable, comme la vie. Rien ne le fait mieux sentir que cette musique intarissable, cet océan de musique qui remplit les siècles.

L'OPÉRA AVANT L'OPÉRA

L'invention de l'opéra est généralement attribuée aux Florentins de la fin du xvi⁰ siècle. Il fut l'œuvre, dit-on, d'un petit groupe de musiciens, de poètes, et de gens du monde, réunis à la cour du grand-duc de Toscane, ou, pour être plus précis, dans le salon d'un grand seigneur, le comte Bardi, entre 1590 et 1600. Les noms de Vincenzo Galiléi, — le père du grand Galilée, — du poète Ottavio Rinuccini, de l'érudit Jacopo Corsi, des chanteurs Peri et Caccini, du directeur des spectacles et des fêtes à Florence, Emilio de' Cavalieri, sont restés attachés à cette création d'une forme dramatique et musicale, qui devait avoir une si étonnante fortune dans le monde. Cette histoire a été maintes fois racontée dans ces dernières années.

Mais le tort de tous les historiens qui ont jusqu'à présent abordé ce sujet[1], a été de croire ou de laisser croire qu'une forme d'art aussi caractéristique pût réellement sortir, créée de toutes pièces, de la tête de quelques inventeurs. Les inventions de toutes pièces sont rares en histoire. Il est bon de se rappeler la devise sereine, inscrite au front d'une maison de Vicence :

Omnia prætereunt, redeunt, nihil interit[2].

Ce que nous appelons une création n'est souvent qu'une

---

1. Et je n'excepte point celui qui écrit ces lignes.
2. Tout passe, tout revient, rien ne meurt.

re-création ; et, dans la question présente, il y a lieu de se demander si cet opéra, que les Florentins croyaient, de bonne foi, inventer, n'existait pas, à quelques nuances près, bien longtemps avant eux, dès le commencement de la Renaissance [1]. — C'est ce que je voudrais montrer, en m'appuyant sur les travaux non pas tant des historiens de la musique que des historiens de la littérature et des arts plastiques : car il est assez curieux que les musiciens aient presque toujours négligé de recourir à ces derniers. C'est malheureusement une habitude trop commune aux historiens d'un art, que, pour l'étudier, ils l'isolent de l'histoire des autres arts, du reste de la vie intellectuelle et sociale. Or, si un tel esprit doit nécessairement conduire à des constructions factices, sans rapports avec la réalité vivante, nulle part ce danger n'est plus grand que dans l'analyse d'une forme, comme l'opéra, qui est faite de l'union de tous les arts. Je m'efforcerai donc de replacer l'opéra dans l'ensemble de l'histoire artistique de l'Italie, et d'y faire voir ainsi le terme d'un mouvement poético-musical très ancien, la conclusion naturelle d'une évolution dramatique de plusieurs siècles [2].

1. Depuis que ces lignes ont été écrites, M. Hugo Riemann est arrivé à des conclusions analogues, en suivant un chemin différent. Dans le second volume de son *Histoire de la Musique* (*1 Teil : Das Zeitalter der Renaissance*), où il étudie l'évolution, non des formes dramatiques italiennes, comme je tâche de le faire ici, mais des formes strictement musicales, il a montré que la monodie florentine de 1600 n'a pas été une invention, mais un retour en arrière à la tradition musicale de l'école florentine du commencement du XIVe siècle.

2. Je prendrai surtout pour guides, dans cette recherche, le livre célèbre de M. Alessandro d'Ancona sur les *Origines du Théâtre en Italie* (1877) et les excellents travaux de M. Angelo Solerti : sa monumentale *Vie du Tasse* (1895), et ses nombreuses études sur les *Origines du Drame musical*. — (Entre autres : *Le origini del melodramma*, 1903 ; — *I Alberi del melodramma*, 1904 ; — et une quantité de petites brochures, remplies de documents inédits : *La Rappresentazione di Febo e Pitone, o di Dafne di 1486*, 1902 ; — *Laura Guidiccioni Lucchesini ed Emilio de' Cavalieri*, 1902 ; — *Le Rappresentazioni musicali di Venezia, dal 1571 al 1605*, 1902 ; — *Ottavio Rinuccini*, 1902 ; — *Precedenti del melodramma*, 1903 ; — *Le favolette da recitarsi cantando di Gabriello Chiabrera*, 1903, — etc.)

I

LES «SACRE RAPPRESENTAZIONI»
DE FLORENCE,
ET LES « MAI » DE LA CAMPAGNE TOSCANE

On sait que les premiers essais de l'opéra florentin à la
fin du xvi° siècle, repris et consacrés au commencement du
xvii° par le génie de Monteverde, furent deux pastorales en
musique : une *Dafne*, traitée successivement, de 1594 à 1608,
par Corsi, Peri, Caccini et Marco da Gagliano ; et une
Euridice (ou un *Orfeo*), traités tour à tour, de 1600 à 1607,
par Peri, Caccini, Monteverde, et, un peu plus tard, par
Stefano Landi (1619) et Luigi Rossi (1647).

Or, dès 1474, étaient représentés à Mantoue, — dans
cette même Mantoue où devaient être joués, cent quarante
ans plus tard, l'*Orfeo* de Monteverde et la *Dafne* de
Gagliano, — un *Orfeo* du célèbre Politien, musique de
Germi, et (quelques années plus tard, en 1486), une *Dafne*
avec musique de Gian Pietro della Viola.

Ainsi, en 1474, dans la fleur de la Renaissance, — au
temps où débutaient Botticelli et Ghirlandajo, au temps
où Verrocchio travaillait à son David de bronze, où Léonard
adolescent étudiait à Florence, l'année qui précéda la naissance de Michel-Ange, — le poète par excellence du *Rinas-
cimento*, l'ami de Laurent de Médicis, Ange Politien,
essayait sur la scène lyrique, avec un succès retentissant, le sujet que trois siècles de chefs-d'œuvre ne
devaient pas épuiser, et que Gluck devait reprendre, trois
siècles, exactement, après[1].

Mais cet *Orfeo* de Politien n'était lui-même en rien une

1. La première représentation d'*Orphée* à Paris est de 1774.

forme nouvelle. Politien, pour l'écrire, avait pris pour modèle le théâtre florentin de son temps, les *Sacre Rappresentazioni*. Il nous faut donc, pour connaître les origines de l'opéra, nous faire une idée de cet ancien genre dramatique, qui semble remonter jusqu'au XIV siècle.

A cette date, en effet, nous trouvons dans les pays italiens deux formes de spectacles, où la musique était étroitement associée à l'action dramatique : les *Sacre Rappresentazioni* (représentations sacrées), et les *Maggi* (représentations de Mai), qui nous sont assez bien connues aujourd'hui, grâce aux recherches de M. Alessandro d'Ancona. Ces deux formes, dont l'une fut plus spécialement urbaine, et l'autre plutôt rurale, semblent à peu près contemporaines, et ont le même foyer : c'est, pour les *Maggi*, le *contado* (la campagne) de Toscane, le pays de Pise et de Lucques ; — et, pour les *Sacre Rapprezentazioni*, Florence même. Comme il est naturel, les *Sacre Rappresentazioni*, à la perfection desquelles concourait le peuple entier de la ville la plus artistique du monde, sont parvenues à un bien autre épanouissement que les *Maggi*[1]. Mais ceux-ci ont cet intérêt historique, qu'étant plus populaires, et par suite... plus conservateurs, moins soumis au progrès, ils ont gardé jusqu'à nos jours — car ils existent encore — certaines des formes primitives de la *Sacra Rappresentazione*, que celle-ci perdit, ou modifia très vite.

La *Sacra Rappresentazione* était, à l'origine, une action scénique, exposant les mystères de la foi, ou les légendes chrétiennes. Elle avait quelques rapports avec nos Mystères, dont elle portait souvent le nom. Elle naquit à Florence, d'après M. d'Ancona, de l'union de la *Devozione* du XIV siècle, qui était une dramatisation de l'office religieux (en particulier, des offices du jeudi et du vendredi saint), et des

---

1. Il ne faut pas oublier que la première moitié du XIV siècle a été une sorte de printemps de la musique en Italie. Les découvertes toutes récentes de M. Johannes Wolf ont remis en lumière l'originalité singulière des maîtres florentins d'alors : Johannes de Florentia (Giovanni da Cascia), Ghirardellus de Florentia, Paolo da Firenze, Francesco Landino, et tant d'autres. (Voir le 2e et le 3e vol. de la *Geschichte der Mensuralnotation von 1250-1460*.)

fêtes nat onales de Florence, en l'honneur de son patron, saint Jean. Ces fêtes, qui existaient déjà au XIII° siècle, et probablement avant, donnaient lieu à de pompeux cortèges, que les Florentins préparaient pendant des mois. On y représentait sur des chars des épisodes religieux : *la Bataille des Anges, la Création d'Adam, la Tentation, l'Expulsion du Paradis, Moïse*, etc.; et après le défilé, chaque char donnait un spectacle sur la place de la Seigneurie. Ce spectacle n'était qu'une pantomime fastueuse, à peu près sans paroles. Mais déjà la musique y jouait un très grand rôle. Le scénario d'une représentation de Viterbe, en 1462, que reproduit longuement M. d'Ancona, en donnera une idée.

Le pape Pie II y assistait. La ville était remplie de théâtres. Il y en avait sur toutes les places, et dans toutes les rues importantes. Chaque cardinal avait élevé le sien. On y représentait *la Cène, la Vie de saint Thomas d'Aquin*, etc. Un des plus beaux spectacles fut celui que donna le théâtre du cardinal de Teano. « La place, dit le chroniqueur, était couverte de toile blanche et bleue, ornée de tapis, et décorée d'arcs revêtus de lierre et de fleurs. Sur chaque colonne, un jeune ange était debout. Il y en avait dix-huit qui chantaient alternativement de doux chants. Au milieu de la place était le Saint-Sépulcre. Les soldats dormaient au pied, et les anges veillaient. A l'arrivée du pape, un ange descendit du ciel, suspendu par une corde au plafond de la tente; et il chanta dans les airs un hymne pour annoncer la Résurrection. Alors il se fit un grand silence, comme si vraiment le miracle allait s'accomplir. Puis éclata une détonation formidable, une explosion de poudre, comme un tonnerre. Les soldats se réveillèrent effrayés et le Christ parut. C'était un homme roux, portant l'étendard de la croix, et couronné d'un diadème. Il montrait ses cicatrices au peuple, et chantait en vers italiens le salut apporté au monde.. » — Sur un théâtre voisin, un autre cardinal faisait représenter l'*Assomption de la Vierge*. Elle était jouée par une très belle jeune fille. Les anges l'emportaient au ciel, où le Père et le Fils la recevaient. Et alors, dit la relation, c'était « un chant des cohortes célestes, un jeu de magiques instruments, une joie, une animation, un rire de tout le ciel. » (*Un cantare delle schiere dei celesti spirti, un toccare di magici strumenti, un rallegrarsi, un gestire, un riso di tutto il cielo.*)

Ainsi, les deux éléments essentiels de cette représentation primitive étaient *l'action* (ou le geste) et *la musique*. L'élément qui fait encore défaut, c'est la parole. La musique, au théâtre, est antérieure à la parole.

*
* *

L'originalité des Florentins fut justement, par la fusion de la forme mimique des fêtes de la Saint-Jean, avec la forme parlée des *Devozioni* de l'église, d'introduire la parole dans la représentation musicale, et de créer ainsi la *Sacra Rappresentazione*.

L'étude littéraire de ces *Sacre Rappresentazioni* sort de notre sujet, et nous renvoyons, pour les connaître, aux livres de M. d'Ancona. Nous voulons seulement noter ici, d'après les renseignements qu'ils nous fournissent, quelle était la place de la musique dans ces représentations. — Nous arrivons à cette constatation surprenante que ces pièces étaient *entièrement chantées*.

Vincenzo Borghini rapporte même, à ce sujet, un fait extrêmement curieux :

« *Le premier*, dit-il, *qui supprima le chant de la Représentation*, fut l'Araldo, au commencement du XVIᵉ siècle. Non pas pourtant que sa pièce ne fût encore chantée ; mais le début seul fut parlé (*recitato a parole*), ce qui parut d'abord étrange (*che parve nel principio cosa strana*), mais fut goûté peu à peu et mis en usage (*però fu gustata a poco a poco, e messa in uso*). Et c'est chose extraordinaire comme la façon ancienne de chanter a été laissée tout d'un coup... (*ed è cosa mirabile quanto quel modo di cantare si lasciasse in un tratto...*) [1].

1. M. d'Ancona fait quelques réserves sur cette attestation de Borghini. Il cite, dans le prologue de *S. Giovanni e Paolo*, les vers suivants :

> « Senza tumulto sien le voci chete,
> Massimamente poi quando si canta. »

« Ne faites point de bruit, *surtout* pendant qu'on chante, » — ce

Ainsi, à en croire ce texte, la première représentation où l'on commença, non pas même à ne plus chanter, mais à ne plus chanter *toute la pièce*, ne remonte pas beaucoup au delà du commencement du XVIe siècle [1]. Singulière ironie des choses, que l'innovation dramatique ait consisté, — au commencement du XVIe siècle, à supprimer la musique du drame, — à la fin du même siècle, à l'y faire rentrer. Ainsi le veut le perpétuel jeu de bascule du progrès artistique, *Corsi e Ricorsi*.

En quoi consistait le chant de ces Représentations?

La musique en a disparu; mais les spectacles populaires, parallèles à ces représentations bourgeoises et aristocratiques, les *Mai* de la campagne toscane, qui se sont conservés depuis le XVe siècle jusqu'à nos jours, avec peu de changements, nous fournissent encore des indications précises sur ce que devait être ce chant primitif au théâtre. Le *Mai* est en stances de quatre vers de huit syllabes, rimant le premier avec le quatrième, le second avec le troisième. La musique est une cantilène perpétuelle avec quelques trilles et ornements vocaux. Le chant est lent, uniforme, d'ordinaire sans accompagnement instrumental, parfois pourtant avec violon et contrebasse. Il est dans la tonalité majeure. Le rythme est marqué par l'accentuation de la première note de chaque mesure, qui correspond à la troisième et à la septième syllabe de chaque vers. En voici un exemple, que M. Alessandro d'Ancona a eu l'obligeance de me communiquer :

qui laisse entendre qu'on ne chantait pas toujours. Mais il suffit que, dans un certain nombre de ces représentations, la musique accompagnât tout le texte. Or ce caractère de théâtre chanté est bien marqué dans les prologues (*Annunziazioni*) de beaucoup de pièces :

« Reciterem con dolci voci e *canti*. »

« Nous réciterons avec de douces voix et chansons. » (*S. Barbara.*)

« Questo misterio glorioso e santo
Vedrete recitar con dolce *canto*. » (*Resurrezione*.)

« Vous verrez réciter avec de doux chants ce mystère glorieux et saint. »

1. M. d'Ancona croit qu'il s'agit là de l'*Abram e Agar*, joué au temps de Savonarole.

Or que Mai est de retour, mes révérés seigneurs, de belles roses et de fleurs gracieuses sont revêtus la colline et le pré.

Cette cantilène est répétée pour les strophes suivantes ; mais les chanteurs ont coutume d'y introduire des passages de bravoure, qui en modifient un peu la monotonie. Ce genre d'air se reproduisait de *Mai* en *Mai*, d'une façon si traditionnelle qu'on voit souvent marqué sur le texte de ces pièces campagnardes : *Da cantarsi sull'aria del Maggio* (A chanter sur l'air du Mai).

Il ne faut pas oublier qu'il s'agit ici de la forme la moins raffinée du drame, et que la *Sacra Rappresentazione* avait un caractère bien autrement artistique, puisque les meilleurs poètes et musiciens de Florence y travaillaient. Mais le principe de l'application de la musique aux paroles devait être le même, au moins au xv⁰ siècle. Certaines parties de la pièce, d'un caractère traditionnel — Prologues (*Annunziazioni*), Épilogues (*Licenze*), prières, etc., — étaient sans doute chantées sur une cantilène spéciale. De plus, on intercalait dans la *Sacra Rappresentazione* des morceaux de caractères variés : soit des pages de liturgie régulière ou populaire (des *Te Deum* ou des *Laudi*), soit des chansons profanes et de la musique de danse, comme l'indiquent certains *libretti* : « Tel morceau doit être chanté comme les *Vaghe montanine* de Sacchetti. » Tel autre est marqué : « *bel canto* ». Ici, « Pilate répond en chantant *alla impe-*

riale [1] ». Là, « Abraham tout joyeux dit une *Stanza a ballo* ». Il y avait des chants à deux et à trois voix. Le spectacle était précédé d'un prélude instrumental, qui suivait le prologue chanté. On avait donc un petit orchestre ; et nous voyons mentionnés çà et là, des violons, des violes et des luths.

Ce n'est pas tout : les entr'actes de la *Sacra Rappresentazione* étaient remplis par des *Intermèdes* très développés : ils représentaient parfois des joutes, des chasses, des combats à pied et à cheval, et le ballet y prenait déjà autant d'importance qu'il devait en avoir plus tard dans le grand opéra. Toutes les formes de danses : avant tout, la *Moresca*, la danse favorite des XVe et XVIe siècles italiens, saltarelle ou gigue vive à trois temps, dont on trouve encore un exemple à la fin de l'*Orfeo* de Monteverde ; le *Mattaccino*, qui se dansait avec des sonnailles aux pieds et des épées nues, — (elle fut encore employée dans l'*Orfeo* de Luigi Rossi), — la *Saltarelle*, la *Gaillarde*, l'*Impériale*, la *Pavane*, la *Sicilienne*, la *Romaine*, la *Vénitienne*, la *Florentine*, la *Bergamasque*, la *Chiaranzana*, la *Chianchiara*, le *Passamezzo*. On y chantait aussi des *laudi*, des *canzoni*, des chansons à boire, des chœurs (chœurs de chasseurs, dans *S. Margherita* et *S. Uliva*). Ces chants étaient tantôt écrits pour un virtuose *solo*, tantôt à plusieurs voix. Il y avait donc, en germe, dans ces *Intermèdes*, une autre forme de l'opéra : à côté du drame lyrique, l'opéra-ballet, qui se développa plus tard aux dépens du premier. Dès la *Sacra Rappresentazione*, les *Intermèdes* débordent sur le reste de l'œuvre, et y prennent une place disproportionnée.

*
* *

Autre trait de ressemblance avec l'Opéra : les machines, les *Ingegni teatrali*, comme on disait alors. Les plus grands artistes de la Renaissance ne dédaignèrent pas de travailler à leur perfectionnement : Brunelleschi à Florence, Léonard de Vinci à Milan.

1. L'*Imperiale* était une forme de danse.

Brunelleschi et Cecca en inventèrent d'abord pour les cortèges de la Saint-Jean. Certaines de ces machines, les *Nuvole* (les Nues), que décrit Vasari, faisaient l'admiration et l'effroi des spectateurs. Elles servaient aux apparitions d'anges et de saints, que l'on voyait planer à des hauteurs vertigineuses. — Puis Brunelleschi appliqua des procédés analogues aux *Sacre Rappresentazioni*; et voici, d'après un récit de Vasari, comment il avait réalisé le Paradis dans une *Rappresentazione dell'Annunziata*, donnée à l'intérieur de l'église S. Felice in Piazza, de Florence [1]. Dans la voûte de l'église, un ciel, plein de figures vivantes, tournait; une infinité de lumières luisaient et scintillaient. Douze petits angelots, ailés, aux cheveux d'or, se prenaient par la main, et dansaient, suspendus. Au-dessus de leurs têtes, trois guirlandes de lumières, d'en bas, paraissaient des étoiles. On eût dit qu'ils marchaient sur des nuages. Huit enfants groupés autour d'un socle lumineux descendirent ensuite de la voûte. Sur le socle était debout un petit ange d'une quinzaine d'années, solidement attaché par un mécanisme de fer invisible et assez souple pour lui laisser la liberté de ses mouvements. La machine une fois descendue sur la scène, l'ange alla saluer la Vierge et fit l'Annonciation. Puis il remonta au ciel, au milieu de ses compagnons qui chantaient, tandis que les anges du ciel dansaient dans l'air une ronde [2]. On voyait aussi Dieu le Père, entouré de nuées d'anges, suspendus dans l'espace. Brunelleschi avait fabriqué des portes pour ouvrir et pour fermer le ciel. On les manœuvrait, en tirant des câbles, et elles faisaient le bruit du tonnerre. Une fois fermées, elles servaient de plancher, sur lequel les divins personnages faisaient leur toilette. C'étaient les coulisses des anges.

1. Les *Sacre Rappresentazioni* avaient lieu d'ordinaire dans une église, ou sur la place d'une église. On jouait entre vêpres et la nuit; et les acteurs étaient des jeunes gens, faisant partie des Compagnies de piété.

2. Une représentation musicale toute semblable eut encore lieu à Florence, en 1620, avec machines de Giulio Parigi; et le poème de cette Annonciation était de Rinuccini, l'auteur des premiers opéras florentins.

Ce paradis de l'église S. Felice fut le modèle des *Ingegni teatrali* du xve siècle florentin. Cecca ajouta encore aux inventions de Brunelleschi. A l'église S. Maria del Carmine, où l'on avait plus d'espace, on construisit deux firmaments pour une *Ascensione del Signore* : l'un où le Christ était emporté par une nuée d'anges, l'autre où dix cieux tournaient avec les étoiles, et d'« infinies lumières et de très douces musiques » : si bien qu' « on croyait voir vraiment le Paradis ».

Quelle devait être la beauté de ces spectacles, et combien supérieurs à tous les opéras, on l'imagine aisément. La sainteté du cadre et son immensité y ajoutait un mystère poétique, que rien ne peut remplacer. Ce n'était pas un jeu, c'était une action véritable, à laquelle le public était directement mêlé. Point de scène : tout était scène.

Parfois le feu descendait d'en haut, pour se poser sur la tête des apôtres, ou pour détruire les infidèles. Ce n'était pas sans danger. S. Spirito fut incendié en 1471, dans un de ces spectacles ; et ce fut bien pis en 1556, à Arezzo. M. d'Ancona raconte que pendant une représentation de *Nabuccodonosor*, le feu prit au Paradis, et le Père Éternel fut brûlé. — Cette machinerie jouait un rôle capital dans les *Sacre Rappresentazioni*. Nulle pièce sans apothéoses, sans montées au ciel, sans écroulements d'édifices frappés de la foudre, et autres fantasmagories, comme dans nos féeries modernes.

Ajoutez à cela un magasin d'accessoires fantastiques, une ménagerie dramatique à rendre jaloux Wagner, avec ses béliers, ses dragons, ses crapauds, ses oiseaux, ses femmes-poissons qui chantent, et tout cet immense conte de fées, sublime et un peu bébête, qu'est la *Tétralogie du Nibelung*. La *Légende Dorée* était bien autrement abondante en inventions fantastiques que l'Edda. Le dragon de Siegfried était déjà un personnage familier aux spectateurs des *Sacre Rappresentazioni*. Dans *S. Margherita*, dans *Costantino*, dans *S. Giorgio*, des monstres jettent du feu par les naseaux, et dévorent des enfants et des troupeaux. On voit aussi des lions, des léopards, des loups, des ours et des serpents, sans

parler du cerf au crucifix de saint Eustache. M. d'Ancona
parle avec attendrissement des deux excellents lions de
S. Onofrio, qui, après la mort du saint, creusent sa
fosse, puis prennent le corps de leur maître, l'un par
les pieds, l'autre par la tête, et l'enterrent respectueuse-
ment. Il semble qu'on voie jouer la scène par les comédiens du *Songe d'une nuit d'été*.

Réunissons ces différents traits : mélopée syllabique continue, importance de la machinerie, mélange de tragédie
et de féerie, intermèdes et ballets introduits sans raison,
voilà bien des analogies avec le grand Opéra. Ce qui semble
manquer ici, c'est une déclamation musicale proprement
dramatique, un récitatif moulé sur la phrase parlée, —
encore qu'il soit difficile d'assurer, en l'absence complète
des documents, que quelque compositeur n'ait pas eu
l'idée de l'essayer. Il n'y aurait à cela rien d'improbable,
quand on pense que certains de ces musiciens étaient des
plus renommés de l'époque, comme Alfonso della Viola, à
Ferrare. En tout cas, il n'y a point de doute que la *Sacra*
Rappresentazione du xv⁰ siècle ne soit plus près de l'opéra
que de la tragédie, ou du drame. Elle ne diffère pas beaucoup plus de l'opéra de la fin du xvi⁰ siècle que la peinture des préraphaélites florentins ne diffère de celle de
l'école des Carrache [1].

1. Ces *Sacre Rappresentazioni* se maintinrent jusqu'à la seconde
moitié du xvi⁰ siècle, — jusqu'en 1566 à Florence, jusqu'en 1539
à Rome, où, tous les ans, des artisans jouaient au Colisée *la Passion*.
(On dut y mettre fin, parce qu'après chaque représentation la populace allait saccager le quartier des Juifs. — Voir Marco Vatasso :
Per la storia del dramma sacro in Italia, 1903, Rome.) — Naturellement,
elles s'étaient fort perverties ; et l'impudeur païenne du temps s'y
étalait effrontément, comme à cette représentation de 1541, à Saint-
Dominique de Sessa : *la Creacione di Adam ed Eva*, où l'auteur, un
chanoine, qui jouait Adam, se montra tout nu : ce qui eut un succès
énorme. Plus audacieux encore, un *Spectaculum divi Francisci*, joué
à Naples au commencement du xvi⁰ siècle, où le frère qui tenait le
rôle de saint François jouait, nu, une scène de séduction. (Voir
A. d'Ancona, *lib. cit.*)

Retenons toutefois ce fait très important que les *Rappresentazioni*,
en dehors de Florence, ont surtout un caractère de grand spectacle

*
* *

Et ce sont bien des peintures préraphaélites, que certains de ces spectacles. Qui sait même si ceux-ci n'ont pas inspiré celles-là ? M. Émile Mâle a montré l'influence de nos Mystères sur l'art de la fin du XIVe et du commencement du XVe siècle français [1]. Il est bien probable qu'une même influence a été exercée par les *Rappresentazioni* toscanes sur l'œuvre des peintres florentins. Telles indications scéniques, comme celles d'*Abram ed Isac*, que cite M. d'Ancona, évoquent à l'esprit les fresques de Botticelli et de Ghirlandajo à la Sixtine. « Abraham va s'asseoir en un lieu un peu élevé, Sara auprès de lui ; à leurs pieds, à droite, Isaac ; à gauche, un peu plus de côté, Ismaël et Agar. A l'extrémité de la scène, à droite, l'autel où Abraham ira faire oraison. A gauche, une montagne, sur laquelle est un bois, avec un grand arbre, au pied duquel surgira une source, quand le temps sera venu. » — C'est un paysage double ou triple, qui manque d'unité, et qui pourtant a un charme musical, une simplicité harmonieuse et sereine.

Mais l'esprit de l'époque va changer, et, avec lui, musique, poésie, peinture, architecture, théâtre, — tous les arts à la fois.

d'apparat avec défilés et cortèges ; à Florence, presque uniquement, elles gardent un caractère dramatique et récitatif, « *fatte in modo di recitazione* ». Cette remarque est essentielle, puisque l'invention du style musical récitatif, qui sera le fondement de l'opéra, sera due à Florence : il faut donc y voir un trait national, qui tient au génie de la race.

1. Influence réciproque, en bien des cas. Car il est difficile de déterminer toujours qui des deux a été le modèle de l'autre. Ce qui est sûr, c'est qu'il y avait pénétration mutuelle ; et déjà Sainte-Beuve l'avait noté. « Un Mystère, joué quelquefois devant l'église, était comme une mise en action de la façade, un complément historié et mouvant du portail ou de la rosace. Coloriés, sculptés, ou sur le tréteau, c'étaient les mêmes personnages. » (*Tableau de la poésie française et du théâtre au XVIe siècle*, 1869.)

I

LES COMÉDIES LATINES
ET LES REPRÉSENTATIONS A L'ANTIQUE

Le grand principe du changement universel de l'art, au commencement du XVIᵉ siècle, fut l'antiquité triomphante, la victoire de l'humanisme. Cette victoire, qui se manifestait en architecture et en sculpture par l'étude et l'imitation des statues et des monuments romains, se traduisit au théâtre, non seulement par des tragédies italiennes à l'antique, comme la *Sofonisba* de Giorgio Trissino de Vicence, qui parut en 1515, et qui est loin d'être une œuvre médiocre, ou comme l'*Oreste* de Giovanni Rucellai, mais par un très grand nombre de représentations en langue latine. Cet esprit antique a révolutionné l'art; il importe de le bien comprendre. On a presque entièrement perdu aujourd'hui le sens de ce grand mouvement; on le juge à tort avec nos idées de collège, comme une érudition glacée. Il se peut qu'il ait fait beaucoup de mal, qu'il ait détruit nombre de choses intéressantes. Mais il n'avait certainement rien de mort, ni de conventionnel, au temps de la Renaissance.

Jamais il n'aurait eu cette puissance, cette popularité, cette durée, et cette universalité, s'il n'avait été qu'un pur mouvement archéologique. Il ne faudrait pas croire que ces représentations latines fussent des spectacles exceptionnels pour des publics restreints de pédants et de snobs. A Rome, à Urbin, à Mantoue, à Venise, à Ferrare, elles furent constamment répétées, de 1480 jusque vers

1540, et dans de très grands théâtres. A Ferrare surtout, qui fut le foyer de cet art, — à Ferrare, qui joua un si grand rôle dans l'histoire de la pensée, de la poésie, de la musique, et du théâtre italien, puisqu'elle fut la ville de Boiardo, de l'Arioste, de Tasso, de Savonarole, de Frescobaldi, le centre des spectacles latins, le berceau des pastorales en musique, — à Ferrare, en une seule année, en une seule semaine, pour les fêtes de 1502, en l'honneur du mariage de Lucrèce Borgia avec le fils d'Hercule d'Este, on joua jusqu'à cinq comédies de Plaute, dans un théâtre qui contenait plus de cinq mille spectateurs; et il ne se passait pas d'année que ces fameuses représentations latines n'attirassent les princes et l'élite de l'Italie.

D'où pouvait venir une telle passion? Elle serait inexplicable par le seul engouement de la mode. La mode peut imposer un succès, un an, deux ans, cinq ans; elle ne peut empêcher qu'on s'ennuie, ni qu'on finisse par le montrer, si la contrainte se prolonge, comme ce fut le cas, pendant cinquante ou soixante ans. Or, loin de diminuer, le goût pour l'art antique ne fit qu'augmenter. Il faut donc qu'il y ait de ce phénomène des raisons plus profondes.

Et en effet : si paradoxal qu'il semble, cette résurrection de l'antique était une réaction de l'esprit moderne contre l'esprit arriéré des artistes gothiques et des *Sacre Rappresentazioni*. Il ne s'agit pas de juger ici de la valeur absolue de ces deux esprits et de ces deux arts. Il est possible que l'esprit ancien fût supérieur au nouveau; mais il avait contre lui, en tous cas, d'être ancien, et de ne plus répondre aux besoins de l'époque. Les *Sacre Rappresentazioni* étaient un spectacle archaïque, au temps des Médicis; et personne ne pouvait plus les prendre au sérieux, surtout parmi les classes aristocratiques, parmi les artistes, qui dirigeaient le mouvement. Quand on ressuscita la comédie de Plaute et de Térence, — M. d'Ancona le montre bien, — ce fut un soulagement : ces courtisans, ces érudits, ces princes, cette société spirituelle et corrompue se reconnut dans les portraits si vrais et si vivants des vieux Romains : ces pères bernés par leurs fils, ces domestiques voleurs, ces maîtresses voraces, ces parasites flagorneurs étaient modernes. Le Christ, les apôtres, les saints, les Martyrs, les Vierges ne l'étaient plus. Pour chanter ces héroïsmes chrétiens et pour sembler y croire, il fallait *mentir*. Pour sentir la vérité des comédies antiques, et pour s'en divertir, il suffisait d'en connaître la langue. L'esprit était celui du temps. Ce fut un engouement universel, parce qu'il répondait à un besoin de tous.

Cette réaction contre le passé, qui s'exerce toujours avec le plus de violence contre l'époque la plus rapprochée de nous, — on ne hait rien tant, en art, que la génération précédente, — cette réaction s'affiche clairement dans les professions de foi anticléricales, qui soulignent certaines de ces représentations. Une des premières, celle des *Ménechmi*, récitée à Florence, le 12 mai 1488, par les élèves de grammaire de Paolo Comparini, en présence de Laurent de Médicis, de Politien, et de la cour, était précédée d'un prologue en latin, où Comparini chargeait à fond de train contre les ennemis de l'humanisme ; et les périphrases par lesquelles il les désigne n'ont rien d'obscur, ni de douteux : ce sont les prêtres, ou, plus exactement, les moines :

Cucullati, lignipedes, cincti funibus,
Superciliosum, incurvicervicum pecus :
Qui quod ab aliis habitu et cultu dissentiunt,
Tristesque vultu vendunt sanctimonias,
Censuram sibi quamdam et tyrannidem occupant,
Pavidamque plebem territant minaciis.

(« Ces encapuchonnés, aux sandales de bois, avec leurs cordes autour des reins, cette racaille sournoise et louche, qui, parce qu'ils ont des manières et une tenue différentes de celles des autres, parce qu'ils vendent des indulgences d'un air renfrogné, s'arrogent de faire les censeurs et les tyrans, et terrifient de leurs menaces la populace couarde. »)

C'était une déclaration de guerre ; et, si tous ne la proclamèrent pas aussi franchement que Comparini, elle était dans la pensée de presque tous : la résurrection de l'antique était un réveil de l'esprit laïque. La haute église d'alors, qui n'était guère religieuse, s'y associait pleinement. On sait avec quelle énergie Léon X manifestait son aversion pour les moines. Et un autre fait curieux, que l'on n'a pas assez mis en lumière, c'est la part qu'en certains pays les Juifs eurent à la restauration du théâtre antique. A Mantoue spécialement, où la colonie juive était nombreuse, il y eut à diverses reprises, au XVIe siècle, des représentations latines données par les Juifs. Le duc et la cour y assistaient; et Bernardo Tasso, le père de Torquato, dirigea certains de ces spectacles.

Personne n'eut plus de part à ce changement d'orientation dans l'esprit du théâtre que Laurent de Médicis. C'était un homme souple, adroit à saisir le faible de chacun, et qui ne négligeait aucun des petits moyens pour réussir. Deux siècles plus tard, Mazarin, qui fut un politique de sa trempe, cherchait à tenir les Français occupés avec les divertissements ; et l'opéra italien joue un rôle important dans sa politique intérieure, avant la Fronde. J'ai tâché de le montrer ailleurs, en étudiant Luigi Rossi [1]. Laurent de Médicis n'agit pas autrement. Savonarole l'accusait, non sans raison, « d'occuper la populace en spectacles et en fêtes, afin qu'elle pensât à son plaisir, et non à son tyran ». Il savait toute la puissance du théâtre et de la musique sur la société de son temps, et il n'eut garde de la négliger. Il avait cette supériorité sur Mazarin, qu'il était non seulement un dilettante, mais un grand artiste ; il ne se contenta pas d'agir indirectement sur l'art ; il donna des modèles nouveaux, il ouvrit des voies nouvelles.

Il était poète et musicien : il écrivit des danses, dont quelques-unes se sont probablement conservées, d'une façon anonyme, dans certains recueils de l'époque. Il transforma les *canti carnascialeschi*, les chants de carnaval, que l'on chantait, masqué, sur des rythmes de danses. Ils étaient, jusque-là, moulés sur des airs traditionnels. Lau-

---

1. Voir page 60.

rent voulut varier la mélodie, les paroles et les inventions.
Il écrivit des *canzoni* de différents pieds, et les fit mettre en
musique sur des airs nouveaux. Un des plus célèbres
chants de ce genre fut une *canzone* à trois voix, de Arrigo
Tedesco, maître de la chapelle San Giovanni[1], pour des
masques qui représentaient des vendeurs de *berriquocoli* et
de *confortini* (des marchands de pains d'épices et de non-
nettes)[2].

Laurent de Médicis apporta le même esprit novateur
dans les *Sacre Rappresentazioni*. Il commença par introduire dans les cortèges de la Saint-Jean les sujets et les
héros païens : les Triomphes de César, de Pompée,
d'Octave, de Trajan. Les chars religieux disparurent bientôt. Puis Laurent travailla, avec l'aide de ses poètes, à
laïciser les *Rappresentazioni*. Lui-même écrivit, en 1489, un
San Giovanni e Paulo, où jouait son fils Julien, et où il exprimait, sous le nom de Constantin, son dégoût du pouvoir, et l'intention qu'il avait alors d'abdiquer. Cette belle
pièce, remplie de tirades éloquentes sur les devoirs du
prince, est une vraie tragédie classique à la Corneille,
un *Cinna*, qui serait écrit par un Louis XIV[3].

C'est dans ce courant d'idées que Politien, ami de Laurent, écrivit son *Orfeo*, qui marque le passage de la tragédie religieuse florentine à la tragédie pastorale à l'antique. L'*Orfeo*, sous la forme primitive où il fut joué à
Mantoue en 1474, est encore façonné sur le modèle des
Sacre Rappresentazioni. La pièce entière se passe dans le
même décor à scènes juxtaposées, à la façon des anciens
mystères. Mais, plus tard, Politien la divisa en cinq actes,

1. Cet Arrigo Tedesco n'est autre que le célèbre musicien flamand
Heinrich Isaak (1450-1517).
2. Les poésies des plus anciens *canti carnascialeschi* ont été publiées
dans des éditions de 1550 et 1760. — Voir sur ce sujet : Adrien de
la Fage, *Canti carnascialeschi* (*Gazzetta musicale di Milano*, 1847); Angelo
Solerti, *Precedenti del Melodramma*; et Alessandro d'Ancona, *op. cit.*
3. Un membre de la famille des Médicis, Lorenzo di Pier Francesco de' Medici, grand-père de Lorenzaccio, écrivit aussi une *Rappresentazione della Invenzione della Croce* (1482 ou 1493), où il attaquait
violemment la tyrannie de Laurent le Magnifique.

et lui donna une forme plus rapprochée de l'antique.
Cette transition de la *Sacra Rappresentazione* à la tragédie
antique se montre aussi dans le *Gephalo* de Nicolò da
Correggio (Ferrare, 1486) et dans le *Timone* de Boiardi
(Ferrare, 1492).

Puis les spectacles antiques ressuscitent, de toutes parts :
à Rome, sous Sixte IV, Alexandre VI et Léon X; à Venise,
où l'aristocratie s'enthousiasme pour ces fêtes; surtout à
Ferrare, grâce à Hercule Ier d'Este. Passionné pour l'antiquité, ce prince éleva un superbe théâtre de cinq mille
places, dont l'Arioste dirigea la construction; et il entretint
une troupe de comédiens fameux, qu'il ne dédaignait pas
d'accompagner à travers l'Italie, pour les faire connaître des
autres cours.

Dans quelle mesure la musique était-elle associée à ces
représentations?

Au Vatican, en mars 1518, on donna les *Suppositi* de
l'Arioste. « A chaque acte, il y eut un intermède de musique
avec les fifres, cornemuses, deux cornets, des violes, des
luths, et le petit orgue aux sons variés. Il y avait en
même temps une flûte et une voix qui plurent beaucoup.
On entendit aussi un concert de voix... Le dernier intermède fut la *Moresca* (danse), qui figurait la fable de Gor-
gone [1]. » Les décors étaient de Raphaël.

A Urbin, entre 1503 et 1508, on donna chez le duc Guidubaldo la *Calandria* de Bibbiena. Une lettre de Balthazar
Castiglione décrit ce spectacle fastueux, et montre que la
machinerie et les décors n'avaient rien perdu de leur
importance, depuis les *Sacre Rappresentazioñi*. De la voûte
de verdure du théâtre descendaient des lustres, enguir-
landés de roses. « Le premier intermède fut une *Moresque*
de Jason, qui entra en dansant, très beau, armé à l'antique,

1. Lettre de Pauluzo, envoyé du duc de Ferrare, Rome,
8 mars 1518.

avec une épée et un bouclier. De l'autre côté se ruèrent deux taureaux, qui jetaient du feu par la bouche. Jason les mit sous le joug, les fit labourer, sema les dents du dragon ; et peu à peu naquirent des hommes, armés à l'antique, qui dansèrent une fière *Moresque*, et qui se massacrèrent. A la fin, Jason se montra, avec la toison d'or sur les épaules, et dansa excellemment. — Le second intermède représentait le char de Vénus. Elle était assise, nue, une torche à la main. Le char était tiré par deux colombes, chevauchées par deux petits Amours. Derrière, quatre filles dansaient une *Moresque*, en tenant des torches allumées... — Le troisième intermède fut le char de Neptune. Il était traîné par deux monstres, moitié chevaux, moitié plumes d'oiseaux et écailles de poissons. Par derrière, huit monstres dansaient un *brando*. — Le quatrième intermède fut le char de Junon, assise sur une nuée, et traînée par deux paons admirables. Devant, marchaient deux aigles et deux autruches. Derrière, deux oiseaux marins et deux grands perroquets ; et tous ensemble dansèrent un *brando*. — Après la comédie, un petit Amour expliqua le sens des intermèdes. Ensuite, on entendit une musique de quatre violes invisibles, et puis de quatre voix avec les violes, qui chantèrent sur un bel air une *stanza* qui était une oraison à l'Amour. » — On voit quelle place l'élément plastique avait prise au théâtre. L'élément dramatique est presque éliminé. C'est l'esprit de l'opéra-ballet avant Lully.

A Ferrare, dans les fêtes de 1502, où l'on joua cinq comédies de Plaute : l'*Epidico*, *Bacchidi*, *Miles gloriosus*, *Asinaria* et *Casina*, la musique et la danse ne furent pas négligées : il y avait des chants, des chœurs, des ballets chantés et dansés par des soldats vêtus à l'antique. Les décors et la mise en scène étaient de Pellegrino da Udine, Dosso Dossi, Giovanni da Imola, Fino de Marsigli, Brasone. — Giraldi Cinzio, dans ses *Scritti estetici*, dit qu'à la fin des actes, une machine surgissait, au milieu de la scène, portant des musiciens magnifiquement costumés ; mais, le plus souvent, la musique était jouée derrière la scène.

A Milan, où le goût des représentations fut apporté par

la fille du duc de Ferrare, Béatrice d'Este, femme de Ludovic le More, Léonard de Vinci concourut aux spectacles donnés en 1483, en particulier au *Paradiso* de Bernardo Bellincioni. Il fabriqua le paradis avec les sept planètes qui tournaient. Les planètes étaient représentées par des hommes qui chantaient les louanges de la duchesse. — Dans une autre représentation, à Pavie, les sept arts libéraux, après avoir dit deux stances chacun, chantaient une *canzonetta*. Puis paraissait Saturne avec les quatre Éléments. Saturne parlait, mais les quatre Éléments chantaient : *Cantiam tutti : Viva il Moro e Beatrice!*

D'une façon générale, aucune pièce antique, ou à l'antique, ne fut jouée au XVIe siècle, en Italie, sans musique. Trissin, qui pourtant n'eût admis dans les tragédies que le chant des chœurs, reconnaît, dans sa *sesta divisione della Poetica*, que partout on y introduisait des danses et des intermèdes musicaux. Nous savons les noms de quelques-uns des compositeurs : Alfonso della Viola, pour l'*Orbecche* de Cinzio (1541, Ferrare), Antonio dal Cornetto, pour l'*Egle* de Cinzio (1545, Ferrare), Claudio Merulo, pour *le Troiane* de Lodovico Dolce (1566, Venise), Andrea Gabrieli pour l'*Edipo* de Giustiniani (1585, Vicence). « En tout temps, écrit G.-B. Doni, qui fut le grand théoricien de l'opéra italien au XVIIe siècle, en tout temps on eut coutume de mêler aux actions dramatiques des sortes de cantilènes, soit sous forme d'intermèdes entre les actes, soit à l'intérieur même des actes, quand le sujet représenté s'y prêtait. »

On voit que si la musique tenait moins de place dans ce genre de spectacle, aristocratique et érudit, que dans les *Sacre Rappresentazioni*, religieuses et populaires, son rôle y restait pourtant très important. Le texte était parlé ; mais il y avait de nombreux morceaux de chant ; et surtout les intermèdes s'étaient considérablement développés. Ils favorisaient les progrès du décor, de la machinerie, de la mise en scène. Les plus grands maîtres de l'art italien y travaillaient. Nous avons nommé Léonard à Milan, et Raphaël à Rome. Il faut citer encore : à Florence, Andrea del Sarto (pour *la Mandragore*, 1525), et Aristote de San Gallo ; à Ferrare, Dosso Dossi et Pellegrino d'Udine ; à Rome, Baldassare Peruzzi (pour *la Calandra* de Bibbiena), Franciabigio, Ridolfo Ghirlandajo, Granacci, Tribolo, Sodoma, Franco, Genga, Indaco, Gherardi, Soggi, Lappoli. — Ces intermèdes, dont la magnificence ira toujours en croissant jusqu'à la fin du XVIe siècle, contribueront à former le fastueux opéra-ballet du XVIIe siècle [1].

1. On sait que les *Intermèdes* de 1589 à Florence ont été le point de départ du mouvement, qui conduisit, quelques années après, aux premiers essais d'opéra récitatif par Peri, Caccini et Cavalliere. (Voir mon *Histoire de l'opéra en Europe avant Lully et Scarlatti*, 1895.) On trouvera dans l'étude de M. Solerti sur les *Precedenti del melodramma* le curieux récit d'intermèdes joués à Milan, en 1599, entre les actes d'une pièce de G.-B. Visconti, l'*Armenia*. Ils représentaient : la tragédie d'Orphée, l'expédition des Argonautes, Jason et la Toison d'or, la dispute de Pallas et de Neptune, et le triomphe de Pallas. Ils étaient d'une splendeur inouïe.

III

LES PASTORALES EN MUSIQUE ET TORQUATO TASSO

La comédie princière à l'antique, qui avait détrôné dans le goût public, sinon supprimé tout à fait la *Sacra Rappresentazione*, ne réussit pas à se maintenir. Le théâtre subit, vers le milieu du XVIᵉ siècle, une nouvelle transformation, causée par une nouvelle crise morale. Mais cette crise était bien différente de celle qui avait causé la victoire de l'humanisme. Celle-ci était un phénomène normal, un moment de l'évolution de l'esprit italien : arrivé à la possession de soi-même, il s'émancipait de l'Église; du moins, il essayait. La crise qui amena, vers 1540, une nouvelle orientation du théâtre fut le résultat imprévu d'un ensemble de malheurs politiques et sociaux. En 1527, Rome fut prise et saccagée par les bandes sacrilèges de Charles-Quint. En 1530, Florence fut vaincue à son tour, humiliée, bâillonnée. Les deux têtes de l'Italie étaient mises sous le joug. La Renaissance fut frappée mortellement. Jamais elle ne se relèvera. La servitude — une servitude dorée — s'appesantit sur elle. La tyrannie espagnole, l'Église, cherchant à réparer l'injure subie, à regagner son pouvoir sur le monde, à rétablir, par tous les moyens, la discipline et l'obéissance dans son troupeau; les petits princes enfin, les tyranneaux, qui gravitaient dans l'orbite de ce double despotisme et s'inspiraient de ses principes, s'appliquent à tenir asservi l'esprit italien, le libre esprit de la Renaissance[1]. Les

1. M. Vincent d'Indy (*Cours de Composition musicale*, 1ᵉʳ vol., 1902)

Raphaël, les Léonard sont morts. Les survivants de la grande génération, les Michel-Ange, après avoir pris une part désespérée à la défense de leur patrie, se voient dénoncer, par qui? Par un l'Arétin. Ce maître-chanteur et ce pornographe menace de livrer à l'Inquisition l'austère et religieux Michel-Ange, pour « l'impiété et l'indécence » de son *Jugement dernier*. Ces nudités offusquent la pudeur de l'Arétin. Comme Tartuffe, l'Arétin déclare « qu'en sa qualité d'homme qui a reçu le baptême, il rougit d'une telle licence ». « Il serait moins coupable de ne pas croire, dit-il, que de porter atteinte en telle façon à la croyance d'au-

a vu dans la décadence de l'art de la Renaissance le fruit de l'esprit de personnalité et de libre examen. Il se trompe, je crois. C'est la grande Renaissance du xv° siècle qui a été une époque d'indépendance ou d'aspiration à la liberté. Qu'on se rappelle le puissant mouvement scientifique, qui emporte les artistes italiens, depuis Brunelleschi et Alberti, cette fois dans la science, qui trouve une expression si ardente et si haute dans Léonard, — et, d'autre part, le mouvement anti-clérical, que j'ai signalé plus haut dans l'humanisme, et qu'appuient même des papes, comme Léon X. — Ce mouvement s'étend environ jusqu'au sac de Rome. Peu après commence la reprise de l'Italie par la pensée ou le pouvoir catholique. Il s'en faut de beaucoup que la seconde moitié du xvr° siècle soit une époque de libre examen. Un des types les plus frappants en est le Tasse, ce malheureux homme, qui mêlait étrangement la dévotion au plaisir, qui se torturait de terreurs religieuses, et dont la folie consistait à se croire damné, à aller se dénoncer aux inquisiteurs de Ferrare, de Bologne, de Rome, et à dénoncer les autres, à réclamer leur châtiment. « Souvent résonnaient horriblement en moi les trompettes du Jugement; et je te voyais, Seigneur! assis sur les nuées, et je t'entendais dire — (ô paroles d'épouvante!) — : « Allez, maudits, dans le feu éternel! » Et cette pensée m'assiégeait avec tant de force que j'étais contraint d'en faire part à ceux qui m'entouraient; vaincu par la terreur, je me confessais; et si, par hasard, je croyais avoir oublié quelque péché peu important, par négligence ou par honte, je recommençais ma confession, et je faisais parfois ma confession générale... Cela même ne suffisait point à m'apaiser, parce que je ne pouvais pas exprimer mes péchés avec autant de force dans mes paroles, que je les sentais en moi... »

Qui parle ainsi? Un puritain d'Angleterre? un Bunyan? un soldat de Cromwell? — Non. Le prince des artistes de la fin de la Renaissance italienne, le maître incontesté de la poésie, du théâtre et, nous allons le voir, de la musique même, de tout l'art de la fin du

trui[1]. » Ailleurs, il proclame que « la licence de l'art de Michel-Ange peut aggraver le scandale du luthéranisme ». Dangereuse dénonciation, qui aurait pu être écoutée. Si un Michel-Ange n'échappe pas au risque d'être accusé d'impiété et de licence, jugez de la liberté des autres! Véronèse est traduit devant l'Inquisition. La peinture est suspecte. Que sera-ce du théâtre? — On veut le silence. Le silence se fait. Le théâtre est bâillonné; et, — conséquence bizarre et naturelle! — la musique en profite.

Les *Sacre Rappresentazioni* populaires étaient tombées en discrédit. On ne donnait plus que des comédies aristocratiques, dans des salles fermées, pour des invités. Bientôt la *Commedia* même parut dangereuse. La pensée de l'élite, sinon de la foule, avait trop de facilité à s'y exprimer. On commença par écraser le texte sous l'opulence de la mise en scène, dont l'art, se développant toujours avec Bronzino, Jean de Bologne, Salviati, Ammanato, Taddeo Zucchero, arriva à l'apogée, vers la fin du xvie siècle, à Florence, avec Bernardo Buontalenti. Mais, malgré toutes les entraves, la liberté italienne trouvait encore moyen de se faire jour. Les princes se défiaient de la comédie, et ils favorisèrent la forme la plus anodine du théâtre à l'antique : le *Dramma pastorale*. Ce fut le troisième stade de l'évolution dramatique s'acheminant à l'opéra.

Tout menait à ce théâtre pastoral. Il était en germe à la

---

xvie siècle. Est-ce là ce redoutable « Orgueil anti-chrétien » que M. Vincent d'Indy nous donne comme caractéristique de la décadence de l'art? — Mais c'est, tout au contraire, la faillite de cet orgueil. L'esprit de la libre Renaissance a été brisé vers 1530. La contre-réforme catholique domine l'âme italienne. Les musiciens de la fin du xvie et du xviie siècle sont presque tous religieux d'âme, et souvent même d'habit. Monteverde, Vecchi, Banchieri, Vitali, Stefano Landi, Carissimi, Stefani, Cesti, sont ou deviennent gens d'Eglise. Le type le plus populaire de la fin de la Renaissance, l'extravagant Benvenuto Cellini lui-même, a des visions religieuses. Il voit la Vierge face à face. Le mystique Michel-Ange ne semble pas assez religieux aux critiques de son temps. — (Voir, sur l'esprit religieux des artistes italiens, au xvie siècle, Müntz : *Histoire de l'Art pendant la Renaissance*, III, 28-30.)

1. Lettre à Michel-Ange, novembre 1545.

fois dans le théâtre néo-antique et dans l'esprit italien. Les églogues dramatiques du xv° siècle (l'*Arcadia*, de Jacopo Sannazaro de Naples) l'annonçaient. Et, dans les reconstitutions du théâtre antique, la nuance pastorale avait toujours été la caractéristique originale du génie italien. Le premier acte de l'*Orfeo*, de Politien, était déjà appelé « pastorale ». Mais la date habituellement adoptée pour l'avènement définitif du drame pastoral est celle de 1554, où le *Sacrificio*, de Agostino Beccari, fut représenté à Ferrare, devant le duc Hercule II, avec musique d'Alfonso della Viola. Cette musique nous a été conservée [1], et M. Solerti l'a publiée, pour la première fois, dans ses *Precedenti del melodramma*. Elle comprend une scène du troisième acte pour solo et chœur à quatre voix, et une *canzone* à quatre voix, qui terminait la pièce. Le solo (rôle d'un prêtre) était chanté par messer Andrea, frère d'Alfonso della Viola, qui s'accompagnait de la lyre. C'est un des premiers essais connus de style monodique. Le chant solo se répète sans changement en trois strophes successives, tandis que les réponses du chœur varient à chaque fois.

Le *Sacrificio* de Beccari fut suivi, à Ferrare, de l'*Aretusa* d'Alberto Lollio (1563), et du *Sfortunato* d'Agostino Argenti (1567), pour lesquels la musique avait encore été écrite par Alfonso della Viola. A la représentation du *Sfortunato*, assistait Torquato Tasso. — Notons une fois de plus l'importance capitale de Ferrare dans l'histoire du théâtre [2]; et retenons le nom de Tasso, qui joua un des premiers rôles, le premier de tous peut-être, dans l'établissement sur la scène italienne de la pastorale, à laquelle il donna une popularité prodigieuse, et qu'il contribua à transformer en opéra. En 1573, Tasso, âgé de vingt-neuf ans, écrivit son fameux *Aminta*, qui fut joué le 31 juillet, dans la petite île du Belvédère, au milieu du Pô, près de Ferrare; et son

---

1. Le manuscrit du *Sacrificio*, de Beccari, a été retrouvé à la Palatina de Florence (E. 6. 6. 46) par M. Arnaldo Bonaventura. Il comprend douze pages de musique manuscrite.

2. Voir Angelo Solerti, *Ferrara e la corte Estense nella seconda metà del secolo XVI*, 1899.

ami, le chevalier Battista Guarini, de Ferrare, secrétaire et ambassadeur du duc, composa de 1581 à 1590 son *Pastor Fido*, tragi-comédie lyrique.

Le succès de ces deux œuvres fut immense, et suscita des nuées d'imitations. Le reste du théâtre fut noyé. En 1598, Angelo Ingegneri, qui fut le principal théoricien du théâtre de la seconde moitié du XVIe siècle, écrit : « S'il n'y avait pas les pastorales, on pourrait presque dire que l'usage du théâtre s'est tout à fait perdu; et ce serait la fin de la poésie dramatique. Les comédies, si plaisantes qu'elles soient, ne sont plus appréciées, sinon avec des intermèdes somptueux et une mise en scène d'une dépense excessive. Les tragédies sont des spectacles mélancoliques, ou mal faits pour la représentation. Certains les regardent comme de mauvais augure, et dépensent peu volontiers pour elles leur argent et leur temps... Restent les Pastorales, qui, sans être incapables d'une gravité quasi tragique, touchent à certains ridicules comiques, et, admettant la présence au théâtre des dames et demoiselles honnêtes, — ce qui n'est pas le cas pour la comédie, — se prêtent à de nobles sentiments, qui ne messiéraient pas à la tragédie même. En somme, elles sont intermédiaires entre l'un et l'autre genre, et délectent merveilleusement, soit avec, soit sans chœurs et intermèdes [1]. »

L'Ingegneri étudie longuement la part que la musique doit prendre à ces spectacles. Ses conseils ont un caractère pratique, comme c'est presque toujours le cas chez les théoriciens italiens. Il recommande à la musique, avant tout, de bien s'adapter à la salle, afin de ne pas être trop bruyante, ni trop sourde. L'orchestre et les voix doivent être placés *derrière la scène*, en un lieu choisi avec grand soin, de façon que le son parvienne égal et bien fondu dans toutes les parties de la salle. Les paroles doivent être clairement entendues; et, dans les chœurs mêlés à l'action,

1. Angelo Ingegneri, *Della poesia rappresentativa e del modo di rappresentare le favole sceniche*, 1598, Ferrare.

il faut un style très simple, peu différent du parler ordinaire. Les intermèdes prêtent à un art plus riche et plus complexe; mais il ne faut pas oublier que la musique doit être un repos, et non une fatigue. — Le léger mètre de la pastorale, en vers de onze et sept syllabes, convient excellemment au chant; et, au XVIIe siècle, G.-B. Doni lui-même, le champion de l'opéra nouveau, reconnaît que nul genre d'action dramatique n'est mieux fait pour le chant que la pastorale, qui réclame des mélodies harmonieuses et douces, *soave e proporzionata melodia*.

La pastorale exprimait fidèlement l'âme de l'époque : nulle force de passion, nulle grandeur de pensée, nulle liberté, nulle sincérité vigoureuse. Une vie mondaine, une sensibilité érudite, subtile et voluptueuse, une rêverie aristocratique, une âme musicale.

En vérité, la musique avait envahi, à cette époque, tout l'esprit italien. Les peintres, les écrivains, l'élite, surtout dans l'Italie du Nord, à Venise, à Ferrare, à Mantoue, s'y adonnaient avec ivresse. Presque tous les grands peintres vénitiens du XVIe siècle : Giorgione, Pordenone, Bassano, Tintoret, Jean d'Udine, Sébastien del Piombo, étaient musiciens. Souvenez-vous de tous ces tableaux de *Concerts*, soit divins (Bellini), soit profanes (Giorgione, Bonifazio, Veronèse). Rappelez-vous, dans les *Noces de Cana* du Louvre, Titien tenant la contrebasse, Veronese et Tintoret jouant du violoncelle, et Bassano de la flûte. Sébastien del Piombo était célèbre comme joueur de luth et chanteur; et Vasari reconnaît plus volontiers encore le talent de Tintoret comme musicien que comme peintre. On voit dans les lettres de l'Arétin quelle place tenait la musique dans la société d'alors, et les relations de Titien avec les musiciens. A la cour de Léon X, la musique prit le pas sur les autres arts. Le pape donna à deux virtuoses un traitement presque égal à celui de Raphaël, pour la surintendance de Saint-Pierre. Un joueur de luth, juif, Giammaria, reçut le titre de comte, et un château. Un chanteur, Gabriel Merino, devint archevêque de Bari, Enfin, on se souvient que, quand Léonard de Vinci se présenta à la cour de Ludovic le More, à Milan, c'était, à en croire Vasari, à titre non pas de peintre, mais de musicien. « Le duc se délectait du son de la lyre. Léonard lui apporta un luth, qu'il avait construit lui-même, presque entièrement d'argent, en forme de tête de cheval... Il chantait divinement sur cet instrument, improvisant les vers et la musique. »

Ainsi, depuis un demi-siècle, la musique s'emparait des peintres italiens, c'est-à-dire des représentants par excellence de la Renaissance italienne. Et où la musique entre, elle laisse une empreinte profonde. Sans qu'on s'en aperçût, elle transformait l'esprit de l'art. Je citais tout à l'heure cette parole de Michel-Ange : « La bonne peinture est une musique, une mélodie ». Mot frappant, qui montre l'abdication de la peinture devant la musique.

Même phénomène en poésie. Tel écrivain, comme Girolamo Parabosco, « quand on lui disait — (c'est l'Arétin qui parle) : — Votre tragédie de *Progné* est une belle chose », répondait : « Je suis musicien et non poète! ». Il disait vrai. L'époque de la pastorale est le règne des poètes-musiciens; le théâtre musical s'élabore dans leur esprit et dans l'esprit de leur public, vingt ou trente ans avant que la forme en soit définitivement arrêtée par Peri et E. de' Cavalieri.

Le type le plus génial de ces poètes-musiciens est Tasso. Nul ne représente mieux la révolution morale de la fin de la Renaissance. Dans cette même ville de Ferrare, où

1. En fait, il était l'un et l'autre. Girolamo Parabosco, de Plaisance (mort en 1560), écrivit des comédies dans le genre de l'Arétin, des nouvelles dans le genre de Bandello, et des poèmes mythologiques. Il fut en même temps organiste de San Marco de Venise, et dirigea chez Domenico Veniero une académie de chant et de musique, pour laquelle il composa la musique de ses propres madrigaux. Il était élève de Willaert. (Voir la monographie d'Ad. van Bever.)

l'Arioste était mort en 1532, Torquato Tasso vint s'établir
en 1565. Quelle différence entre les deux poètes! L'Arioste,
lumineux, souriant, conservant dans un monde d'action et
une vie difficile ce grand esprit serein, où, suivant le beau
mot de Carducci, « le soleil ne se couchait jamais »;
artiste classique dans l'âme, poète précis, doué d'un sentiment plastique égal à celui des grands peintres de son
temps; — et Tasso, nerveux, inquiet, exalté, d'une émotion
à la fois sincère et littéraire, se tourmentant de peines,
de joies, de terreurs imaginaires, ce grand agité moderne,
d'une poésie vaporeuse et troublante, musicien de cœur,
musicien de style, musicien de tout son être et par tout son
œuvre :

> *In queste voci languide risuona*
> *Un non so che di flebile e soave,*
> *Che gli occhi a lacrimare invoglia* [1]...

Ces admirables vers de Clorinde mourante semblent
caractériser la poésie de Tasso, et la musique à la fois. Sa
langue est une musique. L'*Aminta* chante mélodieusement
à l'oreille et à l'âme, comme un opéra de Mozart. Ce sont
de vrais couplets lyriques, avec la ritournelle. Ils appellent
la musique: et, en effet, ils furent mis en musique [2], comme
tant de poésies de Tasso.

Tasso adorait la musique. Elle tient une grande place
dans sa vie. Son premier amour, — le premier du moins
qui nous soit connu, — celui pour Lucrezia Bendidio,
de Ferrare, fut causé par le chant de la jeune fille. Il l'a
conté dans son gracieux sonnet :

> *Su l'ampia fronte il crespo oro lucente...* » (1561).
> (Sur l'ample front, l'or frisé luisant...)

Il dit qu'il avait fermé les yeux pour échapper au danger
de l'amour; mais il ne se défiait pas du pire des dangers :

---

1. « En ces paroles languissantes résonne un je ne sais quoi de plaintif et de suave, qui incline les yeux à pleurer. »

2. L'*Aminta* fut représenté en 1590 à Florence, avec musique.

Ma de l'altro periglio non m'accorsi,
Che mi fu per l'orecchie il cor ferito,
E i detti andaro ove non giunse il volto.

(Mais à l'autre péril je ne pris pas garde : par l'oreille, le coup me vint frapper au cœur; et les paroles atteignirent où les traits n'avaient pas pénétré.)

Plus tard, les premières poésies qu'il écrivit pour Léonore d'Este sont encore inspirées par la musique. C'est un sonnet à Léonore, à l'occasion de la défense qui lui avait été faite de chanter, parce qu'elle était malade :

Ahi ben è reo destin ch'invidia e toglie. (1566).
(Ah! cruel destin envieux!...)

La musique est donc associée à ses souvenirs d'amour. Ce sont là choses qu'on n'oublie pas.

Plusieurs de ses amis de jeunesse : Cesare Pavesi, Scipione Gonzaga, étaient musiciens. Les princes à la cour desquels il fut, le duc d'Urbin Guidubaldo II, le duc de Ferrare Alphonse II, étaient musiciens passionnés. Il fut en relations avec les maîtres compositeurs de l'époque. A Rome, chez le cardinal Hippolyte II d'Este, en 1571, il connut Palestrina et Luca Marenzio. Surtout, il fut l'ami intime de don Carlo Gesualdo, prince de Venosa, qui eut une action si forte sur la musique madrigalesque de la fin du XVIe siècle, et, plus qu'aucun autre, y fit entrer le sentiment dramatique.

Don Carlo Gesualdo appartenait à la plus noble famille du royaume de Naples, avec les Avalos (les Pescara), ses cousins. Il y eut dans sa vie une tragédie sanglante. Il avait épousé sa cousine, donna Maria de Avalos. Il la surprit, une nuit, dans son palais, en flagrant délit d'adultère avec don Fabrizio Carrafa, duc d'Andria; et il les tua (27 octobre 1590). Ce drame bouleversa Naples, et suscita une quantité de narrations et de complaintes. Tasso, qui connaissait Don Gesualdo, et qui avait écrit en son honneur et en l'honneur de donna Maria diverses poésies [1],

---

1. Trois sonnets et une *canzone.*

fut particulièrement ému par cette nouvelle, qu'il apprit à Rome. Elle lui inspira plusieurs sonnets et un madrigal. Environ un an plus tard, il vint à Naples (février-avril 1592), et il fut attiré par le héros de cette histoire. Don Gesualdo avait institué dans sa maison une Académie, qui avait pour objet de répandre et de perfectionner le goût de la musique. Compositeurs, chanteurs et instrumentistes s'y trouvaient réunis. Tasso y vint. On lui demanda des vers à mettre en musique; et il donna trente-six madrigaux, anciens, ou expressément composés pour l'Académie de Don Gesualdo. Nous avons conservé huit de ces madrigaux, et deux sonnets, avec la musique du prince de Venosa[1].

Or, nous connaissons les idées de Tasso sur la musique; il les a exprimées, dans ses *Dialoghi*[2]. Comme Ronsard, qu'il put connaître en France, lors de son voyage à Paris en 1570-71, comme Baïf et la Pléiade, il croyait à la nécessité de l'union de la poésie et de la musique. Il faisait même la part encore plus belle à la musique. Car Ronsard dit que « la musique est sœur puisnée de la poésie ». Et Tasso dit : « La musique est pour ainsi dire l'âme de la poésie. » (« *La musica è la dolcezza e quasi l'anima de la poesia.* ») Il n'en reste pas là. Il se plaint qu'elle soit devenue trop inexpressive, que la musique dégénérée ait pris un caractère trop sensuel, et indifférent aux grandes émotions (« ... *è divenuta molle ed effeminata...* »); il voudrait que quelque maître excellent la ramenât à sa « *gravità* » passée. — Ce maître, il le trouva en Don Gesualdo. Le propre du talent du prince de Venosa a été justement d'introduire dans le madrigal cette « *massima gravità* », que réclamait Tasso, et d'avoir façonné le chant musical au rôle d'interprète des passions tragiques. Il n'est donc pas douteux que Tasso n'ait eu, par ses idées sur la

1. Le prince de Venosa se remaria en 1594 avec Leonora d'Este, et Tasse célébra encore cet événement par une pièce en *ottave*.
2. *Dialoghi* publiés par A. Solerti, III, p. 111-118. *La cavaletta overo de la poesia toscana.*

musique et par sa collaboration avec Don Gesualdo, une influence sur la création du style musico-dramatique.

Mais il y a plus. Nous trouvons Tasso en relations personnelles avec tous les futurs créateurs de l'opéra florentin. Avant 1586, il adresse un sonnet à Laura Guidiccioni, de Lucques [1], qui fut la collaboratrice d'Emilio de' Cavalieri, et écrivit avec lui les premiers essais de *melodramma* (opéra). En 1590, il se rencontre chez le grand-duc de Toscane, Ferdinand, avec Emilio de' Cavalieri. Ottavio Rinuccini vint alors chez lui; et tout ce qu'il y avait d'illustre à Florence dans les lettres et les arts lui rendit hommage. L'*Aminta* fut représenté avec musique. Les décors et les machines étaient de Bernardo Buontalenti [2]. E. de' Cavalieri et Laura Guidiccioni avaient été les organisateurs du spectacle; et il est à remarquer qu'immédiatement après ils donnèrent à la cour la représentation du *Satiro* et de la *Disperazione di Fileno* (1590), qui sont les premiers exemples connus d'opéra. Ces deux pièces étaient écrites très probablement en « style récitatif », comme on disait alors, et sûrement en musique expressive [3]. — Enfin, en 1592, chez Cinzio Passeri, neveu de Clément VIII, qui présidait une Académie à Rome, Tasso rencontra Luca Marenzio, « le plus doux cygne » de la musique italienne, qui, comme Venosa, traduisit en musique beaucoup de ses œuvres. — Il est permis de croire que les inventeurs de l'opéra ont subi l'ascendant du génie de Tasso, et mis à

---

1. Voir Angelo Solerti, *Laura Guidiccioni Lucchesini ed Emilio de' Cavalieri*, 1902.

2. Bernardo Buontalenti, né en 1537, fut pendant soixante ans l'architecte général des grands-ducs de Toscane. Il bâtissait leurs palais, leurs villes, leurs forteresses, dessinait leurs jardins, dirigeait leurs fêtes, fabriquait des machines et des feux d'artifice pour leurs spectacles. Les machines de son invention pour le théâtre construit aux Uffizi, en 1585, furent célèbres en Europe.

3. Cavalieri avait voulu que « *questa sorte di musica rinnovata da lui commova a diversi affetti, come a pietà ed a giubilo, a pianto ed a riso* » (« que cette sorte de musique, renouvelée par lui [d'après l'antique] suscitât les passions diverses, comme la pitié et la joie, les pleurs et le rire »).

profit ses idées sur les rapports de la poésie et de la musique, et sur leur union dans le drame.

De fait, Rinuccini, le premier poète qui ait adapté résolument le drame pastoral au théâtre de musique, le premier qui ait écrit de véritables *libretti* d'opéras, est un disciple de Tasso [1].

L'opéra s'empare aussitôt des sujets et des personnages de Tasso. Le génial Monteverde compose la musique pour les intermèdes de l'*Aminta*, joué à Parme en 1628; il écrit le *Combat de Tancrède et de Clorinde* (1624) et la scène d'*Armide et Renaud* (1627), préludant ainsi aux immortelles *Armide* de Lully et de Gluck : [2] — Armide, le type le plus parfait de l'héroïne d'opéra, voluptueuse et violente, caressante, furieuse, contradictoire, dévorée par la passion...

> *Qual raggio in onda, le scintilla un riso*
> *Negli umidi occhi tremulo e lascivo...* [3]

Inoubliable figure, qui, sous des noms divers, règne sur l'opéra jusqu'aux Ysolde de notre temps.

La personnalité de Tasso, si profondément moderne, a rayonné sur tous les arts. La forme de son imagination s'est souvent imposée à la peinture et aux arts plastiques, comme à la poésie. Mais rien ne porte plus directement sa marque que l'opéra pastoral, réalisé à Florence, sous ses yeux, en quelque sorte sous son patronage, et que son disciple, Rinuccini, devait faire triompher.

1. M. Solerti (*Rinuccini*, 1902) a noté des *canzoni* de Rinuccini, qui sont calquées sur des poésies de Tasse. (Voir aussi Guido Mazzoni : *Cenni su O. Rinuccini poeta*, 1895.) — Rinuccini fut l'auteur des poèmes de la *Dafne* de 1594-7, et de l'*Euridice* (1600) de Peri, ainsi que de l'*Arianna* (1608) de Monteverde.

2. En même temps que Monteverde, Michelangelo Rossi écrit une *Erminia sul Giordano* (1637); Domenico Mazzocchi, un *Olindo e Sofronia* (1637). En France, dès 1617, Mauduit et Guesdron dirigeaient à la cour le fameux ballet : *la Délivrance de Renaud*, dont tel air d'Armide a déjà quelque chose de l'énergie et de l'ampleur tragique de la déclamation de Lully. Armide, de 1637 à 1820, inspire plus de trente opéras.

3. « Comme un rayon dans l'onde, dans son regard humide scintille un rire tremblant et lascif... »

Nous voici arrivés en 1590, date des représentations florentines de l'*Aminta*, et des premiers essais « mélodramatiques » de Cavalieri. A ce moment précis, l'opéra pastoral se détache de la pastorale avec musique; et il est difficile de dire si l'*Aminta* est déjà un opéra, ou si le *Satiro* de Cavalieri est encore une pastorale. C'est le terme de l'évolution dramatique, que nous voulions esquisser ici. Aussitôt après, commencent les travaux fameux de Peri et de Caccini, qui inaugurent d'une façon éclatante l'histoire de l'opéra, — histoire que nous avons tâché de raconter ailleurs.

Jetons un regard en arrière sur le chemin parcouru depuis deux siècles. Nous voyons maintenant que l'opéra est issu de la pastorale du xvie siècle, qui est elle-même l'aboutissement, ou la décadence, de la comédie à l'antique, et de la *Sacra Rappresentazione* du xve siècle (celle-ci plus ancienne que celle-là, et détrônée par elle). Entre ces genres, nulle interruption brusque. Le passage de l'un à l'autre a été insensible. L'*Orfeo* de Politien sert de transition entre la *Sacra Rappresentazione* et la *Commedia* à l'antique, comme l'*Aminta* de Tasse entre la pastorale et l'opéra.

Et cette histoire de quatre formes, musico-poétiques, successives et rivales, n'est pas seulement une histoire artistique : elle est liée à l'histoire politique et morale. Ce sont des causes politiques et morales, autant et plus que des causes artistiques, qui ont amené, de degré en degré, le passage de la *Sacra Rappresentazione* à la comédie antique, de celle-ci à la pastorale, et de la pastorale à l'opéra. Évolution continue, où l'on suit, pas à pas, à travers deux siècles de théâtre, je ne dirai pas le développement, mais les transformations, et, pour parler franc, l'affaiblissement de l'âme italienne, la faillite de la Renaissance. Ce progrès artistique fut aussi — osons l'avouer — une décadence morale. Et il était naturel qu'il en fût ainsi, puisqu'en cette succession de formes théâtrales se reflète toute la vie de la Renaissance, de sa jeunesse à son déclin, croissant toujours en virtuosité artistique, à mesure qu'elle déclinait en valeur morale.

Ce qu'il y avait encore, dans l'Italie, de fraîcheur et de force, on l'a vu, par la suite, aux richesses qu'elle trouva moyen de répandre, avec un faste de prodigue, dans la forme d'art hybride où elle se trouvait réduite : l'opéra, par lequel elle conquit le monde qui l'avait conquise.

LE PREMIER OPÉRA JOUÉ A PARIS :

« L'ORFEO » DE LUIGI ROSSI

I

MAZARIN ET LA MUSIQUE

Mazarin était musicien, connaisseur en musique; et, de
bonne heure, il fut mêlé au mouvement « mélodramatique »
de Rome et de Florence. Tout enfant, il avait été élevé
chez les pères de l'Oratoire de Saint-Philippe de Néri; il
passa ses premières années dans ce berceau du drame
musical religieux, puis, à partir de sept ans, chez les
Jésuites du Collège Romain. Quand ses maîtres, pour
célébrer la canonisation de saint Ignace, donnèrent une
grande représentation, à laquelle tout Rome assista, on
raconte qu'ils confièrent le rôle principal, celui du saint,
à Mazarin, déjà sorti du Collège[1], et qu'il le joua avec un
succès retentissant[2]. Il aurait donc pris part à la fameuse
*Apothéose de Saint Ignace de Loyola et de Saint François-
Xavier* par Johann-Hieronymus von Kapsberger, en 1622,

---

1. Il soutint ses thèses en 1618.

2. Elfridjo Benedetti, *Raccolta di diverse memorie per scrivere la vita
del card. G. Mazarino Romano*, in-4°, Lyon; — cité par V. Cousin,
La jeunesse de Mazarin, 1865.

qui fut une sorte de triomphe de Jules César jésuite, avec des défilés de nations, d'animaux et d'objets exotiques [1].

Il s'était lié, au collège, avec les Colonna [2], et, depuis 1626, il fut en relations intimes avec les Barberini. Il était surtout ami du cardinal Antonio [3]. Ainsi, il était bien placé pour suivre les premiers essais du théâtre d'opéra, que ces deux illustres familles patronnaient à Rome, sous le pontificat d'Urbain VIII (1623-1644). Dans un des plus violents pamphlets écrits contre Mazarin pendant la Fronde, la *Lettre d'un Religieux au prince de Condé* [4], on va jusqu'à prétendre que c'est « par l'entremise d'une comédienne chanteuse, une infâme qu'il avait débauchée à Rome, qu'il s'était insinué dans les bonnes grâces du cardinal Antonio ». Ce n'est là qu'un bruit diffamatoire, mais qui montre que, comme tant d'autres prélats de l'époque, il fréquentait assidûment l'opéra et les cantatrices.

Il était à l'ambassade de France, à Rome [5], quand on y

---

1. M. Ademollo fait remarquer que, dans la première moitié du xviie siècle, en Italie, il était de règle qu'un comédien sût aussi la musique, et fût capable de chanter même une partie principale dans un *melodramma*. La même règle devait s'appliquer aux spectacles privés et aux représentations d'écoles.

2. Il fut élevé avec les enfants du connétable Colonna, et accompagna en Espagne, entre 1619 et 1622, don Jérôme Colonna.

3. Les correspondances du nonce Sacchetti, citées par Cousin, montrent combien Mazarin était déjà apprécié en 1629 par le pape Urbain VIII et le cardinal Francesco Barberini, secrétaire d'État. La même année, il fut attaché comme capitaine d'infanterie à la légation du cardinal Antonio, à Bologne.

4. *Lettre d'un religieux envoyée à Mgr le prince de Condé à Saint-Germain-en-Laye, contenant la vérité de la vie et des mœurs du cardinal Mazarin* (Cimber et Danjou, 2e série, t. VII, p. 434). — Le « religieux » était sans doute le curé de Saint-Roch.

5. Mais non pas ambassadeur, comme semble dire Ademollo, dans son livre sur *les Théâtres de Rome au XVIIe siècle*. En 1639, l'ambassadeur de France à Rome était le maréchal d'Estrées. Mais Mazarin était à Rome, persécuté par le parti espagnol, et en relations avec Richelieu, qui envoyait, cette même année, à Rome son violiste pré-

joua, en 1639, un drame musical dédié au cardinal de Richelieu : *Il favorito del principe*, dont le librettiste était Ottaviano Castelli. Naturalisé Français par lettres patentes d'avril 1639, il passa en France. Richelieu mourut le 3 décembre 1642, et Louis XIII le 14 mai 1643. Dès le 28 novembre 1643, Teodoro Ameyden note dans ses *Avis de Rome* « l'ordre du cardinal Mazarin de faire venir en France des musiciens de Rome, et en particulier de la chapelle papale, pour une comédie ou un un drame musical ». — Et, en février suivant, « ordre du cardinal à l'ambassadeur de France à Rome d'envoyer à Paris la Leonora, cantatrice, à qui l'on donnera mille pistoles (*doppie*) pour le voyage, et autant de pension annuelle ».

Il s'agissait de la fameuse Leonora Baroni, cette « merveille du monde », célébrée par Maugars, qui, l'entendant chanter, « en oubliait sa condition mortelle, et croyait être déjà parmi les anges, jouissant des contentements des bienheureux »[1]; — cette même Leonora, qui fut aimée et chantée par Milton[2], — aimée et chantée par le pape Clément IX, qui l'appelait une sirène, « *dolce sirena* », et célé-

féré, Maugars, pour écrire un rapport sur l'état de la musique en Italie.

1. Maugars, *Response faite à un curieux sur le sentiment de la musique d'Italie, escrite à Rome le premier octobre 1639* (publié par Thoinan, 1865).

« Elle a le jugement fort bon, pour discerner la mauvaise d'avec la bonne musique; elle l'entend parfaitement bien, voire mesme, qu'elle y compose... Elle prononce et exprime parfaitement bien le sens des paroles. Elle ne se picque pas d'estre belle, mais elle n'est pas désagréable ny coquette. Elle chante avec une pudeur asseurée, avec une généreuse modestie, et avec une douce gravité. Sa voix est d'une haute estendue, juste, sonore, harmonieuse, l'adoucissant et la renforçant sans peine et sans faire aucunes grimaces. Ses eslans et souspirs ne sont point lascifs, ses regards n'ont rien d'impudique, et ses gestes sont de la bienséance d'une honneste fille. En passant d'un ton à l'autre, elle fait quelquefois sentir les divisions des genres enharmonique et chromatique avec adresse et agrément... » — Elle touchait le théorbe et la viole. Maugars l'entendit chanter avec sa sœur Caterina, et sa mère, « la belle Adriana »; — celle-ci touchait la lyre, et celle-là la harpe.

2. Milton, qui assistait en 1639 aux représentations des Barberini, à

brait « ses yeux ardents »[1] ; — aimée et chantée par tous
les poëtes italiens d'alors, qui publièrent un volume à sa
gloire[2].

Il semble bien que Mazarin n'ait pas été non plus insensible à son pouvoir de séduction, — sinon à sa beauté, que
conteste Maugars. C'est à elle que fait sans doute allusion
la perfidie du *Religieux* de Saint-Roch. Mazarin y donna
prise par la hâte avec laquelle il fit venir Leonora à Paris,
et l'établit chez un de ses familiers, dans un hôtel attenant
au sien, où elle était servie par des officiers de la maison
du cardinal[3]. Elle se faisait d'ailleurs escorter par son
mari, Giulio Cesare Castellani, et se conduisait en personne
prudente et réservée. Elle avait alors trente-trois ans,
étant née en décembre 1611, à Mantoue. Elle n'était pas
cantatrice de théâtre, mais *virtuosa di musica da camera.*
Sa façon de chanter ne fut pas sans étonner, et même sans
un peu choquer, d'abord. « On commença par dire que sa
voix était mieux faite pour le théâtre ou pour l'église que
pour les salons, et que sa manière italienne était dure pour
l'oreille. » Mais ces critiques tombèrent soudain, quand la

Rome, dédia à Leonora une pièce de vers latins, où il la comparait à
la Léonore de Tasso :

> *Ad Leonoram Romae canentem*
> Altera Torquatum cepit Leonora poetam
> cujus ab insano cessit amore furens.
> Ah ! miser ille tuo quanto felicius aevo
> perditus, et propter te, Leonora, foret !

1. « ... *Vivi e lumi ardenti scoccan dal vago ciglio amábil pena...* » (1639).
2. *Applausi poetici alle glorie della signora Leonora Baroni* (1639-
1641). — Voir les articles de M. Ademollo dans divers journaux italiens (*Opinione*, n°' 227-232. — *Fanfulla della Domenica*, 1881, n° 32 ;
— 1883 ; n° 45).
3. Lettre de l'abbé Scaglia à Madame Royale Christine de France,
régente de Savoie, le 10 mars 1645 (citée par Ademollo).
Cf. *Mémoires anonymes* de la collection des *Mém. relatifs à l'histoire
de France* (Petitot, t. LVIII). — attribués au comte de Brégy :
« Le cardinal Mazarin, peu de temps après son établissement dans
le ministère, fit venir de Rome une musicienne qui passait pour une
des plus belles voix d'Italie, et il la logea chez mon père : on l'appelait la signora Leonora. Elle me dit de si belles choses de son pays
qu'elle me donna envie de faire le voyage de Rome » (p. 255).

reine eut dit qu'on ne pouvait chanter mieux. L'abbé Scaglia écrit : « Je ne pourrais autrement exprimer les caresses que lui a faites la reine qu'en vous disant qu'elles ont été proportionnées à l'estime qu'elle fait des personnes qui ont l'approbation du Cardinal ». Elle lui accorda l'entrée à toute heure dans son appartement, la combla d'argent et de bijoux, « dix mille livres pour s'habiller à la française, un collier de perles, des pendants d'oreilles, plusieurs milliers d'écus de joyaux, un brevet de pension de mille écus ». Mme de Motteville dit qu'elle suivit la cour, en 1644, chez la duchesse d'Aiguillon, à Rueil, où la reine était allée se réfugier contre les chaleurs de l'été. Elle y chantait souvent et improvisait des airs sur des poésies de Voiture. — Elle ne resta qu'un an en France. Elle repartit de Paris le 10 avril 1645[1].

D'autres musiciens italiens étaient arrivés en même temps qu'elle, ou ne tardèrent pas à la suivre à la cour de France[2]. — En novembre 1644, voici venir l'étonnant Atto Melani, chanteur sopraniste, compositeur, impresario, et agent secret[3]. Le dilettantisme musical de Mazarin ne le

1. Lettre de l'abbé Scaglia à Madame Royale Christine de France, régente de Savoie, le 14 avril 1645.
Ademollo dit qu'elle ne revint plus en France, et qu'elle resta à Rome, où elle acquit un grand ascendant dans les hautes sphères politiques et ecclésiastiques. Il est curieux qu'on ait continué de parler d'elle en France, comme si elle était restée à Paris beaucoup plus longtemps. C'est une preuve de l'impression qu'elle avait faite.
2. L'abbé Scaglia mentionne, dans la même lettre, un virtuose : Marco dell' Arpa.
3. Né à Pistoie le 31 mars 1626. Il était fils du sonneur de cloches du Dôme. Il avait dix-neuf ans quand il vint à Paris. Il partit en juillet 1647 pour Florence. Il revint presque aussitôt, fut en 1648 et 1649 un agent secret de Mazarin, repartit pour l'Italie en septembre 1649 et, cette fois, y resta jusqu'en 1654. Il était devenu à demi Français, et les Italiens le lui reprochaient en termes fort crus : « ...Come può stare che un cappon canti da gallo ? » (« Comment peut-il se faire qu'un chapon fasse le coq [le Français]? » — Libelle sur *Atto Melani castrato di Pistoja*, cité par Ademollo.) — Il fut plus tard en rapports avec les Gonzaga de Mantoue. Sa correspondance avec eux a été publiée par Bertolotti, dans *La musica in Mantova*. Au cours de son existence vagabonde, on le trouve tour à tour, en 1654 à Inns-

distrayait point de la politique : il savait à merveille faire
servir la musique et les musiciens à son gouvernement. Le
Journal d'Ameyden note, en février 1644, à propos de
l'arrivée de Leonora, l'intention évidente du cardinal de
tenir les Français occupés avec les divertissements, *tenen-
doli occupati con allegria con che si guadagna gli animi di quella
natione e della medesima Regina* (« avec le plaisir, par lequel
on gagne les esprits de cette nation, et de la reine même »).

Et c'est ici le cas de rappeler les sévères accusations du
vieux musicien Kuhnau contre la musique, dans son
roman du *Charlatan musical* [1] : « La musique détourne des
études sérieuses. Ce n'est pas sans motif que les politiques
la favorisent : ils le font par raison d'État. C'est une
diversion aux pensées du peuple ; elle l'empêche de
regarder dans les cartes des gouvernants. L'Italie en
est un exemple : ses princes et ses ministres l'ont laissé
infecter par les musiciens, afin de n'être point troublés
dans leurs affaires. »

On croirait que certaines de ces phrases ont été écrites
à l'occasion de Mazarin. Le ministre, dont la devise était :
« *Qui a le cœur, a tout* », savait trop le pouvoir des spectacles et de la musique pour n'en pas user comme d'un
moyen d'action ; et si le tempérament national était trop
peu musical en France pour que cette politique eût son
effet sur les bourgeois français, sur les Parlementaires [2],
en revanche elle réussit pleinement à la cour, et surtout
auprès de la reine, à qui elle était destinée. Leonora
Baroni l'avait charmée par son chant. Atto Melani fut
bientôt tout-puissant. Elle ne pouvait se passer de lui. De
deux soirs l'un, il fallait qu'il chantât chez elle ; et elle
était si passionnée de musique que, pendant quatre
heures de suite, on ne devait penser à rien autre. Elle

bruck et Ratisbonne, puis à Ferrare et à Florence, en 1655 à Rome,
en 1656 à Florence, en 1657 de nouveau à Paris, en 1661 à Marseille,
en 1664 et 1665 à Florence, en 1667 à Dresde, et enfin à Florence.

1. *Der Musicalische Quack-Salber*, Leipzig, 1700 (ch. 43).

2. Au contraire. Nous verrons que l'effet produit sur eux fut dia-
métralement opposé à celui que voulait Mazarin.

aimait surtout les airs mélancoliques; et toute la cour,
naturellement, partagea son goût[1].

Aussitôt installé et sûr de la faveur royale, Atto Melani,
souple instrument de Mazarin, fit les premiers essais de
représentation musicale. Une lettre du 10 mars 1645, qu'il
écrivit au prince Mattias de Médicis, fait allusion à un
spectacle de ce genre, dont il ne donne pas le titre, et qui
fut repris après Pâques[2]. Il est probable qu'il s'agit là
déjà de *la Finta Pazza*[3] (*la feinte Folle*), dont on place d'ordinaire la première représentation quelques mois plus
tard, le 14 décembre 1645. Je n'insiste pas sur cette
œuvre, qui n'était pas à proprement parler un opéra,
mais une pièce avec musique et machines[4]. Un passage
du programme[5] donne cette indication : « Cette scène sera
toute sans musique, mais si bien dite qu'elle fera presque
oublier l'harmonie passée ». — L'essai n'était pas con-

1. Lettre d'Atto Melani au prince Mattias de Medici, 22 nov. 1644 :
« *E chi disse à V. A. che non piacevano che arie allegre li disse poço la
verità, perchè à S. M. non gustanò se non le malinconiche e queste son le
sue favorite, e tutti questi cavalieri non gustano se non di quelle.* »

2. Un des frères de Melani et une certaine Checca de Florence y
chantaient.

3. *La Festa teatrale della Finta Pazza* était de Sacrati pour la musique, et de Giulio Strozzi pour le poème. Mais les deux auteurs
principaux étaient le décorateur machiniste, Jacopo Torelli de Fano,
homme universel, mathématicien, poète, peintre, architecte, méca-
nicien, venu à Paris à la fin de 1644, et le maître de ballets, G. Battista
Balbi, — prêtés à Mazarin; le premier par le duc de Parme, le second
par le grand-duc de Toscane. — *La Finta Pazza* avait été déjà représentée à Venise, en 1641; mais on l'accommoda au goût de Paris et
du petit roi, âgé de sept ans. G. Strozzi était en relations avec la
France; on exécutait des opéras de lui (*Proserpina rapita*) à l'ambassade de France à Rome. Les acteurs de *la Finta pazza* à Paris
furent, en grande partie, des comédiens italiens de la troupe de
Giuseppe Bianchi, venue à Paris dès 1639. — On trouvera à la Bibliothèque Nationale un exemplaire de la pièce, avec planches de
Valerio Spada, et analyse de Giulio Cesare Bianchi de Turin.

4. Le père Menestrier dit : « Les voix qu'on avait fait venir d'Italie
rendirent cette action la plus agréable du monde, avec les divers
changements de scène, les machines, etc. ».

5. Cité par Chouquet : *Histoire de la musique dramatique en
France*, 1873.

cluant. Du reste, on ne hasarda la pièce que devant peu de personnes, « le Roi, la Reine, le Cardinal et le familier de la cour [1] »; et le succès ne fut pas grand. On connaît la relation de Mme de Motteville : « Nous n'étions que vingt ou trente personnes, et nous pensâmes mourir d'ennui et de froid ». — Là dessus, Atto Melani repartit pour l'Italie [2], et la cause de l'opéra italien sembla bien compromise.

Il n'en fut rien pourtant. Mazarin s'entêta, fit un second essai, et ici entrent en ligne des personnages, dont notre histoire musicale n'a tenu jusqu'ici aucun compte, bien qu'ils aient eu une action décisive pour la fondation de l'opéra en France. Je veux parler de l'arrivée à Paris des princes Barberini.

---

1. « Parce que la grosse troupe des courtisans était chez Monsieur, qui donnait à souper au duc d'Enghien. » (*Mémoires de Mme d' Motteville*, t. XXXVII de la collect. Petitot, p. 168.)

2. Lettre de Mazarin au prince Mattias de Medici, 10 mai 1645. — La Checca le suivit bientôt. (Lettre du prince Léopold au prince Mattias, 14 août 1646.)

II

LES BARBERINI EN FRANCE

Ils étaient trois neveux du pape Urbain VIII. L'aîné : le cardinal Francesco, secrétaire d'État. Don Taddeo, prince de Palestrina, préfet de Rome, général de l'Église, marié en 1629 à dona Anna Colonna, fille du connétable. Et le cardinal Antonio, l'ami de Mazarin, plus tard grand-aumônier de France, évêque de Poitiers, archevêque de Reims, pour le moment protecteur de la couronne de France à Rome, c'est-à-dire chargé des intérêts français près du Saint-Siège.

Ils avaient été tout-puissants à Rome, de 1623 à 1644; et j'ai dit ailleurs [1] quel rôle ils avaient joué dans l'histoire de l'opéra. Filippo Vitali, l'auteur de l'*Aretusa* de 1620, était *virtuoso di camera* du cardinal Francesco. Stefano Landi, les deux Mazzocchi, les deux Rossi, Marco Marazzoli, écrivaient pour eux. *La Diana schernita* de Cornachioli (1629) et les *Drames musicaux* d'Ottavio Tronsarelli (1629) sont dédiés à don Taddeo. L'influence des Barberini sur la musique dramatique devint surtout prépondérante après la construction, dans leur palais de Rome, d'un théâtre qui pouvait contenir plus de 3 000 personnes. Le premier opéra qui y fut représenté, le *San Alessio* de Stefano Landi, en février 1632 [2], était dédié au cardinal Francesco. Vinrent

1. *Histoire de l'Opéra en Europe avant Lully et Scarlatti*, 1895 (chap. v et vi).

2. Et non pas en 1634, comme on a dit jusqu'ici : car nous avons une très curieuse relation d'un Français qui y assista en 1632 : *le*

ensuite, en 1635, *la Vita di S. Teodora*, poème de Mgr Ruspigliosi [1]; en 1637, *il Falcone* [2] et *Erminia sul Giordano* de Michelangelo Rossi, dédiée à D. Anna Colonna Barberina; en 1639, *Chi sofre speri*, poème de Mgr Ruspigliosi, musique de Vergilio Mazzocchi et de Marco Marazzoli, représentation fameuse où assistait Milton; enfin, la même année, un des chefs-d'œuvre de la tragédie lyrique italienne : *Galatea*, paroles et musique du célèbre Loreto Vittori, dédiée au cardinal Antonio [3]. — Tous ces spectacles avaient eu un retentissement considérable en dehors de l'Italie; le bibliothécaire et confident de Mazarin, Gabriel Naudé, ne cache pas que ce fut à leur imitation que le cardinal voulut donner en France des représentations musicales [4].

Les événements favorisèrent singulièrement ce projet. Le pape Barberini mourut en 1644. L'étourderie politique de ses neveux porta au trône pontifical l'ennemi de la France et leur propre ennemi, le cardinal Panfili (Innocent X). Les persécutions commencèrent bientôt contre tout ce qui avait eu part au gouvernement précédent.

journal de J.-J. Bouchard, dont le manuscrit est à la bibliothèque de l'École des Beaux-Arts, à Paris. J'en ai publié tout le récit pittoresque du carnaval et des spectacles à Rome, dans la *Revue d'histoire et de critique musicales* (janvier et février 1902), sous le titre : *La première représentation du S. Alessio de Stefano Landi.*

1. Mgr Ruspigliosi devint pape, en 1667, sous le nom de Clément IX.

2. Cette pièce est très probablement la même que *Chi sofre speri.*

3. On se souvient que Mazarin était à Rome pendant cette année 1639, où les représentations des Barberini furent particulièrement fastueuses.

4. « Et parce que tous ceux qui avoient esté à Rome louoient infiniment à la Reyne cette façon de réciter des comédies en musique, comme estoient celles que Messieurs les Barberins avaient données au peuple de Rome, pendant cinq ou six années consécutives, elle en voulut, par un excès de bonté extraordinaire, donner le plaisir aux Parisiens. » (Gabriel Naudé [Mascurat] : *Jugement de tout ce qui a esté imprimé contre le cardinal Mazarin, depuis le sixième janvier jusques à la déclaration du premier avril mil six cens quarante-neuf,* — 1649, in-4°). — Naudé lui-même avait assisté à certaines des représentations Barberini, en particulier à celles de *S. Alessio,* en 1632.

Innocent X voulut faire rendre compte aux Barberini de leurs exactions financières. Les Barberini, déjà occupés depuis 1640 par leurs démêlés avec les princes italiens, et en guerre avec le duc de Parme, durent fermer leur théâtre [1]. Les musiciens et les acteurs romains émigrèrent [2]. Les princes Barberini eux-mêmes quittèrent Rome, où leur biens et leur vie étaient menacés. Le cardinal Antonio, pour échapper au procès de concussion qu'on instruisait contre lui, se sauva par mer des États Pontificaux, et arriva en France, en octobre 1645 [3]. Le cardinal Francesco et don Taddeo suivirent son exemple : après quatre jours de tempêtes, qui firent errer leur navire tout autour de la Sardaigne et de la Corse, ils abordèrent à Cannes, en janvier 1646, dans le plus complet dénuement. Mazarin, qui s'était brouillé de façon éclatante avec eux après l'élection d'Innocent X, ne leur garda pas rancune; il se donna le luxe de prendre la défense des proscrits et de les protéger magnifiquement [4]. Il alla au devant du cardinal Fran-

1. Il rouvrit en 1653, année où les Barberini firent leur paix avec les Panfili. On joua *Dal Male il Bene*, poème du cardinal Ruspigliosi, musique de Marazzoli, à l'occasion des noces du prince de Palestrina avec dona Olimpia Giustiniani. Le titre même de l'œuvre : « *Du mal sort le bien* » a l'air d'une allusion à la nouvelle fortune des Barberini.

2. Benedetto Ferrari et Manelli de Tivoli, avec une troupe romaine, venaient de fonder l'Opéra à Venise.

3. « Leurs biens étaient séquestrés; leurs personnes mêmes allaient être jetées en prison, au château Saint-Ange; et le bruit courait que la prison ne serait pas le dernier acte de la tragédie. Ils arrivèrent à Cannes dans l'équipage non seulement de fugitifs, mais de naufragés. Les mâts et les voiles de leur navire avaient été brisés, le timon perdu, après une tempête de quatre jours, qui leur avait fait faire tout le tour de la Sardaigne et de la Corse. » (Dépêche de l'ambassadeur vénitien, Nani, 6 février 1646. — Voir t. CIII des Amb. Vénit., f° 222; — Chéruel : *Histoire de France pendant la minorité de Louis XIV*, II, 180-1; — *Mémoires d'Omer Talon* I, 467; — Hanotaux : *Recueil des instructions données aux ambassadeurs de France : Rome*, I, p. 5. 1888).

4. En réponse aux bulles du pape contre les cardinaux fugitifs, le Roi interdit aux Barberini de sortir de France, et enjoignit aux gouverneurs des provinces de s'y opposer, au besoin. On fit la guerre au

cesco, le reçut affectueusement, et l'installa dans son palais. A son tour, arriva à Paris, le 3 octobre 1646, la princesse de Palestrina, doña Anna Colonna, femme de don Taddeo; et la reine l'accueillit avec amitié [1]. Ainsi toute cette puissante maison Barberini était fixée à Paris, à la fin de 1646, et dans des rapports si intimes avec la cour qu'en novembre 1647 Mazarin pensait marier une de ses « Mazarinettes » à un Barberini.

Or ce fut précisément cette année que l'opéra italien fit ses débuts retentissants à Paris, sous les yeux des Barberini. Nul doute qu'ils n'y aient pris part. Cette forme d'art était en partie leur œuvre; leur orgueil était intéressé à son succès; et nous savons quelle surveillance minutieuse les cardinaux Francesco et Antonio exerçaient sur leurs représentations de Rome [2]. Les chanteurs et les machinistes italiens de Paris étaient leurs familiers; et si d'autres princes, avant eux, avaient essayé le drame musical à Florence et à Rome, la « Comédie des machines », qui allait devenir l'Opéra français, était proprement Barberini [3].

Nous reconnaissons leur marque dans le spectacle donné, le 2 mars 1647, au Palais-Royal : l'*Orfeo*; et nous en avons la preuve. Des deux auteurs de l'*Orfeo*, l'un, le poète, l'abbé

pape. Condé voulait qu'on prît Avignon. On s'empara de Piombino et de Porto Longone, en octobre 1646. Le pape effrayé promit de recevoir en grâce les Barberini et de leur rendre leurs biens. (*Lettres de Mazarin*, II, 326.) Mais il ne tint pas parole; et, le 24 juin 1647, l'ambassadeur français à Rome, Fontenay-Mareuil, écrivait encore : « Il ne faut point parler des Barberins ». Ils restèrent donc à Paris, où don Taddeo mourut en 1647. Quant au cardinal Antonio, il devint à peu près Français, grand aumônier de France, évêque de Poitiers (1652) et archevêque de Reims (1667).

1. *Mémoires de Mme de Motteville*, p. 195-6.

2. Voir le *Journal de J.-J. Bouchard* (1632) et la lettre de Milton à Luca Holstenio, du 30 mars 1639. Ici, le cardinal Francesco explique minutieusement à ses hôtes le *S. Alessio* ou le *Chi sofre speri*. Là, le cardinal Antonio fait lui-même, et à coups de bâton, la police de la salle. (Ademollo : *I teatri di Roma*.)

3. Voir, dans l'*Histoire de l'Opéra en Europe avant Lully et Scarlatti*, les inventions de machines, changements à vue, pluie, grêle, orages, batailles, chevauchées à travers les airs, décors mouvants, employés pour l'*Erminia*, de 1637, et *Chi sofre speri*, de 1639.

Francesco Buti, de Rome, docteur en droit, protonotaire apostolique, était venu avec le cardinal Antonio en 1645 [1]; l'autre, le musicien, Luigi Rossi, était en 1646 *« musico dell' Em. card. Ant. Barberino* [2] »; il n'est donc pas douteux qu'il l'ait accompagné dans son exil en France [3].

Dès lors, tout s'explique. Après l'arrivée des Barberini, de leurs poètes et de leurs musiciens, Mazarin s'adresse à Florence et à Rome [4] pour se faire envoyer de nouveaux comédiens; et, le 29 septembre 1646, il recommande à l'intendant de l'armée d'Italie de profiter du retour de la flotte pour les expédier en France. Atto Melani fut rappelé de Florence pour diriger la représentation. Il arriva en janvier 1647, « après trente-quatre jours de voyage »; et il écrivit à son maître, le prince Mattias, qu'on répétait « une très belle comédie intitulée *l'Orfeo*, paroles du signor Buti et musique du signor Luigi », et même, que « S. M. montrait tant de goût pour ce genre de pièces qu'on en faisait préparer encore une autre pour la jouer aussitôt après *l'Orfeo* » [5]. Une lettre de Gobert à Huygens, probablement de février 1647, confirme cette nouvelle : « Il y a quatre hommes et huit castrats que M. le cardinal a fait venir. Ils concertent une comédie, que le sieur Louygy fait exprès pour représenter au carnaval » [6].

1. Ademollo : *I primi fasti della musica italiana a Parigi.*
2. *Ariette di musica, a una e due voce di eccellentissimi autori* — in Bracciano, per Andrea Fei stampator ducale, 1646.
3. Nuitter signale d'ailleurs sa présence à Paris avant l'arrivée des chanteurs.
4. Au marquis Bentivoglio de Florence, et à Elpidio Benedetti de Rome. — *Lettres de Mazarin,* II, p. 815. — Lettre à M. Brachet, Fontainebleau, 29 sept. 1646.
5. 12 janvier 1647. (Voir Ademollo.) — Ce second spectacle n'eut pas lieu, pour les raisons qu'on dira plus loin.
6. *Correspondance de Huygens*, 1882, p. CCXIX, cité par Nuitter et Thoinan.

D'autres prélats italiens du parti Barberini s'intéressèrent à ces premiers essais d'opéra italien en France. S'il est vrai, comme le dit le père Menestrier, qu'en février 1646 on ait aussi joué à Carpentras, dans la salle épiscopale, une sorte d'opéra français, *Achebar, roi du Mogol*, poésie et musique de l'abbé Mailly, il faut remarquer qu'on se trouvait encore là sous l'influence de Mazarin. L'évêque de Carpentras était le cardinal Alessandro Bicchi, le plus intime des cardinaux italiens auprès de Mazarin, et le plus sûr soutien de la France à Rome. Michel Mazarin était archevêque d'Aix depuis 1645; et le cardinal Mazarin lui-même avait été, à deux reprises, vice-légat d'Avignon. Toute la région avait donc subi fortement son influence.

III

LUIGI ROSSI AVANT SON ARRIVÉE EN FRANCE

Qui était ce Luigi Rossi, alors si célèbre, aujourd'hui si inconnu? On ne trouve pas son nom dans les dictionnaires de musique; ou les renseignements qu'ils donnent sur lui sont insignifiants et inexacts. Ni Mme de Motteville, ni Guy Joly, ni Goulas, ni Montglat, ni Lefèvre d'Ormesson n'en parlent dans leurs notes sur la représentation du Palais-Royal, qui les avait pourtant frappés. La *Gazette* de Renaudot ne mentionne même pas son nom dans sa longue description officielle de l'*Orfeo*. Le père Menestrier suit cet exemple. Aussi ne sait-on bientôt plus à qui attribuer l'*Orfeo*. Ludovic Celler (L. Leclercq) et Clément disent : à Monteverde; — Fournel : à l'abbé Perrin; — Arteaga, Ivanovitch et d'autres : à Aurelio Aureli; — Francesco Caffi et Hugo Riemann, dans l'édition de 1887 de son dictionnaire : à Gius. Zarlino, du XVIe siècle, ou à un musicien qui avait pris son nom; — Humbert, dans la traduction française du même dictionnaire de Riemann, parue en 1899, l'attribue encore à Peri.

Cependant le nom de Luigi avait été, dans la France du XVIIe siècle, représentatif de toute une époque de la musique italienne, et de la plus parfaite, celle que Sébastien de Brossard appelle dans son *Catalogue*[1] « le

1. Sébastien de Brossard, *Catalogue* (manuscrit) *des livres de musique théorique et pratique, vocalle et instrumentalle, tant imprimée que manuscripte, qui sont dans le cabinet du Sr S. de B., chanoine de Meaux,*

moyen aage » (c'est-à-dire l'âge moyen, qui va de 1640 à 1680 ou 1690), et où il donne à Luigi le premier rang parmi les Italiens. Lecerf de la Vieville de Fresneuse parle souvent de lui dans sa *Comparaison de la musique italienne et de la musique française*[1] et résume la grande musique italienne en son nom, celui de Carissimi, et celui de Lully. Bacilly, qui fut un de ceux, d'après Lecerf, qui firent le plus pour perfectionner le chant français, n'a que deux noms à la bouche : Antoine Boësset et « l'illustre Luigi »[2]. Mais la source de leurs renseignements à tous semble Saint-Evremond, qui eut toujours une prédilection pour Luigi, — sans doute parce que Luigi lui rappelait ses années de jeunesse à la cour de France, avant l'exil ; — il l'appelle sans hésiter « le premier homme de l'univers en son art[3] ». Il est visible que c'est à Saint-Evremond que Lecerf emprunte, en particulier, tout ce qu'il dit des rapports de Luigi avec les musiciens français[4].

Luigi Rossi était né à Naples, vers la fin du XVIe siècle. Il y fit ses études musicales, sous la direction d'un compositeur d'origine belge, Jean de Macqué. Il vint à Rome, avec son frère, Carlo, qui fut un joueur de harpe fameux. On a confondu à tort ce Carlo Rossi, comme l'a montré M. H. Prunières, avec son homonyme, le banquier Carlo de Rossi, qui tenait à Rome le rôle de grand mécène, et qui accueillit amicalement les deux frères.

Il y avait à Rome, au temps des Barberini, une petite

et dont il supplie très humblement S. M. d'accepter le don, pour être mis et conservez dans sa Bibliothèque, — fait et escrit en l'année 1724. Bibl. Nat. Rés.

1. 1705, Bruxelles.

2. *Remarques curieuses sur l'art de bien chanter et particulièrement pour ce qui regarde le chant françois*, 1679.

3. *Observations sur le goût et le discernement des François*; — et *Lettre sur les Opera*, à M. le duc de Buckingham.

4. Il y a aussi quelques mots sur Luigi dans la lettre de Pietro della Valle à Lelio Guidiccioni (ap. Doni, II, 258), sur *la Superiorità della Musica dell'età nostra*; et dans quelques poésies françaises et italiennes, adressées à Luigi, par Margherita Costa et par Dassoucy, le futur musicien de l'*Andromède* de Corneille. Peut-être Dassoucy avait-il déjà connu Rossi à Rome, où il avait fait un voyage.

colonie napolitaine dont l'âme était Salvator Rosa. Carlo de
Rossi fut son ami le plus intime jusqu'à sa mort, après
laquelle il lui éleva un monument. Luigi fréquentait aussi
la maison de la via del Babbuino, où il put rencontrer
les plus illustres artistes d'Italie : Carissimi, Ferrari, Cesti,
peut-être Cavalli, comme lui familiers du logis [1]. Salvator
était musicien [2]; il composait, et surtout collaborait avec
ses amis musiciens. Burney prétend avoir vu de lui un
livre d'airs et de cantates poétiques, que Rossi, Carissimi
et d'autres avaient mises en musique. Peut-être trouve-t-on
un reflet des pensées de ce cénacle musical dans les *Satires*
de Salvator. Il y attaque avec violence la corruption des
artistes, les mœurs infâmes des chanteurs, l'engouement
du monde romain pour cette *canaglia*, et surtout l'abais-
sement de l'art religieux, le chant mondain à l'église, « le
miserere qui devient une chaconne, ce style de farce et de
comédie, avec des gigues et des sarabandes [3]... » — Carissimi réagissait alors contre ce style, au Collège germanique, où il était installé depuis 1630 environ. Quant à
Luigi, bien qu'il eût écrit en 1640 (d'après lady Morgan),
un *opera spirituale* : *Giuseppe figlio di Giacobbe* [4], dont le titre
fait songer aux *Histoires Sacrées* de Carissimi, et diverses
cantates religieuses, — une entre autres sur le *Stabat
Mater*, — il se spécialisait dans la musique mondaine. Ses
canzonette dont Pietro della Valle loue la nouveauté de
style, dans une lettre du 15 janvier 1640, l'avaient rendu

1. Lady Morgan, *Mémoires sur la vie et le siècle de Salvator Rosa*.
2. « La peinture, la poésie et la musique, disait-il, sont insépa-
rables. »
3.   *Cantan su la ciaccona il miserere*
             e un stilo da farza e da commedia
             e gighe e sarabande alla distesa...

4. Burney (IV, 152) et Grove en ont signalé la présence à la Bibl.
Magliabecchi de Florence. L'œuvre semble s'être égarée, depuis.
M. Henri Prunières a pu seulement constater, sur le catalogue
de la Magliabecchiana, l'indication suivante : XIX, 22 : *Raccolta di
cantate diverse...* — 4. *Giuseppe figlio di Giacobbe, opera spirituale fatta in
musica da Aluigi de Rossi napolitano in Roma.* — 5. *Cantata del caval.
Marini, sopra lo Stabat Mater, messa in musica dal medesimo Rossi.* — Il
y a aussi des *Madrigaux spirituels* de Luigi Rossi au British Museum.

populaire. Il les interprétait sans doute lui-même : car Atto Melani fait l'éloge de sa virtuosité, en 1644, et il associe son nom à celui d'un chanteur italien qui sera précisément un des principaux acteurs d'*Orfeo* : Marc Antonio Pasqualini [1]. Mais la gloire de Luigi est surtout attachée à un genre musical, qui eut une fortune immmense, et qu'il contribua à fonder : la *Cantate*.

L'histoire des origines de la Cantate n'a pas encore été écrite [2] ; et pourtant, c'est un chapitre capital de l'histoire de la musique au XVIIe siècle. La Cantate, la *scena di camera*, était née du besoin qu'avaient tous les musiciens italiens d'alors de dramatiser jusqu'aux formes de la musique de concert. Elle était par essence la musique dramatique de chambre. Elle était donc sortie tout naturellement des Madrigaux de la fin du XVIe siècle, qui avaient souvent le caractère de monologues dramatiques, ou de scènes dialoguées. La cantate s'était peu à peu séparée du madrigal par l'introduction, dans ces pièces vocales à plusieurs parties, de chants soli, depuis les premiers essais des Florentins, créateurs de l'opéra. La vogue de l'opéra devait avoir sa répercussion sur elle, en l'amenant à développer de plus en plus le chant solo aux dépens du chant polyphonique, jusqu'à finir par éliminer presque entièrement celui-ci. Mais elle n'allait pas tarder à se venger, en réagissant à son tour sur l'opéra.

Burney prétend que le premier qui employa le mot *Cantata* fut Benedetto Ferrari, de Reggio, dans ses *Musiche varie a voce sola*, lib. II (1637), où il y a en effet une *Cantata spirituale*. Mais ce nom existait avant. On le trouve par exemple dans un volume d'airs de Francesco Manelli, de Tivoli, intitulé : *Musiche varie a una due e tre voci, cioè Cantate, Arie, Canzonette et Ciaccone*, etc. (1636) [3]. Manelli est

---

1. « *Il signor Luigi ed il signor Marc Antonio, i più bravi virtuosi che mai abbia conosciuto...* » (Lettre écrite de Rome, le 4 juin 1644.)

2. M. Alfred Wotquenne, l'éminent bibliothécaire-préfet des études du Conservatoire de Bruxelles, rassemble en ce moment les matériaux de cette histoire, qu'il se propose d'écrire.

3. Ce livre fut publié à Venise, chez Gardano, par la femme de Manelli, Madalena, qui s'intitule « *cantatrice celeberrima* ».

le musicien romain qui vint à Venise avec Benedetto Ferrari, et y apporta l'opéra [1]. — Manelli et Ferrari : ces deux noms sont caractéristiques. Les fondateurs romains de l'opéra à Venise ont donc été, à ce qu'il semble, des premiers fondateurs de la cantate, c'est-à-dire de l'opéra en chambre [2].

Le patriarche de l'opéra, Monteverde, avait été là encore un précurseur. S'il n'employa pas, je crois, le terme de Cantate, il écrivit du moins de vraies cantates, des scènes de musique dramatique pour concert, comme son célèbre *Combat de Tancrède et de Clorinde*, publié dans les *Madrigali guerrieri ed amorosi* de 1638 [3], mais chanté dès 1624, dans le palais de Girolamo Mozzenigo, à Venise, « en présence de toute la noblesse, qui en fut si émue, dit Monteverde lui-même, qu'elle en versa des pleurs ». Ce ne fut pas le seul essai tenté par Monteverde dans ce genre, où son génie subtil, raffiné, aristocratique, devait se plaire, peut-être davantage qu'au genre plus large et moins nuancé du théâtre. Il est à remarquer, en effet, que, tandis qu'il ne publia pas son opéra d'*Arianna*, il publia séparément le *lamento d'Arianna*, avec « *due lettere amorose in genere rappresentativo* » (1623, Venise). On peut se demander s'il n'avait pas plus de plaisir à entendre certaines de ses scènes dramatiques au concert qu'au théâtre.

1. *Andromeda* (1637), le premier opéra italien représenté dans un théâtre ouvert au grand public. — Suivirent : *la Maga fulminata* (1638), l'*Alcate* (1642). — Le prof. Giuseppe Radiciotti a récemment remis en lumière Francesco Manelli, dans ses intéressantes études sur l'*Arte musicale in Tivoli* (1907, Tivoli).

2. Il est à noter que tous deux, Manelli et Ferrari, composaient souvent les poésies de leurs chants. — On remarquera aussi que les deux ouvrages, cités plus haut, de Ferrari et de Manelli, sont dédiés à l'ambassadeur d'Angleterre à Venise, le « viceconté Basilio Feilding, barone di Northam ». Les Anglais ont eu une prédilection pour ce genre de la cantate italienne ; et c'est en Angleterre, à Oxford, qu'on peut trouver la plus riche collection de cantates de Luigi Rossi, de Carissimi, de Ferrari, etc.

3. Le titre ajoute : « *con alcuni opuscoli in genere rappresentativo, che saranno per brevi episodii frà i canti senza gesto* » (« avec quelques opuscules en genre représentatif, qui seront par brefs épisodes des chants [dramatiques] sans action »).

Avec Monteverde, nous trouvons, parmi les créateurs de la scène dramatique de chambre, certains des maîtres les plus célèbres de l'opéra romain : comme les deux frères Mazzocchi, Vergilio et surtout Domenico Mazzocchi, qui mit en musique des scènes de Tasso et de Virgile[1]. D'une façon générale, il semble que la Cantate ait été la création propre des maîtres de l'opéra romain et vénitien, à l'exception peut-être de Cavalli, trop homme de théâtre, d'un style trop large et d'un génie trop populaire pour être très attiré par ce genre de concert, qui se développa considérablement après 1640, et qu'illustrent les noms de Carissimi[2] et de Luígi Rossi.

Rien de plus naturel que les musiciens de l'opéra aient cherché à transporter au concert leur nouveau style dramatique. Mais rien de plus dangereux pour leur art. Qu'étaient ces concerts? Des réunions aristocratiques, des salons, c'est-à-dire les endroits du monde les moins faits pour l'expression libre et vraie des passions. Si frivole que soit le public de théâtre, si préoccupé qu'il soit de parader, de lorgner, de flirter et de bavarder, la mise en scène et l'action représentée maintiennent dans l'opéra un certain souci de vérité et de vie dramatique. Mais des œuvres écrites pour des soirées mondaines, pour des chanteurs à la mode, des fragments détachés de scènes musicales, exécutées au milieu des conversations et des petites

1. *Dialoghi e Sonetti posti in musica*, 1638. (Entre autres, *Dido furens, Olindo e Sofronia, Nisus et Euryalus, Maddalena errante*.) — *Musiche sacre e morali a 1, 2 e 3 voci*, 1640 (Suite de récitatifs de Tasso, du cav. Marini, etc.).

Stefano Landi avait aussi publié de nombreux airs à voix seule, pour chanter *con la spinetta* (Recueils de 1620, 1627, 1637). De même, Loreto Vittori, l'auteur de la *Galatea* (*Arie a voce sola*, 1649, le plus souvent sur des poésies de lui).

2. Giacomo Carissimi, de Marino, près de Rome (1603-1674), organiste à Tivoli de 1624 à 1627 (voir le livre ci-dessus mentionné de Giuseppe Radiciotti), puis maître de chapelle au Collège Germanique de Rome. Il n'est resté célèbre que par ses compositions religieuses; mais ses premiers airs connus pour voix seule sont des cantates profanes, qui parurent en 1640; il était alors attiré, lui aussi, par l'opéra : car, en 1647, on représentait de lui, à Bologne, *Le amorose passioni di Fileno*.

Intrigues de salons, sont fatalement condamnées à perdre tout sérieux de sentiment et à refléter l'aimable banalité, qui se dégage de la société des gens d'esprit. Bien pis : il y a un lyrisme fade qui fleurit là, une sorte d'idéalisme correct et distingué, sans accent, sans vérité, ayant même peur au fond de la vérité, et qui n'a pas plus de rapports avec l'idéalisme vrai que la dévotion avec la piété intime. Cet idéalisme galant et bien élevé fera le fond de l'inspiration des poètes et des musiciens de la Cantate. Les personnalités s'effacent ; on s'habitue à se contenter d'une vérité d'à peu près, d'une convention musico-dramatique, aussi fausse que celle des déclamations poétiques de salon, les plus fausses de toutes : car elles sont le plus déplacées (si elles étaient vraies dans un tel milieu, elles seraient un manque de goût). En revanche, ce public de salon est très apte à juger de la beauté de la forme, de l'élégance d'expression, du bon goût, d'une certaine perfection modérée.

Aussi, la plupart des Cantates, qui se vident, de plus en plus, de tout contenu expressif, atteignent rapidement à une grande beauté plastique. Le musicien pouvait d'autant plus facilement la réaliser dans cette forme d'art, qu'il n'y était pas gêné, comme dans l'opéra, par la tyrannie de la situation dramatique, et qu'il lui était loisible d'équilibrer à son gré sa composition. La Cantate s'organisa donc très vite, d'une façon classique.

D'abord, cette beauté et cet équilibre ne sont pas incompatibles avec la liberté et la vérité dramatique. Ainsi, dans la belle Cantate *Gelosia* de Luigi Rossi, qui est de 1646[1]. Ici, l'on est encore tout près du modèle : l'opéra ; et la Cantate n'a pas établi sa réputation, elle est timide, elle s'essaie encore. Mais déjà, on peut prévoir que la régularité

---

1. M. Gevaert a publié cet air admirable dans son recueil : *Les Gloires de l'Italie*. La cantate *Gelosia* avait paru dans les *Ariette di musica a una e due voci di eccellentissimi autori* (1646). Elle comprend trois parties, dont chacune se subdivise elle-même en trois : un récitatif déclamé, à quatre temps, une mélodie aux belles lignes, à 3/4, et un récitatif déclamé, à quatre temps.

de construction, à laquelle elle vise, fera bientôt tort au
sentiment[1]. Certes, un Luigi Rossi, un Carissimi ont été
de grands constructeurs; ils ont bâti de beaux types d'airs,
de suites d'airs et de récitatifs, de scènes chantées. Ils ont
créé un style clair, simple, logique, d'une élégance incomparable. Mais ce sont trop souvent de belles phrases
toutes faites; et l'école de bien dire est trop souvent une

1. Et cela, dès Carissimi, qui, il faut bien le dire, n'a pas peu
contribué au formalisme harmonieux et vide de l'opéra, après Cavalli.
Ce grand artiste un peu froid, éminemment intelligent, voire intellectuel, clair, ordonné, sensible d'ailleurs, mais sans excès, et toujours réfléchi dans sa sensibilité, est bien loin d'avoir jamais
l'émotion frémissante, la nervosité d'un Monteverde, ou la fougue
puissante d'un Cavalli. Il était fait pour s'imposer à la France du
Grand Roi, par son génie raisonnable. Il y avait en lui du Guido Reni.
Un coloris d'une clarté égale et monotone. Une architecture noble,
froide, éprise de la symétrie. Des rythmes peu variés. Une déclamation juste, naturelle, mais évitant avec soin tout excès d'expression,
qui d'un texte banal pourrait faire jaillir un cri de passion; une
musique dominée par la loi de la toute-puissante tonalité, qui s'y
fait partout sentir comme un aimant, et qui l'empêche de s'égarer
dans les recherches expressives de Monteverde. — Le jugement
paraîtra sans doute trop sévère à ceux qui ne connaissent de Carissimi que quelques *Histoires Sacrées*; mais il ne faut pas oublier que
le poète mélancolique et concentré de *Jephté* et de *la Plainte des
Damnez* a été un des compositeurs qui ont traduit en musique le
plus de niaises allégories profanes, et de cantates amoureuses,
écœurantes de fadeur. (Voir, dans *les Gloires de l'Italie* de M. Gevaert,
le *duetto da camera* : « *O mirate che portenti* », ou, dans l'*Arte Musicale in Italia* de M. Luigi Torchi, la cantate : *Il Ciarlatano*, pour 3 soprani
et basse continue (Le sujet est le Dédain qui se fait charlatan, et
qui vend des remèdes contre les blessures de l'Amour). — Or, c'est
peut-être par ses cantates profanes, plus encore que par ses cantates
religieuses, que Carissimi a agi sur la musique de son temps.
Ajoutez que, même dans sa musique religieuse, il s'en faut que
son goût soit toujours irréprochable. M. Hubert Parry n'a pas tort de
montrer, dans le troisième volume de l'*Oxford History of Music*, qu'il
fut « un des grands sécularisateurs de la musique d'Église, et un
des plus grands pécheurs de son temps, pour les ornements extravagants dont il recouvrit parfois les paroles sacrées ». — Il y a bien
des préjugés à détruire au sujet de Carissimi; et peut-être tient-il dans
l'histoire de la musique une place supérieure à son génie artistique,
— incontestable, d'ailleurs. — Celui qui écrit ces lignes a lui-même
contribué, pour sa faible part, à répandre cette opinion exagérée.

école de ne rien dire, de dire des riens. Il vaudrait mieux apprendre à dire vrai, à dire ce qu'on sent, exactement. Qu'est-ce qu'un style préexistant à une pensée? C'est une prison. Tant pis pour ceux qui s'y trouvent à l'aise! Cela prouve qu'ils ne sont plus faits pour respirer l'air de la liberté.

La victoire de la Cantate, genre faux, où la forme compte plus que le fond, — victoire de la scène chantée, indépendamment de tout drame, de toute action, et bientôt de tout sens, — victoire d'un style de salon, — a compromis définitivement l'avenir de l'opéra italien, dans le même moment où sa suprématie s'étendait sur l'Europe. Et naturellement, s'il en a été ainsi, ce fut parce qu'il n'y avait plus en Italie de personnalité assez robuste et assez primesautière pour se débarrasser d'un tel joug, — parce que les artistes italiens étaient devenus trop « civilisés », trop domestiqués. Tout se tient. Et ce qu'il importe de marquer ici, c'est que les maîtres de la forme musicale, au milieu du xviie siècle, les Carissimi et les Luigi Rossi, ont été les premiers artisans de la décadence italienne, comme tous ceux qui substituent à un idéal de vérité un idéal de beauté pure, indifférente à la vie. Comment le type dramatico-musical de Rossi et de Carissimi fut porté dans l'opéra, et répandu à travers l'Europe, par Cesti et les Bononcini, c'est ce que je tâcherai de montrer quelque jour.

Luigi Rossi, Carissimi, Cesti : de ces trois noms date l'orientation nouvelle de l'art. « Les trois plus éclatantes gloires de la musique », les appellera Giac. Ant. Perti, en 1688[1], — sacrifiant ainsi aux trois grands maîtres de la cantate et de l'opéra de concert les Monteverde et les Cavall', les génies libres, les génies de plein-air.

Tel était, avant son arrivée en France, le rôle artistique de ce Luigi, qui allait être chez nous le fondateur de l'opéra.

On ne connaît guère de lui qu'un opéra avant l'*Orfeo* : *Il*

---

1. *Cantate morali e spirituali.*

Palazzo incantato, overo la Guerriere amante, joué à Rome
en 1642[1]. Le poème en était extrait de l'*Orlando furioso*. Il
n'y avait pas moins d'une cinquantaine de scènes et de
vingt-trois personnages; mais on avait recours aux expédients : chaque acteur tenait deux rôles. On reconnaît là
déjà le type des opéras vénitiens, qui devaient, pour satisfaire la curiosité d'un public superficiel, offrir beaucoup
de soli, beaucoup d'airs de concert, et des épisodes variés.
L'*Orfeo* appartiendra aussi à ce genre d'œuvres émiettées
en une multitude de scènes, sans unité, sans logique,
faites bien plus pour le plaisir des yeux et de l'oreille que
de l'esprit. L'auteur du poème du *Palazzo incantato* était
Mgr Ruspigliosi. Si l'on se rappelle qu'il était le librettiste
aristocratique par excellence, l'ami des Barberini; si l'on
remarque de plus que les deux rôles principaux de la
pièce : Angelica et Atlante, étaient tenus par Loreto Vittori,
le prince du chant romain, l'auteur de la *Galatea* de 1639,
on a là une nouvelle preuve de la vogue dont jouissait
alors Luigi, auprès des Barberini et du monde romain
qui gravitait autour d'eux. Il était le musicien à la mode.

La petite société de la via del Babbuino subit le contre-
coup de la révolution de palais qui fit tomber les Barberini. En 1647, Salvator Rosa dut s'enfuir de Rome, et passa
à Florence, où l'appelait depuis quelque temps le prince
Mattias de Médici, le patron d'Atto Melani. La même
année, Luigi Rossi était à Paris avec les Barberini, et
dirigeait les répétitions de son *Orfeo,* « qu'il avait écrit
tout exprès pour représenter au carnaval »[2].

1. Cet opéra est aussi connu sous le nom de : *Il Palagio d'Atlante.*
Le libretto et la partition sont au *Liceo musicale* de Bologne. — La
Bibliothèque Barberini de Rome possède deux exemplaires de la par-
tition, sous le titre de « dramma musicale, poésie de Mgr. Giulio
Ruspigliosi, » sans le nom du musicien. — Grove signale un autre
exemplaire à la *Library of the sacred Harmonic Society of London.*
La pièce est en trois actes. Les personnages sont :
Pour le prologue : Pittura, Poesia, Musica, Magia. — Pour le
drame : Gigante, Angelica, Orlando, Bradamante, Marfisa, Ferrau,
Sacripante, Ruggero, Alceste, Fiordiligi, Prasildo, Mandricardo,
Gradasso, Atlante, Olimpia, Doralice, Iroldo, Nano, Astolfo.
2. Gobert.

IV

LA REPRÉSENTATION D'ORFEO A PARIS
ET L'OPPOSITION RELIGIEUSE ET POLITIQUE
A L'OPÉRA

Les principaux acteurs d'*Orfeo* nous sont connus par une lettre d'Atto Melani. Atto lui-même jouait Orfeo ; la Checca, l'ancienne protagoniste de *La Finta Pazza*, chantait Eurydice ; Marc Antonio Pasqualini, le célèbre sopraniste romain, tenait le rôle d'Aristeo ; une protégée du prince Mattias, munie d'une lettre de recommandations pour Mazarin, « la signora Rossina Martini », jouait Vénus ; et « le castrat des seigneurs Bentivogli » faisait la nourrice d'Eurydice[1]. Nous ignorons le nom des autres. Il est probable qu'un des frères Melani en fit partie.

La première représentation eut lieu au Palais-Royal, « sur la fin des jours gras », le samedi 2 mars 1647[2]. On redonna la pièce le dimanche gras 3 mars, le mardi gras 5 mars, puis les spectacles furent interrompus par les austérités du carême, et ne reprirent qu'après Pâques. La reine fit encore jouer *Orfeo* le 29 avril, en l'honneur de l'ambassa-

1. Lettre d'Atto Melani au prince Mattias, 12 janvier 1647.
2. Voir Mme de Motteville (Petitot, p. 210-21, 238) ; — *Gazette de Renaudot*, 8 mars 1647, et *passim* ; — Lefèvre d'Ormesson (*Docum. inéd. sur l'hist. de France*, I, 377).
Mme de Motteville semble dire qu'on rejoua en même temps *la Finta Pazza*. « C'était une comédie à machines et en musique à la mode d'Italie, qui fut belle, *et celle que nous avions déjà vue*, qui nous parut une chose extraordinaire et royale. » Il y a là sans doute une faute de lecture, ou de style.

drice de Danemark, le 6 mai et le 8 mai, pour la duchesse
de Longueville, « qui depuis peu était revenue de Muns-
ter ». Condé assista sans doute à la première, avant son
départ pour l'armée de Catalogne. Le prince de Galles (le
futur Charles II) était un des hôtes de la cour.

Mme de Motteville donne sur la première représentation
quelques détails intéressants :

Cette comédie, dit-elle, ne put être prête que les derniers
jours du carnaval; ce qui fut cause que le cardinal Mazarin
et le duc d'Orléans pressèrent la Reine pour qu'elle se jouât
dans le carême; mais elle, qui conservait une volonté pour
tout ce qui regardait sa conscience, n'y voulut pas consentir.
Elle témoigna même quelque dépit de ce que la comédie, qui
se représenta le samedi pour la première fois, ne put commencer que tard, parce qu'elle voulait faire ses dévotions le
dimanche gras et que, la veille des jours qu'elle voulait com-
munier, elle avait accoutumé de se retirer à meilleure heure,
pour se lever le lendemain plus matin. Elle ne voulut pas
tout à fait perdre ce plaisir, pour obliger celui qui le donnait;
mais ne voulant pas aussi manquer à ce qu'elle croyait être
de son devoir, elle quitta la comédie à moitié, et se retira
pour prier Dieu, pour se coucher et souper à l'heure qu'il
convenait, pour ne rien troubler de l'ordre de sa vie. Le cardinal Mazarin en témoigna quelque déplaisir; et, quoique ce
ne fût qu'une bagatelle qui avait en soi un fondement assez
sérieux et assez grand pour obliger la Reine à faire plus
qu'elle ne fît, c'est-à-dire à ne la point voir du tout, elle fut
néanmoins estimée d'avoir agi contre les sentiments de son
ministre; et, comme il témoigna d'en être fâché, cette petite
amertume fut une grande douceur pour un grand nombre
d'hommes. Les langues et les oreilles inutiles en furent occu-
pées quelques jours, et les plus graves en sentirent des moments de joie qui leur furent délectables.

J'ai peine à croire que la mauvaise humeur persistante
de Mme de Motteville contre Mazarin n'ait pas altéré sa
clairvoyance, et que la reine ait agi en cette occasion contre
le sentiment, et même sans l'assentiment du cardinal.
Cette pieuse attitude n'était pas seulement affaire de conscience, mais acte de prudence politique. Les spectacles

italiens soulevaient des tempêtes dans le clergé de Paris.
Depuis l'arrivée de Leonora et surtout de Melani, la Reine
était devenue beaucoup plus passionnée de musique et de
théâtre que Mazarin même n'eût voulu. Les représentations alternaient avec les concerts; et, en 1647, la Reine,
qui jusque-là se cachait pour entendre la comédie, à cause
de son deuil, y alla publiquement tous les soirs[1]. Les ennemis de Mazarin ne manquèrent pas de crier au scandale;
ils poussèrent en avant un prêtre, le curé de Saint-Germain.
Celui-ci se plaignit fort haut. La Reine inquiète consulta
des évêques qui la rassurèrent. Le curé de Saint-Germain
ne se tint pas pour battu. Il alla trouver sept docteurs en
Sorbonne, et leur fit signer « que la comédie ne pouvait être
fréquentée sans péché par les chrétiens, et que les princes
devaient chasser les comédiens de leurs États[2] ». La Reine
riposta, en faisant répondre par dix ou douze autres docteurs en Sorbonne que la comédie était bonne et licite aux
princes.

« Monsieur le Cardinal » (et ce passage d'un ennemi
acharné nous fait voir sa physionomie silencieuse et rusée)[3]
« Monsieur le Cardinal, que cette affaire regardoit en
quelque façon par le plaisir qu'il prenoit à la Comédie
italienne principalement, jugea à propos de ne rien dire,
sachant qu'il avoit assez de complaisants à la cour et de
gens de passe-temps qui soutiendroient son intérêt en cette
rencontre[4]. » — Mais, ajoute Goulas, « il connut que la
dévotion n'étoit pas pour luy et ne pouvoit digérer ce jeu
continuel, cette attache aux saletés du théâtre et la prati-

1. « Les soirs, la belle cour se rassemblait au Palais-Royal, dans la
petite salle des comédies. La Reine se mettait dans une tribune pour
l'entendre plus commodément, et y descendait par un petit escalier
qui n'était pas éloigné de sa chambre. Elle y menait le Roi, le cardinal Mazarin, et quelquefois des personnes qu'elle voulait bien
traiter, soit par la considération de leur qualité, soit par la faveur. »
(*Mme de Motteville*, p. 207-8.)

2. *Mémoires de Nicolas Goulas, gentilhomme ordinaire de la chambre du
duc d'Orléans* (Soc. de l'hist. de France, II, 203).

3. « Les Italiens, dit à son propos Mme de Motteville, sont d'ordinaire ennemis de la foule et du bruit » (p. 238).

4. Goulas (*Ibid.*).

que des plus méchants et débordés de la cour qu'il appeloit
dans ses plaisirs et qu'il avoit continuellement chez lui ».

Ainsi, il se faisait à Paris, au moment de l'*Orfeo*, une
levée de boucliers contre le théâtre italien, au nom d'un
puritanisme plus ou moins hypocrite; et le cardinal obser-
vait, dans la querelle, la plus grande réserve. Au contraire,
la Reine tenait tête aux dévots, et, malgré quelques accès
de scrupules, ne renonçait à rien de ses plaisirs. Elle était
fort imprudente dans ses relations avec les comédiennes
et les comédiens italiens. Leonora ne la quittait point, et
Melani se plaignait avec fatuité qu'elle ne pût se passer de
lui. Elle l'emmenait avec elle en voyage, à Amiens; bien
que son congé fût terminé et qu'on l'attendît à Florence,
elle ne pouvait se décider à le laisser partir; elle écrivait
à Mattias de Médicis des lettres gauches, pour qu'il lui
permît de garder quelque temps encore le séduisant
castrat[1]. Elle finit par s'attirer une verte leçon de son
hôtesse, l'orgueilleuse princesse de Palestrina, dona Anna
Colonna Barberina[2]. L'une des comédiennes italiennes qui
chantèrent dans l'*Orfeo*, « ayant eu réputation de vendre
sa beauté en Italie, ne laissa pas, dit Goulas, d'estre reçue
chez la Reyne, et jusques dans le cabinet. L'on dit qu'un
jour, comme la Reyne demanda à la femme du préfet Bar-
berin si elle ne la voyoit pas souvent quand elle étoit à
Rome et ne la faisoit pas venir chez elle, chantant si bien
et ayant tant d'esprit, cette femme superbe, qui étoit fille
du connétable Colonne, ne luy répondit rien d'abord, et,
Sa Majesté la pressant, elle échappa et dit : « Si elle y fût
venue, je l'aurois fait jeter par les fenestres », ce qui surprit
fort la Reyne, et l'obligea de changer de propos, après
avoir changé de couleur[3]. »

1. Lettre d'Anne d'Autriche à Mattias, 23 mai 1647. — Lettre de
Melani à Mattias, 25 juin 1647. — Lettre de Mazarin à Mattias,
10 juillet 1647.

2. « La princesse Palestrine était âgée, avait eu de la beauté, avait
de l'esprit, ne savait pas le français, parlait beaucoup, et était extrêmement fière de son nom. » (*Mme de Motteville*, 195-196.)

3. Goulas, II, 212-3.

On voit que la Reine ne péchait point par pruderie, — du moins en ce qui concerne la musique [1]. La petite manifestation dévote du 2 mars 1647, à la première représentation d'*Orfeo*, ne pouvait donc déplaire à Mazarin, que les imprudences de la souveraine avaient mis plus d'une fois dans l'embarras.

Le même désir d'apaiser l'opposition puritaine a certainement inspiré la fin de l'article de Renaudot, dans sa *Gazette*. Après avoir fait un grand éloge de la musique et du poème, le journaliste termine ainsi :

Mais ce qui rend cette pièce encore plus consdiérable et l'a fait approuver par les plus rudes censeurs de la comédie, c'est que la vertu l'emporte toujours au-dessus du vice, nonobstant les traverses qui s'y opposent : Orphée et Eurydice n'ayant pas seulement été constants en leurs chastes amours, malgré les efforts de Vénus et de Bacchus, les deux plus puissants auteurs de débauches, mais l'Amour même ayant résisté à sa mère pour ne pas vouloir induire Eurydice à fausser la fidélité conjugale. Aussi ne fallait-il pas attendre autre chose que des moralités honnêtes et instructives au bien, d'une action honorée de la présence d'une si sage et si pieuse reine qu'est la nôtre.

Ces étranges protestations de vertu s'expliqueraient mal, s'il n'y avait eu un danger réel à conjurer. Il ne s'agissait point de vaines réclamations au nom de la morale, comme celles qu'aujourd'hui élèvent périodiquement quelques hommes isolés, qui crient dans le désert, et que personne n'écoute. Le puritanisme d'alors avait des sanctions redoutables ; il soulevait l'Angleterre, et allait, un an plus tard, faire tomber la tête de Charles I, dont le fils assistait à la représentation d'*Orfeo* [2].

1. On sait que, pour la peinture, sa réputation est malheureusement tout autre. Sauval prétend qu'à son avènement à la régence, en 1643, elle fit brûler à Fontainebleau pour plus de 100 000 écus de peintures qui choquaient la décence.

2. En France même, le 18 décembre 1647, le Parlement renouvelait les peines féroces du moyen âge, — le gibet, la roue, la mutilation de la langue, — contre ceux qui blasphémaient non seulement

Malgré toutes les précautions, on n'évita point les censures religieuses. « Les dévots en murmurèrent, dit Mme de Motteville ; et ceux qui, par un esprit déréglé, blâment tout ce qui se fait, ne manquèrent pas à leur ordinaire d'empoisonner ces plaisirs, parce qu'ils ne respirent pas l'air sans chagrin et sans rage. »

Mais il était difficile à la morale de se sentir outragée par l'*Orfeo*, et aux mécontents de découvrir des sujets de scandale dans une pièce où l'Amour même refuse de détourner Eurydice de ses devoirs conjugaux, et où Eurydice meurt par un excès de pudeur véritablement rare et digne d'une habituée du Salon Bleu : mordue à la jambe par un serpent, en l'absence d'Orphée, elle refuse[1] de laisser enlever le reptile par Aristée, « de peur, dit Renaudot, d'offenser son mari par la licence qu'elle donnerait à son rival de la toucher ».

Il fallut bien que l'hypocrisie désarmât ; mais elle trouva sa revanche ailleurs. — On ne pouvait contester non plus la magnificence du spectacle et le succès de la pièce. Les Parlementaires invités[2], esprits chagrins et boudeurs, ennemis réconciliables de Mazarin, firent sans doute de leur mieux pour s'ennuyer ; et ils y réussirent. Mais il leur fallut reconnaître en maugréant la victoire des Italiens ; et tels de ceux qui affectaient de bâiller à la première représentation n'eurent pas le courage de résister à l'engouement général. Olivier Lefèvre d'Ormesson, qui dit, le 2 mars, que « la langue italienne, que l'on n'entendoit pas aisément, estoit ennuyeuse[3] », n'en revit pas moins la pièce,

Dieu, mais la Vierge et les saints. Ces peines avaient été supprimées de fait sous Richelieu. (*Recueil des anciennes lois françaises*, XVII, 65.)

1. Et avec quels discours de pruderie offensée !

2. « Les principales personnes des corps et compagnies souveraines. »

3. Le 2 mars, après avoir dîné chez Mme de Sévigné, Lefèvre d'Ormesson alla « au Palais-Royal pour voir la représentation de la grande comédie, où, après avoir attendu une heure et demie, il entra par le moyen de Mme de la Mothe... » « Les voix sont belles, dit-il, mais la langue italienne, que l'on n'entendoit pas aisément, estoit ennuyeuse. » (*Mémoires d'O. Lefèvre d'Ormesson*. — Doc. inéd.

le 8 mai, et « la trouva plus belle que la première fois, tout estant bien mieux concerté. » Montglat enregistre avec maussaderie que « la comédie durait plus de six heures » et que « la grande longueur ennuyait sans qu'on l'osât témoigner ; et tel n'entendait pas l'italien qui n'en bougeait, et l'admirait par complaisance ». Mais il doit convenir que la pièce « était fort belle à voir pour une fois, tant les changements de décoration étaient surprenants [1] ». Il insinue bien, dans sa mauvaise foi, que si « la Reine ne perdait pas une fois sa représentation, c'est qu'elle prenait soin de plaire au cardinal, et par la crainte qu'elle avait de le fâcher ». — En réalité, la Reine, qui, dès le lendemain, revit la pièce de Rossi, et cette fois en entier, assista à toutes les représentations, « sans jamais s'en lasser ». C'est Mme de Motteville qui nous le dit ; et elle est peu suspecte d'amitié pour Mazarin [2]. Le petit Roi « y apporta tant d'attention qu'encor que S. M. l'eust desja veue deux fois, elle y voulut encore assister une troisième, n'ayant donné aucun tesmoignage de s'y ennuyer, bien qu'elle deust estre fatiguée du bal du jour précédent, auquel elle fit tant de merveilles » [3]. Le succès fut éclatant. Les machines émerveillaient les spectateurs, au point « qu'ils doutoyent s'ils ne changeoyent point eux-mesmes de place [4] » ; et la musique les bouleversa. Surtout le chœur qui suit la mort d'Eurydice, — le *lamento* des Nymphes et d'Apollon sur le malheur « de la pauvre deffunte » — arracha les larmes. « La force de cette musique vocale jointe à celle des instruments tiroyent l'âme par les oreilles de tous les auditeurs, et l'auroit fait bien davantage, sans que le Soleil descendu dans son char flambloyant, éclairé d'or, d'escarboucles et de brillants, excitât un doux murmure d'accla-

sur l'hist. de France, I, 377-8). — Renaudot assure pourtant que les acteurs jouaient si parfaitement « qu'ils se pouvoyent faire entendre à ceux qui n'avoyent aucune connaissance de leur langue ».

1. *Mémoires du marquis de Montglat* (Petitot, p. 59-60).
2. *Mme de Mottevillle*, p. 238.
3. *Renaudot*, 8 mars.
4. *Ibid.*

mations[1] ». — Mme de Motteville cite deux des courtisans qui se distinguaient le plus par leur enthousiasme : « Le maréchal de Gramont, éloquent, spirituel, gascon, et hardi à trop louer, mettait cette comédie au-dessus des merveilles du monde : le duc de Mortemart, grand amateur de la musique et grand courtisan, paraissait enchanté au seul nom du moindre des acteurs ; et tous ensemble, afin de plaire au ministre, faisaient de si fortes exagérations quand ils en parlaient, qu'elle devint enfin ennuyeuse aux personnes modérées dans les paroles. » — Quant à Naudé, il dit qu'à la fin de la représentation, « on n'entendait rien autre chose que les exclamations de ceux qui en louaient extraordinairement ce qui avait le plus fait d'impression sur leurs esprits[2] » ; et il cite quelques vers latins « d'un ouvrage entier qu'un cordelier portugais, le R. P. Macedo, avait composé à la louange de cette comédie ».

On ne pouvait donc raisonnablement chicaner le succès de la pièce, — du moins pour le moment[3]. — Mais l'opposition se rattrapa sur un autre terrain. Ne pouvant reprocher à l'*Orfeo* d'être un spectacle manqué, elle lui reprocha d'être trop beau, et de coûter trop cher. Cette nouvelle forme d'hostilité n'était pas moins dangereuse que l'opposition religieuse. La misère était grande, et les impôts montaient : ils venaient d'atteindre, cette année-là, le chiffre le plus élevé où ils fussent jamais parvenus[4]. Les Parlements affectaient de se poser en défenseurs du peuple contre les expédients financiers de Mazarin et de ses Ita-

1. Renaudot. — Bel exemple du style de la première chronique musicale, parue dans un journal français !

2. « Cette comédie représentée quasi en présence de toute la France, avec l'approbation, voire mesme le transport et admiration de tous ceux qui faisoient profession de s'y cognoistre... » (Naudé, *Jugement de tout ce qui a été imprimé contre le cardinal*, 1649.)

3. Cela n'empêcha point les ennemis de Mazarin, ou les envieux de Luigi, de falsifier bientôt l'histoire, et de railler l'ennui d'Orphée, à peu près de la même façon que les journaux amusants raillaient, vers 1860, les vertus soporifiques de *Tannhäuser* : « Ce beau mais malheureux *Orphée*, ou, pour mieux parler, ce *Morphée*, puisque tout le monde y dormit... »

4. 142 millions.

liens. Ils ne pouvaient manquer de signaler à la nation
affamée les dépenses excessives du cardinal pour les
plaisirs de la cour et les spectacles italiens. Le reproche,
ici, était fondé; mais ils l'exagérèrent, et grossirent formi-
dablement le chiffre des sommes gaspillées pour l'*Orfeo*.
Naudé proteste en vain qu'on ne dépensa que 30 000 écus [1].
Les 30 000 écus deviennent 400 000 livres chez Montglat, et
500 000 écus chez Guy Joly. — « La comédie en musique,
dit ce dernier, coûta plus de 500 000 écus, et fit faire beaucoup de réflexions à tout le monde, mais particulièrement
à ceux des compagnies souveraines qu'on tourmentait, et
qui voyaient bien, par cette dépense excessive et superflue,
que les besoins de l'État n'étaient pas si pressants, qu'on
ne les eût bien épargnés si l'on eût voulu [2]. » — Et Goulas
nous montre que les perfides doléances des Parlementaires atteignirent leur but : elles parvinrent à remuer le
peuple : « La comédie de M. le cardinal causa tant de
bruit et de vacarme parmi le peuple » qu'il ne songea plus
à rien autre. « Car chacun s'acharna sur l'horrible dépense
des machines et des musiciens italiens qui étaient venus
de Rome et d'ailleurs à grands frais, parce qu'il les fallut
payer pour partir, venir et s'entretenir en France [3]. »

Mazarin vit venir l'orage, et il s'en inquiéta. Une lettre
de Melani, que nous avons citée plus haut, annonçait que
la reine faisait préparer une autre comédie en musique,
pour être donnée aussitôt après l'*Orfeo* [4]. Mazarin s'y
opposa. « Il combattit, l'année suivante, dit Naudé, les

---

1. « L'on a voulu qu'une despense de 30 000 escus pour un entretien de la cour, et d'une si grande ville que Paris, ait esté une
chose bien extraordinaire : et l'on a fait un crime de voir une seule
comédie de respect pendant la Régence, au lieu qu'auparavant
c'estoit galanterie d'en voir toutes les années, et de jouer bien souvent des Balets, dont la despense estoit quasi toujours plus grande
que n'a esté celle de la comédie d'*Orphée*. » (Naudé, *ibid.*)

2. *Mémoires de Guy Joly* (Petitot, t. XLVII, p. 11).

3. *Mémoires de Goulas*, II, 212.

4. Lettre d'Atto Melani, 12 janv. 1647. Peut-être s'agissait-il d'un
projet de carrousel dramatico-musical, par Margherita Costa : *le Défi
d'Apollon et de Mars*.

sentimens de toute la cour, et empescha absolument que
l'on ne fist une autre comédie, qui n'auroit esté de gueres
moindre despense que celle d'*Orphée* [1]. » Et Naudé ajoute
même que, « si on l'eût voulu croire, l'on n'auroit jamais
pensé à cette première, à laquelle ceux qui la pressèrent
davantage s'estoient engagés insensiblement. »

Rien n'y fit; et ces protestations, — dont quelques-unes,
d'ailleurs) n'étaient pas très vraisemblables, — n'empe-
chèrent pas les calomnies d'aller leur train. Les dépenses
d'*Orfeo* restèrent, pendant les guerres civiles, le principal
grief contre la prodigalité du cardinal : « Quand il a fallu
trouver de quoy le proscrire, on luy a mis cette pièce en
ligne de compte... On lui a donné sujet de dire après Ovide :

O nimis exitio nata theatra mea ! [2] »

L'impopularité de l'*Orfeo* se manifesta bien aux persécutions qu'eut à subir Torelli, le machiniste, le véritable
auteur de la pièce, aux yeux du gros public. Il fut poursuivi, emprisonné, ruiné pendant la Fronde; et sa vie fut
menacée, comme celle des autres Italiens restés à Paris,
qui avaient pris part aux représentations de 1645 et de
1647.

C'est là ce qui explique que, malgré le grand succès du
premier opéra italien à Paris, il ait fallu attendre tant
d'années pour le voir définitivement installé en France [3].

---

1. Du reste, la maladie du petit Roi, atteint de la petite vérole,
puis les troubles de la Fronde, interrompirent toutes fêtes.

2. Naudé, p. 575. — Naudé va même jusqu'à appeler Mazarin « le
Martyr d'Estat », parce qu'on fit retomber sur lui toute la responsa-
bilité des dépenses d'*Orfeo*.

3. *Le Triomphe de l'Amour*, de Michel de la Guerre et de Charles
de Beys, dont M. Quittard vient de retrouver le *libretto*, est de 1654;
la *Pastorale* de Perrin et Cambert (l'*Opéra d'Issy*), de 1659; le *Serse*
de Cavalli fut joué au Louvre en 1660, et la *Pomone* de Cambert
inaugura l'Académie d'Opéra en 1671.

Il n'est pas sans intérêt de rappeler que Mazarin patronna les
tentatives de La Guerre, ainsi que de Perrin et Cambert, et que,
deux mois avant sa mort, il faisait représenter *Serse* dans sa
chambre (11 janv. 1661). L'éternel Melani jouait deux rôles dans
la pièce.

V

L'ORFEO

Deux relations principales du temps nous décrivent le poème d'*Orfeo*, œuvre, comme on l'a vu, de l'abbé Francesco Buti de Rome : ce sont les récits de Renaudot, dans la *Gazette* du 8 mars 1647, et du père Menestrier, dans son livre confus des *Représentations en musique anciennes et modernes*[1].

Ces descriptions, si baroques qu'elles paraissent, sont assez exactes. Le poème d'*Orfeo* est un salmigondis d'inventions étranges. Les personnages sont :

Orfeo. Euridice. Endimione, père d'Eurydice. Aristeo, amant d'Eurydice. Un Satyre. Une Nourrice. Vénus. Junon. Proserpine. Jupiter. Mercure. Pluton. Apollon. L'Amour. Caron. Momus. L'Hyménée. La Jalousie. Le Soupçon. Les trois Grâces. Les trois Parques. Les Dryades. Les suivants de l'Augure. La Cour céleste.
— Soit une trentaine de rôles.

Le beau sujet antique est compliqué d'une foule d'incidents ridicules : A la veille de ses noces avec Orphée, Eurydice, accompagnée de son père, consulte sur l'avenir

1. 1681, Paris. — Bonnet et Bourdelot, dans leur *Histoire de la musique et de ses effets* (1715, Amsterdam), ont copié en grande partie la description de Menestrier; mais ils l'appliquent bizarrement à une représentation donnée, en 1660, à Vienne, pour les noces de l'empereur Léopold; et ils ne disent rien du spectacle de 1647 à Paris. Ils analysent d'ailleurs la pièce, « comme ayant passé pour un des modèles de l'opéra français » (p. 300-402).

un augure qui l'effraie par des présages menaçants. Aristée, fils de Bacchus, est éperdument épris d'Eurydice, et supplie Vénus d'empêcher le mariage. Vénus, qui hait Orphée, fils du Soleil, son rival, ourdit des trames contre les deux amants. Elle prend la forme d'une vieille entremetteuse, et donne des conseils malhonnêtes à Eurydice, qui l'éconduit; puis, ne pouvant décider son propre fils, Amour, à changer les sentiments d'Eurydice, elle la fait mourir. Junon, par animosité contre Vénus, prend parti pour Orphée. Elle l'engage à descendre aux Enfers, et à chercher Eurydice. Afin de lui faciliter la tâche, elle éveille la jalousie de Proserpine, en lui faisant remarquer les attentions de Pluton pour la belle morte. Proserpine, empressée à se débarrasser d'une rivale, et tout l'Enfer, ému par les chants d'Orphée, renvoient sur terre les deux époux; mais ceux-ci enfreignent les lois infernales, et Eurydice revient parmi les morts. Aristée, désespéré par la fin tragique d'Eurydice, et poursuivi par l'ombre de sa victime, qui agite des serpents dans ses mains, devient fou et se tue. Vénus excite Bacchus à venger sur Orphée la mort de son fils. Bacchus et les Bacchantes déchirent le chanteur thrace. Apothéose. La constellation de la Lyre s'élève au firmament. Les chœurs chantent la grandeur de l'amour et de la fidélité conjugale; et Jupiter, dans un air récitatif à vocalises pompeuses, tire la morale de l'histoire en un madrigal à l'adresse de la Reine.

Quelques bouffons égayent cette suite de catastrophes : c'est la Nourrice, gaillarde et intéressée; c'est un « Bouquin », (comme dit Renaudot), c'est-à-dire un Satyre; c'est Momus, qui médit des femmes [1]. Les scènes trop sérieuses sont farcies de clowneries. On est loin de la sobre tragédie de Rinuccini et de Striggio, de l'art concentré et noblement plastique des Florentins. C'est ici le goût vénitien ou napo-

______

1. « La femme est un objet qui rend l'homme toujours ridicule. Si elle est laide, oh! quelle misère! Et si elle est belle, ah! quel danger!... Qu'on la prenne, ou qu'on ne la prenne pas, toujours on s'en repent. » (Acte I, scène 5.)

litain qui domine : un théâtre de plèbe opulente et
remuante, non d'aristocratie intellectuelle.

Les relations de Renaudot et de Menestrier contiennent
aussi, sur la mise en scène et le jeu des acteurs, quelques
détails qui complètent la physionomie du spectacle.

L'action commença par deux gros d'infanterie armée de
pied en cap, qui représentaient deux armées [1] ; elles se bat-
tirent, mais non jusques à ennuyer la compagnie par leur cha-
maillis et le cliquetis de leurs armes [2]. Une des armées assié-
geoit une place, et l'autre la défendoit. Un pan de la muraille
étant tombé donna l'entrée à l'armée françoise, lorsque la
Victoire descendant du ciel parut en l'air et chanta des vers
à l'honneur des armes du Roi et de la sage conduite de la
Reine sa mère [3]. Nul ne pouvoit comprendre comment elle et
son char triomphant pouvoient demeurer aussi longtemps
suspendus [4].

On nous décrit ensuite les décors et les changements à
vue [5]. C'est d'abord « un bocage, dont l'étendue et la pro-

1. Menestrier.
2. Renaudot.
3. Menestrier.
La Victoire : « Me voici ! Et quand, invincibles armées de la Gaule,
vous ai-je jamais fait défaut ? Je marche avec ces drapeaux ; ces lis
d'or qui flamboient sont mes propres caractères qui disent clairement :
Que tout cède au Monarque Français ! Me voici ! C'est moi qui ai reçu
votre Roi dans un berceau de trophées, et qui ai penché sur son
front mille palmes. C'est moi qui fais trembler sous son empire les
deux hémisphères, et qui ai posé pour lui un frein sur l'immense
Océan... Mais ses heureux destins veulent que cette gloire rayonne
sur vous des yeux lumineux de la grande Anne, dont les belles
mains tiennent le sceptre et lancent la foudre... » (Prologue d'*Orfeo*.)
4. Renaudot.
5. Malgré l'opinion de MM. Nuitter et Thoinan, le sonnet de Voiture
au cardinal Mazarin sur *la Comédie des machines* me semble s'appliquer aussi bien à l'*Orfeo* qu'à *la Finta Pazza*. — Voir, dans les œuvres
de Voiture, le sonnet connu :
        « Quelle docte Circé, quelle nouvelle Armide... »
Le succès des machines d'*Orfeo* a contribué à la création d'un
certain nombre de tragédies lyriques françaises à grand spectacle,
comme *la Naissance d'Hercule* de Rotrou (1649), et l'*Andromède* de Corneille (1650). On sait que, pour l'*Andromède*, dont la musique était de
d'Assoucy, ami de Luigi, on utilisa les machines d'*Orfeo*.

fondeur semblent surpasser plus de cent fois le théâtre ».
Puis, « la perspective s'ouvre et fait voir une table super-
bement servie pour les noces ». « Vénus descend dans un
nuage avec une troupe de petits Amours ». — L'entrée
des Enfers est représentée par « un Désert affreux,
cavernes, rochers, avec un antre en forme d'allée, au bout
desquels se découvroit un peu de jour ». — Après qu'Eurydice a été rendue à Orphée, les monstres de l'Enfer exécutent un ballet grotesque, dont la musique n'a pas été
conservée dans la partition [1], et qui fut un des plus grands
succès de la représentation, « une des choses la plus diver-
tissante », comme dit Renaudot. « C'étoient des Bucen-
taures, hiboux, tortues, escargos, et autres animaux
estranges et monstres les plus hideux, qui dansoient au son
des cornets à bouquin, avec des pas extravagans et une
musique de mesme ». — La danse était fréquemment
mêlée au chant. Ici, « Orphée et Eurydice chantoient et
dansoient [2]. » Là, « le Satyre dansoit avec des pieds de
bouc [3] ». Plus loin, « les Dryades dansoient avec des cas-
tagnettes [4] ». Ou encore, « les Bacchantes, ayant chacune
des sonnettes aux pieds, un tambour de basque en une
main, et une bouteille en l'autre [5] ».

A la fin du spectacle, la lyre d'Orphée, montant au ciel,
se tranformait en Lys de France, comme l'indique le discours de Mercure, qui termine l'*Orfeo*.

Les artistes français avaient collaboré avec Torelli pour
les décors et les costumes. Charles Errard, le futur directeur de l'Académie de France à Rome, en eut la haute
direction; et ses projets furent exécutés par une équipe de
jeunes peintres et de sculpteurs, entre lesquels de Sève
l'aîné, et Coypel, qui fit là ses débuts [6].

1. Le copiste a seulement marqué : « *Qui và la Danza* ».
2. Menestrier.
3. *Id.*
4. *Id.*
5. Renaudot.
6. « M. le cardinal de Mazarin employa (en 1646) M. Errard pour
toutes les décorations d'un opéra italien, qui avait pour sujet les

Quant à la musique d'*Orfeo*, si longtemps considérée comme perdue, après une disparition de deux siècles et demi, nous en avons trouvé une partition manuscrite ancienne à la Bibliothèque Chigi de Rome [1]. Deux copies en ont été faites, l'une pour le Conservatoire de Paris [2], l'autre pour le Conservatoire de Bruxelles [3]. Un manuscrit ancien de l'*Orfeo* existait à Paris, à la Bibliothèque du Conservatoire, dans la collection Philidor [4]. Fétis l'y vit encore [5]. Mais depuis sa direction, toute trace en a disparu.

La partition est écrite à la façon ordinaire des partitions

Amours d'Orphée et Euridice, et qui parut dans la même salle où se fait aujourd'hui l'Opéra. M. Errard fut produit pour cet ouvrage par M. de Ratabon, premier commis dans la surintendance des bâtiments. Les décorations en furent magnifiques, et entre autres celles d'une salle feinte (peinte?), dont tous les ornements étaient rehaussés d'or. Dans le lambris qui était composé d'architecture, on voyait plusieurs tableaux que M. de Sève l'aîné, qui depuis a été recteur de l'Académie, avait peints et finis d'après des dessins que M. Errard n'avait faits que de pratique. Ce fut à l'ouvrage de cette salle que M. Coypel, qui est aujourd'hui directeur de l'Académie, et qui n'était alors âgé que de 15 à 16 ans, commença à travailler pour M. Errard, qui le mit à rehausser d'or une grande frise de rinceaux ou ornements de feuillages qui se dessinait en perspective. Quoique la frise eût été ébauchée par des peintres qu'on tenait pour très habiles en ces sortes d'ouvrages, elle était presque toute estropiée, et M. Errard, remarquant avec attention que M. Coypel rectifiait de lui-même tout cet ouvrage, il lui fit faire avec joie tout le pourtour de la salle, et lui donna mille témoignages d'amitié, lui offrant tous ses dessins pour étudier. »

(*Notice sur Charles Errard* par Guillet de Saint-Georges, — dans les *Mémoires inédits sur la vie et les ouvrages des membres de l'Académie Royale de peinture et sculpture*, — 1854, Paris.)

1. L'*Orfeo*. — *Poesia del Sig. Franc. Buti*. — *Musica del Sig. Luigi Rossi*, — Bibl. Chigi. Q. V. 39. Grande partition reliée de II-261 pages, avec table alphabétique.

2. N° 25 887.

3. N° 2 307. Voir le catalogue de la Bibl. du Conservatoire de Bruxelles, par M. Wotquenne, I, p. 445.

4. Tome XLI.

5. Il est remarquable que Fétis en parle, en août 1827, dans la *Revue musicale* (voir Nuitter et Thoinan), et que, dans l'article de son *Dictionnaire* sur Luigi Rossi, il omet de citer l'*Orfeo*, qu'il connaissait pourtant.

italiennes, vers le milieu du xviie siècle. Les *Sinfonie*, qui ouvrent les actes, et les Ballets sont à quatre parties. Les airs sont accompagnés simplement par la basse chiffrée. Les instruments ne sont point marqués. La plupart des voix sont des soprani. C'était le goût du temps, et Luigi semble y avoir particulièrement sacrifié. Ses relations avec les plus célèbres virtuoses de Rome, Loreto Vittori, Marco Antonio Pasqualini, Atto Melani, ont influé sans doute sur son style. La plupart des airs, fort nombreux, qui ont été conservés de lui à la Bibliothèque Nationale de Paris, sont écrits pour soprano, avec accompagnement de violon. Il y a prédominance, dans le rythme, des mesures à trois temps, de ces mètres dansants, qui sont une des caractéristiques de l'Opéra français, visiblement apparenté à la Comédie-Ballet [1]. Pourtant l'abus en est moins sensible que dans telle autre pièce de l'époque, comme le *Serse* de Cavalli; Luigi avait fait effort pour varier ses mouvements et ses nuances. C'était même cette diversité qui avait frappé le plus les auditeurs d'*Orfeo*. Renaudot le dit naïvement : « L'artifice en était si admirable et si peu imitable [2] que le ton se trouvoit toujours accordant avec son sujet, soit qu'il fût plaintif ou joyeux, ou qu'il exprimât quelque autre passion : de sorte que ce n'a pas esté la moindre merveille de cette action que tout y estant récité en chantant, *qui est le signe ordinaire de l'allégresse*, la musique y estoit si bien appropriée aux choses qu'elle n'exprimoit pas moins que les vers toutes les affections de ceux qui les récitoyent ». — Il semble donc que Luigi ait révélé aux journalistes français le pouvoir expressif de la musique. Renaudot fut émerveillé d'entendre qu'elle pouvait servir à autre chose qu'à des chansons.

1. C'était d'ailleurs le défaut de presque toute l'époque, du moins de presque tout l'opéra de ce temps. Comme le dit M. Amintore Galli, dans son *Estetica della musica* (1000, Turin, p. 537), « dans la première moitié du xviie siècle, régnait sur l'opéra la mesure ternaire, et le rythme de la grave sarabande. Les rythmes de danse et les passages vocalisés caractérisent les œuvres de ce temps d'incubation mélodramatique ».

2. Il s'agit de la scène du Satyre et d'Aristée.

La variété d'expression de Luigi était en vérité digne de frapper des musiciens plus exercés que ses auditeurs du Palais-Royal. Dans un air de la Bibliothèque Nationale [1], « *Che cosa mi disse* », air qui compte une cinquantaine de mesures, il emploie les rythmes suivants : 6/8 (3 mesures); 3/4 (5 mesures); 6/8 (2 mesures); 3/4 (8 mesures); 4/4 (3 mesures 1/2); 3/8 (3 mesures); 4/4 (8 mesures); 3/8 (6 mesures); 3/2 (5 mesures); 3/8 (1 mesure); 3/4 (8 mesures). Il résulte de ces variations d'allure une souplesse de la langue musicale, qui suit les nuances de la pensée. Mais cette libre déclamation garde pourtant des contours précis; elle n'a pas la ligne indéfinie et atténuée du récitatif florentin; elle reste une *Aria* au profil dessiné.

Saint-Evremond, qui n'aime point les récitatifs [2], est surtout sévère pour ceux d'*Orfeo*. « J'avoue, dit-il, que j'ai trouvé des choses inimitables dans l'opéra de Luigi, et pour l'expression des sentiments, et pour le charme de la musique; mais le récitatif ordinaire ennuyait beaucoup, en sorte que les Italiens même attendaient avec impatience les beaux endroits qui venaient à leur opinion trop rarement. [3] » Saint-Evremond n'a point tout à fait tort : malgré quelques très belles pages, comme la scène du désespoir d'Orphée dans les déserts de Thrace, on sent trop que Luigi écrivait sans plaisir la plupart de ses récitatifs : il n'est pleinement lui-même que dans l'*Aria*. C'est à l'*Aria* qu'il réserve non seulement tout son charme mélodique, mais tout son pouvoir d'expression. Sauf à de rares moments tragiques, le récitatif déclamé l'ennuie. Cela se conçoit, chez un génie aussi éminemment plastique, mis aux prises avec un livret diffus et baroque, comme celui de l'*Orfeo*. La déclamation musicale des Florentins veut un poème sobre et concentré, qui soit pour le chant une charpente ferme. Le moyen de déclamer les

1. *Recueil d'excellents airs italiens de différents auteurs d'après Brossard*, Bibl. Nat. Rés. Vm. 1108.
2. « Le récitatif italien est un méchant usage du chant et de la parole. »
3. *Lettre sur les Opera.*

inutilités et les sottises de l'abbé Buti! Le mieux eût été de supprimer ces kilomètres de récitatifs insipides, qui se déroulent comme un interminable ruban de route blanche, pendant des heures. Mais l'opéra ne sut pas s'y décider, et la musique en souffrit. Le grand malheur pour le drame lyrique fut, à mon sens, que la réforme mélodramatique de Florence ne donna pas la main à une réforme poétique [1], ou du moins, que les réformateurs en poésie, les champions de la vérité et de la nature, ne voulurent pas, surtout en France, s'allier à l'opéra, mais qu'ils le désavouèrent au contraire, et qu'il ne resta aux musiciens que le commerce des poètes de cour. Cette collaboration fade, niaisement prétentieuse, ce style sans nerf, ces sentiments factices, ce manque absolu de naturel et de vie, ont eu une influence déplorable sur les musiciens; ils leur ont appris les formules paresseuses; ils ont pesé sur toute la musique dramatique jusqu'à nos jours [2], jusqu'à ce que les musiciens aient eu le courage, — bien téméraire, — à défaut de poètes dignes d'eux, d'être leurs propres poètes [3].

Dans l'*Aria*, le musicien était plus libre; la niaiserie du

1. Malgré Rinuccini, et l'éveil assez intéressant pour l'histoire littéraire d'une suite de dramaturges musicaux, — comme Gabriello Chiabrera, Alessandro Striggio, poète de l'*Orfeo* de Monteverde, Ottavio Tronsarelli (33 *Drammi musicali*, 1632, Rome), Girolamo Bartolommei (*Drammi musicali*, 1656), dont une *Teodora* et un *Polietto*, publiés en 1632, dans un volume de tragédies sacrées, ont vraisemblablement inspiré les célèbres œuvres de Corneille. Le premier de ces *Drames musicaux* de 1655, une *Cerere racconsolata*, est précisément dédié « all'*Eminentissimo Sig. Cardinale Giulio Mazzarini* ». (Voir H. Hauvette : *Un précurseur italien de Corneille*, 1897, Grenoble).

M. Angelo Solerti avait commencé dernièrement la publication des *libretti* musicaux de la première moitié du XVIIᵉ siècle. (Voir dans ses *Albori del Melodramma*, Milan, Sandron, les volumes II et III consacrés à l'œuvre de Rinuccini, Chiabrera, Striggio, Campeggi, St. Landi, O. Corsini, etc.) — La mort a malheureusement interrompu cette entreprise, comme tant d'autres précieux travaux de ce grand érudit.

2. Combien Rameau n'a-t-il pas eu à en souffrir !

3. Déjà certains l'osèrent, aux XVIIᵉ et XVIIIᵉ siècles : Peri, Loreto Vittori, Ferrari, Manelli, Stradella, Mattheson, etc.

librettiste l'enchaînait moins. Même chez le théoricien du
drame florentin, Giambattista Doni[1], il est enseigné qu'il
ne faut jamais traduire en musique le sens des mots
isolés, mais le sentiment général. Et pourtant, Doni est
un sévère défenseur de la vérité dramatique; il condamne
l'introduction dans le drame musical de ces *canzonette* et de
ces airs purement lyriques, où se complaît Luigi. L'équilibre entre la poésie et la musique est, chez Luigi, franchement rompu au profit de la musique[2]; la mélodie
pure prend une place prépondérante dans l'opéra; elle
acquiert une beauté de structure toute classique; sa
physionomie est déjà dessinée chez Rossi, telle qu'on
la trouve ensuite chez Alessandro Scarlatti et chez
Haendel. L'*Aria da Capo* est fréquente dans l'*Orfeo*[3], et dans
les collections d'airs de Rossi qui sont à la Bibliothèque
Nationale[4]. Elle n'est pas d'ailleurs le seul type employé
par lui. Tantôt il use d'airs à deux parties, en forme de
Cavatines[5]; tantôt il mêle aux ariettes des récitatifs ornés

1. *Trattato della musica scenica.* — Doni mourut, l'année même
d'*Orfeo*, en 1647.

2. St-Evremond lui-même reproche à Luigi — ainsi du reste qu'à
Cavalli et à Cesti — de sacrifier le drame à la musique, et de faire
oublier ses héros par le charme de son art : — « L'idée du musicien
va devant celle du héros dans les Opera : c'est Luigi, c'est Cavallo,
c'est Cesti qui se présentent à l'imagination », et non leurs personnages. (*Lettre sur les Opera.*)

3. Voir, par exemple, l'arietta d'Euridice : « *Quando un core inamo-
rato* », p. 298 des *Studien zur Geschichte der italienischen Oper im
17. Jahrhundert* (tome I) de M. Hugo Goldschmidt. — On trouvera
dans cet excellent ouvrage, qui a paru en même temps que paraissait dans *la Revue d'Histoire et de Critique musicales* l'étude présente sur Luigi Rossi, de nombreux fragments de l'*Orfeo*.

4. Ainsi, dans le *Recueil d'airs italiens*, aux armes de Charles-Mau-
rice le Tellier, archevêque de Reims (Bibl. Nat. Rés. Vm 1115. Inventaire Vm 7 17), p. 109-119, le 11e air : *Non sara, non fù, non è*, qui débute
par un mouvement vif à 4 temps, passe dans un adagio à 3/2, puis
revient au 4. — Dans le même recueil, l'air : *Anime voi che sete
dalle furie* (p. 59-68). — Voir aussi dans le recueil, déjà cité, de
Brossard : *Deh, deh, soccorri*; — *Chi trovasse una speranza*; — *Non
sempre ingombra*; etc. — Il en est de même dans le recueil de *Cantates* (Bibl. Nat. Rés. Vm. 1175 [27]).

5. Voir p. 301 du livre cité de M. H. Goldschmidt, l'air d'Euridice :

de longues vocalises [1]; tantôt encore il coupe des récitatifs dramatiques en strophes régulières, à la fin desquelles revient, comme deux beaux vers rimés à la fin d'une période en prose rythmée, une belle phrase mélodique, d'un caractère expressif. Tel, le *lamento* d'Orphée [2], ce récitatif *arioso* sculpté à la Gluck : — c'est le récitatif à haut relief des grands classiques, non plus le récitatif à relief presque effacé des premiers Florentins.

Luigi tâche aussi de varier dans son opéra les combinaisons vocales. Il coupe ses soli et ses récitatifs de duos, trios, quatuors, chœurs à 6 et à 8. C'est certainement dans ces morceaux à plusieurs voix que Luigi a mis le plus de grâce et d'ingéniosité. Il y montre un tempérament éclectique, qui ne prend point parti entre divers styles, mais qui les emploie tour à tour et les fond dans son propre style avec une souplesse d'assimilation qui me paraît un des traits de son caractère artistique. Il sait rendre les sentiments les plus variés et par les moyens d'expression les plus variés. Tantôt, dans des chœurs d'un tour un peu archaïque, sur la mort d'Eurydice, il coupe la trame austère et imposante du *lamento* par de puissants cris de douleur, de grands accords plaqués à contre-temps, qui rappellent *la Plainte des Damnez* de Carissimi [3]. Tantôt il annonce et surpasse Lully dans ses gracieux trios, où les voix s'appellent, s'entrelacent, jouent entre elles, répondent aux instruments, avec une vive et spirituelle élégance [4].

Fugace e labile è la beltà, que M. Goldschmidt rapproche de l'air célèbre du *Rinaldo* de Haendel : *Lascia ch'io pianga*.

1. Sur les vocalises et les « passages » vocaux dans les œuvres de Luigi, voir le tout récent ouvrage de M. H. Goldschmidt : *Die Lehre von der vokalen Ornamentik* (1er vol. 1907).

2. Acte III. Scène X. Nous publions, à la fin du volume, cette admirable scène, restée inédite jusqu'à présent.

3. Acte II, scène 9 (Voir p. 305 des *Studien* de Goldschmidt).

4. Acte II, scène 5. Délicieux trio des Grâces, où chaque voix, à son tour, reprend la phrase initiale : *Pastor gentile*.

Acte III, scène 9. Charmant chœur à 3 : *Dormite, begli occhi*, qui fait penser à *Céphale et Procris* de Grétry (p. 303 des *Studien* de Goldschmidt).

S'il est vrai, comme a dit Mattheson[1] (après Lecerf de la
Viéville), que le trio soit le plus difficile des morceaux à
plusieurs voix, il est juste de faire bénéficier Luigi de
l'honneur d'en avoir donné les premiers modèles dans
l'opéra, — honneur qu'on a jusqu'à présent attribué à
Lully. L'esprit, — un esprit à la Grétry, — est partout
répandu chez Luigi. Il lui est quelquefois un mauvais
conseiller. Il lui fait chercher des effets descriptifs ou imi-
tatifs, qui sont déplacés dans une situation tragique : par
exemple dans telle scène, où un bourdonnement de fileuses
prétend peindre les Parques au rouet[2]. Mais Luigi sait
aussi exprimer des émotions profondes; et ce Napolitain,
dont on croit sentir, à travers la musique, l'âme légère,
allègre, éprise de jolies formes et d'élégances mondaines,
n'en est pas moins capable de prêter à son Orphée quelques
phrases d'une simplicité poignante, qui évoquent la grande
voix de Gluck[3].

1. *Volkommener Kapellmeister*, 1739 (p. 345).
2. Acte III, scène I. — Le burlesque se mêle bizarrement au
pathétique : Aristée, fou de désespoir, chante un trio bouffe avec
Momus et le Satyre (Acte III, scène 4). — Il y a dans l'*Orfeo* nombre
d'airs bouffes, et assez réussis, qui annoncent l'*opera buffa* du
xviiie siècle.
3. Voir notre Supplément musical.

VI

LUIGI ROSSI APRÈS L' « ORFEO »

Cependant, ce ne fut pas comme musicien dramatique
que le nom de Luigi se conserva au xviie siècle, même
chez ceux qui l'aimaient le mieux ; ce fut comme poète de
cour, comme auteur de cantates et d'airs amoureux. Brossard, qui était si instruit, et qui admirait Luigi, ne fait
même pas mention de l'*Orfeo*. Ce fut par la beauté de sa
forme qu'il semble avoir séduit les musiciens de son temps ;
on louait la perfection classique de son style, d'où tout
pédantisme, tout archaïsme était banni [1]. Sa grâce libre
et hardie fut ce qui, dans son génie, frappa le plus les
historiens [2]. Un tel homme devait plaire aux artistes français et se plaire avec eux.

Bien que nous ayons peu de détails sur la suite de sa
vie, nous savons qu'il resta quelque temps en France, où
il fut en excellents termes avec nos artistes. Un sonnet de
Dassoucy s'émerveille du talent qu'il eut « de charmer
l'envie [3] ». Ses airs étaient chantés par les plus célèbres

1. « Le fameux Luiggi Rossi, qui est un des premiers qui ait donné
aux airs italiens ce tour non seulement sçavant et recherché, mais
aussi ce tour et ce chant gracieux qui les fait encor admirer de nos
jours par tous les connaisseurs. » (*Catalogue de Brossard*, 1724).

2. Burney, dans son *Histoire de la musique* (t. IV, p. 152-157), note
l'élégance de ses airs, leur modernisme et leurs hardiesses harmoniques.

3.
    « Je ne m'estonne point de voir à tes beaux airs
    Soumettre les démons, les monstres, les enfers,
    Ny de leur fier tyran l'implacable furie.
    Le chantre Tracien dans ces lieux pleins d'effroy
    Jadis en fit autant ; mais de charmer l'envie,
    Luiggy, c'est un art qui n'appartient qu'à toi. »

virtuoses français : Nyert, Hilaire, Lambert. Leur style
plaisait tant à Luigi qu'il se dégoûta de ses virtuoses italiens, et qu'au dire de Saint-Évremond, il ne pouvait plus
souffrir de leur entendre chanter sa musique[1]. Il aimait
surtout de Nyert, et pleurait de joie en l'entendant[2]. —
Ces faits ont leur importance : car c'est par les airs de
salon et la musique vocale de chambre que l'on a préludé
à la fondation de l'opéra français. « C'est par les chansons
qu'on a trouvé, dit Menestrier, la fin de cette musique
d'action et de théâtre qu'on cherchait depuis si longtemps
avec si peu de succès. Il y a plusieurs dialogues de Lambert, de Martin, de Perdigal, de Boisset et de Cambert, qui
ont servi pour ainsi dire d'ébauche et de prélude à cette
musique que l'on cherchait, et qu'on n'a pas d'abord
trouvée[3]. » — Luigi n'a pas moins contribué par ses airs
de cour que par son *Orfeo* à cette initiation[4].

Parmi nos musiciens, il admirait surtout Antoine
Boësset, surintendant de la musique de Louis XIII, mort
quelques années avant l'*Orfeo*, et qui écrivit les principaux
ballets du règne précédent; il remit en honneur ses beaux
airs, que la mode dédaignait[5]. Il n'appréciait pas moins

1. « *Solus Gallus cantat...* Luigi ne pouvait souffrir que les Italiens
chantassent des airs, après avoir ouï chanter à M. Nyert, à Hilaire,
à la petite Varenne. » (*Lettre sur les Opéra.*)

2. Voir Nuitter et Thoinan. — De Nyert avait été formé, d'ailleurs,
à l'école romaine. Il était à Rome en 1630. (Voir la notice de Tallemant des Réaux, t. IV, p. 428 et suiv., sur *De Nyert, Lambert et Hilaire.*)
C'est à de Nyert qu'est dédiée la fameuse épître de La Fontaine contre
l'Opéra.

3. M. Henri Quittard vient de publier un certain nombre de ces
Dialogues dans le *Bulletin français de la S. I. M.* (15 mai 1908).

4. A la vérité, je n'ai pas trouvé trace, dans ses manuscrits, de
musique écrite sur d'autres textes que des textes italiens; et, jusqu'à
nouvel ordre, rien n'autorise à dire, comme a fait M. Ademollo, que
Luigi fut le premier à écrire « sur des paroles françaises et pour des
artistes français ».

5. « Il faisait peu de cas de nos chansons, excepté de celles de
Boisset, qui attirèrent son admiration. » (*Lettre sur les Opéra.*)
« Les airs de Boisset, qui charmèrent autrefois si justement toute
la cour, furent laissés bientôt pour des chansonnettes; et il fallut
que Luigi, le premier homme de l'univers en son art, les vînt

la perfection de nos instrumentistes : des luths, des clavecins, des orgues, voire des violons français [1]. Bref, il
semble être devenu à demi français de goût, peut-être
même un peu trop : car un passage de Saint-Évremond
dit « qu'il demeura fort rebuté de la rudesse et de la
dureté des plus grands maîtres d'Italie, quand il eut goûté
la tendresse du toucher et la propreté de la manière de nos
François [2] ». Ceci pourrait faire craindre que l'influence
française n'eût contribué à développer le penchant naturel
de son talent à la préciosité, au détriment de plus puissantes qualités d'âme et d'art.

Ce qui est certain, c'est que les Italiens lui firent mauvais visage, quand il revint chez eux. « A son retour en
Italie, il se rendit tous les musiciens de sa nation ennemis, disant hautement à Rome, comme il avait dit à Paris,
que pour rendre une musique agréable, il fallait des airs
italiens dans la bouche des Français [3]. »

A quelle époque eut lieu ce retour dans son pays? Nous
l'ignorons. Nous savons seulement qu'il y mourut en
1653 [4].

admirer d'Italie, pour nous faire repentir de cet abandonnement et
leur redonner la réputation qu'une pure fantaisie leur avait ôtée. »
(St-Evremond, *Observations sur le goût et le discernement des François*.)

Ce grand artiste, pour qui Luigi fait une exception si flatteuse
parmi les musiciens français, et que certains des amateurs distingués
du XVIIe siècle, Maugars, Lecerf de la Viéville, Bacilly, opposent
aux maîtres d'Italie, comme le représentant le plus parfait de notre
art national, — attend encore aujourd'hui une étude qui le remette
en sa pleine lumière.

1. « Il admira le concert de nos violons, il admira nos luths, nos
clavessins, nos orgues... » (St-Evremond.)

2. Il ne peut s'agir ici de la qualité que Lecerf de la Viéville reconnaît aux chanteurs français : à savoir, « de mieux prononcer ».
Tallemant, dans sa notice sur de Nyert, dit que c'est aux Italiens
qu'il avait pris « ce qu'il y avait de bon dans leur manière de
chanter », et « qu'avant lui et Lambert, on ne savait guère ce que
c'était de prononcer bien les paroles ». (IV, 428.)

3. St-Evremond, *Lettre sur les Opera*.

4. Mon érudit confrère, M. A. Wotquenne, a bien voulu me signaler le passage suivant de Pitoni (*Notizie de' contrappuntisti è com-
positori di musica*) : « Luigi Rossi, napolitain : un grand nombre de

Malgré l'assertion de Saint-Évremond, il n'avait point
perdu sa popularité en Italie. La dédicace des *Cantate
morale e spirituali* de Giacomo Antonio Perti (1688, Bologne),
que je citais plus haut, montre que les meilleurs musiciens
italiens avaient encore de Luigi, au temps d'Alessandro
Scarlatti, une opinion aussi haute que Saint-Évremond et
que la cour d'Anne d'Autriche [1].

La célébrité de Luigi avait aussi pénétré en Angleterre, où
elle était venue sans doute à la suite de Saint-Évremond
établi à Londres depuis 1670, et d'Hortensia Mancini,
comtesse Mazarin, qui arriva en 1675 à la cour d'Angleterre, fut la favorite de Charles II, et contribua à la fondation d'un Opéra italien et français à Londres. Des
recueils d'airs italiens, publiés à cette date à Londres,
contiennent des airs de Luigi [2].

Comment le nom et les œuvres de Rossi tombèrent-ils
si vite dans l'oubli, en France? On n'en trouve pas de
raison précise; mais je dois mentionner que le Catalogue
ancien de la musique de la Bibliothèque Nationale —
écrit au xviiie siècle — note, au nom de Luigi : « La
jalousie de Lully le poursuivit et le força à quitter la
France ». — Je ne puis ni prouver ni démentir cette asser-

---

ses cantates, opéras (*commedie*) et *canzoni* sont encore recherchés
aujourd'hui par les étrangers. Il mourut en 1653, et fut enterré à
S. Maria in Via Lata, à Rome, où on lit l'éloge suivant : *Aloysio de
Rubeis Neapolitano phonasco toto orbe celeberrimo, regnis regibusque
noto, cujus ad tumulum Armonia orphana vidua amicitia æternum plorant,
Joannes Carolus de Rubeis sibi fratrique amantissimo cui cor persolvit in
lacrimas sepulchrum posuit anno MDCLIII.* ▪ (Collection La Fage, mss.
franc., nouvelle acquisition, n° 266.)

Luigi Rossi avait été en relations, sans doute dans les dernières
années de sa vie, avec Christine de Suède. Nous avons de lui un
Lamento sur la mort de Gustave-Adolphe.

1. « J'ai essayé, dit Perti, de suivre du mieux que j'ai pu les trois
plus grandes lumières de notre profession, Rossi, Carissimi et Cesti.
J'ai pris pour escorte ces trois grandes âmes... »

2. Entre autres, une *Scelta di canzonette italiane di diversi autori*,
dedicate all'eccellentissimo Henrico Howard, duca di Norfolk, e gran
marescial d'Inghilterra, Printed at London, by A. Godbid and
J. Playford, in Little-Britain, 1679.

tion, qui n'est malheureusement pas invraisemblable, quand on connaît le caractère jaloux et peu scrupuleux de Lully. Au reste, Cambert ne valait pas mieux. Dans sa dédicace des *Peines et Plaisirs de l'Amour*, en 1672, il se targue, avec Perrin, d'avoir été « l'inventeur de l'Opéra »; et, dans la lettre publiée avec la *Pastorale* de 1659, ils traitent la musique italienne de « plainchants et airs de cloistre, que nous appelons des chansons de vielleur ou du ricochet, une musique de gouttières ». — Pas un mot de Luigi et de l'*Orfeo*, mais une allusion dédaigneuse à « la représentation, tant en France qu'en Italie, des comédies en musique italiennes, lesquelles il a plu aux compositeurs et aux exécuteurs de déguiser du nom d'*opre*, pour ne pas, à ce qu'on m'a dit, passer pour comédiens ». Et Perrin ajoute « qu'elles ont déplu à notre nation ». — On avait la mémoire courte[1].

C'est pour nous un acte de justice de réparer cet oubli injurieux, et de faire revivre le souvenir de ce grand artiste italien, qui fut le premier fondateur de l'opéra en France. A mesure qu'on le connaîtra mieux, il apparaîtra comme un des maîtres les plus importants de l'histoire de la musique dramatique au xviie siècle[2].

1. Certains se souvenaient, pourtant : entre autres, La Fontaine, et son ami De Nyert, à qui les bruyants succès de Lully ne faisaient pas oublier l'*Orfeo* :

> « Toi qui sais mieux qu'aucun le succès que jadis
> Les pièces de musique eurent dedans Paris,
> Que dis-tu de l'ardeur dont la cour échauffée
> Frondoit en ce temps-là les grands concerts d'*Orphée*,
> Les passages d'Atto et de Leonora,
> Et ce déchaînement qu'on a pour l'Opéra ? »
>
> (*Epître à de Nyert*, 1677).

2. Depuis qu'a paru la première édition de ce livre, M. Alfred Wotquenne, bibliothécaire au Conservatoire royal de musique de Bruxelles, a publié une *Étude bibliographique sur le compositeur napolitain Luigi Rossi*, 1909, Bruxelles. — Elle contient le catalogue thématique de 167 cantates ou *canzoni* à voix seule, 28 à 2 voix, 22 à 3 voix, 3 à 4 voix, 5 motets, et une passacaille pour clavecin. M. Wotquenne a mis en lumière la beauté expressive, harmonique et rythmique, des cantates de Rossi. Certaines sont très développées (de

trois à huit parties), avec alternances de style récitatif et de style
arioso. Plusieurs font allusion à des événements politiques : à la
mort de Charles Ier d'Angleterre, à celle de Gustave-Adolphe, à la
guerre entre la Franée et le Piémont. Les plus remarquables de ces
œuvres se trouvent à la Bibliothèque Nationale de Paris (Rés. V[m] 7 :
1, 3, 4, 6, 10, 11[a], 11[c], 17, 53, 59, 102).

NOTES SUR LULLY

I

L'HOMME

Une figure intelligente et vulgaire. Les sourcils gros.
« De petits yeux noirs, bordés de rouge, qu'on voyait à
peine, et qui avaient peine à voir [1] », mais qui brillaient
d'esprit et de malignité. Le nez charnu, aux narines gon-
flées. Des joues lourdes, sabrées de plis grimaçants. Les
lèvres épaisses, une grande bouche volontaire, qui, lorsqu'elle ne bouffonnait point, avait une expression dédaigneuse. Le menton gras, creusé d'un sillon au milieu. Le
cou fort.

Paul Mignard et Edelinck cherchent à l'ennoblir dans
leurs portraits : ils l'amaigrissent, ils lui donnent plus de
caractère ; Edelinck lui prête la physionomie d'un grand
oiseau de proie nocturne. De tous ses portraitistes, le plus
vrai paraît être Coysevox, qui ne s'est point soucié de
faire un portrait d'apparat, mais qui l'a représenté simplement, comme il était dans la vie ordinaire ; le cou nu, dépoi-
traillé [2], l'air brutal et maussade.

---

1. Sénecé, *Lettre de Clément Marot touchant ce qui s'est passé à l'arrivée de J.-B. Lully aux Champs-Élysées* (1688, Cologne).
2. « Un petit homme d'assez mauvaise mine et d'un extérieur fort
négligé. » (Sénecé.)

Déjà Lecerf de la Viéville avait pris soin de corriger les flatteries de ses portraits officiels :

Sachez qu'il était plus gros et plus petit que ses estampes ne le représentent, assez ressemblant du reste, c'est-à-dire pas beau garçon, à la physionomie vive et singulière, mais point noble; noir, les yeux petits, le nez gros, la bouche grande et élevée, et la vue si courte qu'il ne voyait presque pas qu'une femme était belle [1].

*
* *

Au moral, on le connaît, — assez fâcheusement. — On sait qu'avec tout son talent il ne fût jamais arrivé à la

1. *Comparaison de la Musique italienne et de la Musique française*, par Lecerf de La Viéville de la Fresneuse (1705, Bruxelles).

Cet ouvrage est une suite de six dialogues entre des gens de distinction, qui se rencontrent, soit dans un théâtre d'opéra de province, à une représentation de *Tancrède* de Campra, soit chez un d'entre eux.

Ces amateurs passionnés discutent sur les mérites respectifs de la musique italienne et de la musique française; et ce leur est un prétexte pour faire l'apologie de Lully. Déjà ils sont un peu loin de leur héros, qui est mort depuis dix-huit ans, quand se tiennent ces conversations. Seul, le plus âgé de la société a vu Lully. Ils sont à la limite où va disparaître la génération qui l'a connu, et, avec elle, tant de précieux souvenirs. Ils le savent. Un d'entre eux dit :

« Profitez de la mémoire de ces messieurs. Il est temps de ramasser ces particularités... elles vieillissent; dans quelques années d'ici, elles se perdraient; vous les perpétuerez; et la mémoire de votre héros vous aura cette obligation. »

C'est donc, d'après l'intention même de l'auteur, un recueil de la tradition orale, des conversations de la cour et des musiciens sur Lully. C'est à ce titre que je le citerai fréquemment, dans ces Notes. Si tout n'en est pas rigoureusement exact, l'essentiel est que ce livre reflète l'opinion publique d'alors et l'image qu'elle s'était faite de Lully. — Image flattée, sans doute, puisque l'auteur est un fanatique de Lully. Image très vivante toutefois, et à travers laquelle il n'est pas difficile de retrouver l'homme réel.

Lecerf de la Viéville a été mis à contribution par presque tous ceux qui ont parlé de Lully après lui; mais ils se sont bien gardés, pour la plupart, de le nommer, tout en le pillant effrontément. Ainsi, Boscheron, dans sa *Vie de Quinault* (1715); — Titon du Tillet, dans son *Parnasse françois* (1732); — Le Prevost d'Exmes, dans son *Lully musicien* (1779).

situation exceptionnelle qui lui fut dévolue, sans un esprit de basse intrigue, un mélange de bouffonnerie et de flagornerie qui lui conquirent, au moins autant que sa musique, la protection du Roi. On sait par quelles ruses — disons : par quelles perfidies — il supplanta Perrin et Cambert, fondateurs de l'Opéra français, et trahit Molière, dont il était l'associé et l'ami[1]. Bien lui en avait pris que Molière fût mort soudain : car Lully ne fût pas sorti vainqueur de la lutte imprudemment engagée avec lui. Plus tard, s'il ne lui arriva plus, pour son bonheur, de se heurter à un aussi rude jouteur, il commit pourtant la faute de ne pas assez ménager des personnages qu'il croyait inoffensifs, et qui lui rendirent avec usure le mal qu'il leur avait fait. Je veux parler de Guichard et de La Fontaine, dont les sanglantes satires l'ont cloué au pilori. Guichard, un de ses compétiteurs, dont il voulut se débarrasser en l'accusant d'une tentative d'empoisonnement, n'eut pas de peine à prouver sa complète innocence, et publia sur Lully de terribles pamphlets. La Fontaine, à qui Lully avait joué le tour de lui commander un poème d'opéra, et de le lui refuser après, se vengea en le portraiturant dans ce méchant petit chef-d'œuvre qui se nomme *le Florentin*.

> Le Florentin
> Montre à la fin
> Ce qu'il sait faire.
> Il ressemble à ces loups qu'on nourrit, et fait bien ;
> Car un loup doit toujours garder son caractère,
> Comme un mouton garde le sien...

Je ne sais si Lully était le loup ; mais le mouton n'était certes pas La Fontaine. Il serait imprudent de croire sans contrôle aux malices que lui dicta sa vanité blessée. La Fontaine était « homme de lettres », et capable de tout,

---

1. L'histoire est trop connue pour qu'on la raconte ici. Je renvoie le lecteur au livre excellent de Nuitter et Thoinan : *Les Origines de l'Opéra français* (1886).

quand son amour-propre d'auteur était en jeu. Il en convient lui-même, dans son *Épître à Madame de Thianges* :

> Vous trouvez que ma satire
> Eût pu ne se pas écrire.
>
> . . . .
>
> J'eusse ainsi raisonné si le ciel m'eût fait ange,
>   Ou Thiange ;
> Mais il m'a fait auteur, je m'excuse par là.
>   Auteur, qui pour tout fruit moissonne
> Quelque petit honneur qu'un autre ravira.
>   Et vous croyez qu'il se taira ?
> Il n'est donc pas auteur, la conséquence est bonne.

Bien plus : il offrait à Lully, si celui-ci voulait mettre en musique le poème de *Daphné*, non seulement de retirer ses injures, mais de chanter ses louanges[1].

>   Si pourtant notre homme se pique
> D'un sentiment d'honneur, et me fait à son tour
>   Pour le Roi travailler un jour,
>   Je lui garde un panégyrique.
> Il est homme de cour, je suis homme de vers ;
>   Jouons-nous tous deux de paroles ;
>   Ayons deux langages divers,
>   Et laissons les hontes frivoles.
> Retourner à *Daphné* vaut mieux que se venger.

Cet aveu, d'un cynisme ingénu, nous met un peu en garde contre les imputations malveillantes d'un si parfait « auteur ».

Avec Lecerf de la Viéville, la chanson est tout autre :

Lully avait le cœur bon, moins d'un Florentin que d'un Lombard ; point de fourberie ni de rancune ; les manières unies et commodes ; vivant sans hauteur et en égal avec le moindre musicien, mais plus de brusquerie et moins de politesse qu'il ne convenait à un grand homme, qui avait vécu longtemps dans une cour délicate.

---

1. Il le fit, comme il disait. — « Le raccommodement fut si complet et si sincère, écrit Walckenaer, que La Fontaine supprima sa satire qui n'a été imprimée qu'après sa mort, et qu'il fit depuis pour Lully deux dédicaces en vers, l'une pour l'opéra d'*Amadis* et l'autre pour celui de *Roland*. »

Il est possible qu'à l'époque où le connut Lecerf, Lully, ayant réussi, n'eût plus besoin de fourber, et qu'il se montrât bonhomme. Les gens de sa sorte, pourvu qu'ils soient vainqueurs, n'ont pas de rancune. Un homme sorti de si bas, et qui avait dû essuyer tant d'avanies jusqu'au jour de sa fortune, était cuirassé contre les humiliations ; il avait autre chose à faire qu'à penser à ses ennemis : il pensait à lui-même.

Il était d'une ambition extrême. Il ne lui suffit pas d'être maître absolu dans tout l'empire de la musique. Il n'eut pas de cesse qu'il ne fût anobli et reçu secrétaire du Roi. Ce ne fut pas sans peine, et l'histoire vaut d'être lue dans le récit de La Viéville : car elle peint sa ténacité insolente. A Louvois, s'indignant d'une telle prétention « chez un homme qui, disait-il, n'avait de recommandations et de services que d'avoir fait rire » :

— Hé ! tête-bleue ! répondit Lully, vous en feriez bien autant si vous pouviez !

La réponse était gaillarde. Il n'y avait dans le royaume que M. le maréchal de la Feuillade et Lully qui eussent repondu à M. de Louvois, de cet air.

Lully en eut le dernier mot. Il fut reçu secrétaire du Roi.

Le jour de sa réception, il offrit aux anciens et gens importants de la Compagnie un plat de son métier : l'Opéra. Ils étaient vingt-cinq ou trente qui, ce jour-là, avaient comme de raison les meilleures places. On voyait la Chancellerie en corps, deux ou trois rangs de gens graves, en manteau noir et en grand chapeau de castor, aux premiers rangs de l'amphithéâtre, qui écoutaient d'un sérieux admirable les menuets et les gavottes de leur confrère le musicien...

Cette ambition impertinente n'allait pas sans un juste orgueil du grand artiste roturier, qui se sentait l'égal des plus nobles. Cette revendication des droits du génie annonce déjà Gluck, à qui Lully ressemble par beaucoup de traits.

Comme Gluck également, Lully avait compris la toute-

puissance de l'argent dans la société moderne; et son
sens des affaires lui acquit une fortune considérable. Ses
charges de surintendant de la musique de la chambre
et de maître de musique de la famille royale étaient esti-
mées 30 000 livres. Son mariage, en 1662, avec la fille du
célèbre Lambert, maître de musique de la cour, lui avait
apporté 20 000 livres de dot. Il avait de plus les recettes
de l'Opéra et les dons exceptionnels du Roi. Il eut l'idée
d'employer la majeure partie de son argent dans les spé-
culations de ceux qui construisaient alors tout un quartier nouveau sur le terrain de la Butte des Moulins [1]. Il ne
s'en remit pas à des hommes d'affaires. Il s'occupa de
tout, lui-même. A lui seul, comme l'a montré M. Edmond
Radet [2], il exécuta ses combinaisons, négocia ses achats de
terrains, dirigea ses constructions, conclut ses marchés avec
les ouvriers. Jamais il ne se fit remplacer. En 1684, il était
propriétaire à Paris de six immeubles, qu'il avait fait
construire, et dont il louait les appartements et les bou-
tiques. Il possédait à Puteaux une maison de campagne
avec jardin. Il en avait une seconde à Sèvres. Enfin il fut
sur le point d'acquérir une terre seigneuriale, le comté de
Grignon, pour lequel il fit, en 1682, une surenchère de
60 000 livres sur le Premier Président. Cela fit scandale.
Une lettre du temps [3] se lamente que de tels faits soient
possibles :

« Faut-il qu'un baladin ait la témérité d'avoir de telles
terres!... La richesse d'un homme de cette qualité est plus
considérable que celle des premiers ministres des autres
princes de l'Europe. »

De fait, il laissait, à sa mort [4], — en cinquante-huit sacs
de louis d'or et doublons d'Espagne, argenterie, pierres,

1. C'était alors le nom du quartier Saint-Roch, qui avait une double
butte formée par l'accumulation des détritus de Paris.

2. Dans un livre très curieux, intitulé : *Lully homme d'affaires, propriétaire et musicien* (1891).

3. Lettre d'un inconnu à Cabart de Villeneuve (citée par M. E. Radet).

4. D'après l'inventaire de ses biens, qui fut fait en 1687.

diamants, biens meubles et immeubles, charges, pen-
sions, etc. — une somme totale s'élevant, d'après M. Radet,
à 800 000 livres : — deux millions d'aujourd'hui[1].

Cette fortune et ces titres ne lui tournèrent point la tête.
Il n'y avait point de risques. Ce n'était pas lui qui aurait
eu la sottise de jouer pour son compte *le Bourgeois Gentilhomme*, et de mettre son amour-propre à se laisser
gruger par les grands seigneurs. Il s'enrichissait pour lui,
non pour les autres. C'était ce qu'on lui pardonnait le
moins :

> C'est un paillard, c'est un mâtin
>   Qui tout dévore,
> Happe tout, serre tout, il a triple gosier.
> Donnez-lui, fourrez-lui, le glou[2] demande encore ;
> Le Roi même aurait peine à le rassasier...

Il était vilain. Les courtisans l'appelaient « le ladre » ; non
qu'il ne leur donnât souvent à manger ; mais il leur donnait
à manger sans profusion. Il disait qu'il ne voulait pas ressembler à ceux qui font des festins de noces, chaque fois qu'ils
traitent un grand seigneur, qui se moque d'eux en sortant. Il
y avait du bon esprit à cette sorte de vilenie[3].

Dans le fond, il n'était pas avare. Il savait dépenser à
propos : ainsi, pour faire sa cour[4]. Il le savait mieux
encore pour se donner du plaisir. Il menait joyeuse vie.
Lecerf dit « qu'il avait pris l'inclination d'un Français un
peu libertin pour le vin et pour la table, et gardé l'inclination italienne pour l'avarice ». Ses débauches en compagnie du chevalier de Lorraine étaient connues de tous ; et
ce dévergondage, où ses admirateurs mêmes trouvaient,

1. Plus, l'Opéra, qui rapportait 30 000 livres par an. Plus, sa charge
de conseiller, qui fut vendue 70 000 livres. Plus, la survivance de ses
fonctions musicales. Plus, le revenu de ses ouvrages en librairie,
estimé à 7 ou 8 000 livres par an. M. J. Écorcheville évalue le tout à
plus de sept millions d'aujourd'hui.

2. « Le glouton », comme l'appelle encore La Fontaine.

3. Lecerf de la Viéville.

4. Lors du traité de Nimègue, il fit tirer, en face de son hôtel, un
feu d'artifice en l'honneur de la paix et du Roi. Pour la naissance du
duc de Bourgogne, il donna une représentation gratuite de *Persée* au
peuple de Paris, « en y ajoutant des agréments extraordinaires ».

sinon l'excuse, au moins l'explication de certaines négligences de son œuvre [1], contribua peut-être à sa mort prématurée.

Cela ne l'empêchait point d'être familial, à ses heures. Il faisait deux parts de sa vie, et il sut, jusqu'à la fin, rester en fort bons termes avec sa femme. Il avait une grande considération pour elle et pour son beau-père Lambert [2]. Il avait accordé à celui-ci la jouissance d'un appartement dans son hôtel de la rue Sainte-Anne; et il l'aida à se procurer une maison de campagne à Puteaux. Il avait tant de confiance dans l'intelligence de sa femme qu'il lui abandonnait les cordons de sa bourse [3], et que ce fut à elle, non à ses fils ou à ses disciples, qu'il laissa, par son testament, la direction et gestion absolue de son œuvre : l'Opéra [4].

Et cet habile homme trouva moyen, en mourant, de faire une fin édifiante. On sait qu'à la fin de 1686, Lully, dirigeant à l'église des Feuillants, rue Saint-Honoré, un *Te Deum*, à l'occasion de la convalescence du Roi, se frappa violemment le bout du pied avec la canne dont il battait la mesure. Il lui vint un abcès au petit doigt du pied; et le mal, faute d'avoir été soigné d'une façon énergique, dégé-

1. Un des personnages de Lecerf faisant la critique d'un passage d'*Amadis*, le chevalier réplique : « Mon pauvre ami, Lully est Lully, comme a dit M. de La Bruyère; mais Lully était homme, et homme adonné à ses plaisirs. »

2. « Bon mari? » demande Lecerf. — « Pas mauvais. Il appelait toujours Lambert : Beau-père. »

A la vérité, Saint-Évremond insinue que, si Lully avait perdu sa femme, il n'eût pas fait autant de bruit qu'Orphée :

> On t'aurait vu bien plus de fermeté
> Que n'eut Orphée en son sort déplorable :
> Perdre sa femme est une adversité;
> Mais ton grand cœur aurait été capable
> De supporter cette calamité.
> En tout, Lully, je te tiens préférable.

3. « Il prenait pour ses menus plaisirs le débit de ses livres, 7 à 8 000 livres de rente, et il laissait sa femme gouverner le reste. » (Lecerf de la Viéville.)

4. « ... Veut que ladite dame son épouse conduise tout ce qui concerne ladite Académie de musique ou Opéra, sans aucune exception ni réserve... »

néra en gangrène, dont Lully mourut, le 22 mars 1687, à cinquante-quatre ans. Tant qu'il garda l'espérance de guérir, il garda aussi son esprit malicieux, comme on le voit dans des anecdotes célèbres, plus ou moins authentiques, dont l'une le représente essayant de tricher avec le ciel. Son confesseur, dit la légende [1], n'avait consenti à lui donner l'absolution qu'à condition qu'il jetât au feu tout ce qu'il avait écrit de son opéra nouveau, *Achille et Polyxène*. Lully se soumet chrétiennement; il fait remettre la partition au confesseur; le confesseur brûle le manuscrit diabolique. Lully semble aller mieux. Un des princes, qui viennent le voir, apprend ce trait édifiant :

« Eh quoi, Baptiste, lui dit-il, tu as été jeter au feu ton opéra? Morbleu, étais-tu fou d'en croire un Janséniste qui rêvait, et de brûler de belle musique?

— Paix, monseigneur, paix, lui répond Lully à l'oreille. Je savais bien ce que je faisais, j'en ai une autre copie. »

Peu après, il eut une rechute :

Cette fois-ci, la mort inévitable lui donna les plus beaux remords, lui fit dire et faire les plus belles choses du monde. Les Italiens sont féconds et savants en raffinements de pénitence, comme au reste. Lully eut les transports d'un pénitent de son pays. Il se fit mettre sur la cendre, la corde au cou, et fit amende honorable [2]...

Et sa pompeuse épitaphe, en l'église des Saints-Pères [3], proclame :

Dieu, qui l'avait doué de tous les talents de musique par-dessus tous les hommes de son siècle, lui donna, pour récompense des cantiques inimitables qu'il avait composés à sa louange, une patience vraiment chrétienne dans les douleurs aiguës de la maladie dont il est mort... après avoir reçu tous les sacrements avec une résignation et une piété édifiantes.

1. Racontée par Lecerf. — Quelle qu'en soit l'exactitude, cette légende, immédiatement formée après la mort de Lully, reflète l'opinion qu'il avait donnée de lui à ses contemporains.

2. Lecerf ajoute que, « retourné dans son lit, il fit un air burlesque : *Il faut mourir, pécheur, il faut mourir* ». Mais, comme Lecerf lui-même ne semble pas très sûr de la vérité du fait, nous partagerons son doute.

3. Notre-Dame des Victoires, sa paroisse.

II

LE MUSICIEN

Avec tous ses vices, ce rusé personnage, ce maître-fourbe, ce « ladre », ce « glouton », ce « paillard », ce « mâtin », — de quelque nom qu'il ait plu à ses contemporains de l'appeler, — fut un très grand artiste et le dictateur de la musique en France.

La « musique du Roi », dont le surintendant avait le gouvernement, se divisait en trois provinces distinctes : la Chambre, la Chapelle et la Grande Écurie. La Grande Écurie, uniquement composée d'instrumentistes, formait le corps de musique des chasses, des cortèges et des fêtes en plein air. La Chambre comprenait les divers virtuoses de la Chambre, la « bande des vingt-quatre violons », ou « Grande Bande », qui jouaient aux dîners du Roi, aux concerts, aux bals de la cour », et « les Petits violons », qui accompagnaient le Roi dans ses voyages et ses campagnes[1]. La Chapelle était, au début du règne, presque exclusivement vocale[2]. — Tels étaient les moyens musicaux,

1. Pour les grandes cérémonies, les deux bandes des violons et la Grande Écurie se réunissaient sous la direction du surintendant.

Lully était depuis 1652 « inspecteur de la musique instrumentale », et depuis 1653 « compositeur de la Chambre », — poste où il avait succédé à l'Italien Lazzarini.

2. Elle comptait quatorze chanteurs, huit enfants, et un joueur de cornet (serpent). Nulle mention d'organiste. Elle interprétait des messes et motets à 4, 5 et 6 voix, sans accompagnement instru-

dont Lully disposait. Non seulement il en doubla la puissance, en combinant les ressources, jusque-là séparées, de la Chapelle et de la Chambre, en réformant l'une et l'autre, en introduisant dans la musique religieuse de Versailles le style et les moyens instrumentaux et vocaux du théâtre [1], en donnant même aux divertissements de la Chambre le caractère fastueux et triomphal, qui s'accordait si bien avec l'esprit du Roi [2]; mais il agrandit d'une façon prodigieuse son domaine musical, en y annexant cette province nouvelle, qui allait sur-le-champ devenir plus importante, à elle seule, que toutes les autres ensemble : l'Opéra. Et cette province, il s'y constitua une sorte de fief héréditaire, — s'en assurant le privilège exclusif, « pour en jouir, sa vie durant, et après lui, celui de ses enfants qui serait pourvu et reçu en survivance de sa charge » [3], fortifiant ses pouvoirs par des

mental, sous la direction de deux sous-maîtres de la chapelle, qui servaient tour à tour par semestre. — (Voir Michel Brénet : *La musique sacrée sous Louis XIV*, dans la *Tribune de Saint-Gervais*, février-avril 1899.)

[1]. Depuis la nomination, en 1663, de Henry Dumont, comme sous-maître, il y avait eu un premier essai de renouvellement dans l'esprit de la chapelle royale. L'orgue s'y était introduit, avec une ou deux parties de violons ou de violes. Mais ce fut surtout depuis l'établissement du Roi et de la cour à Versailles que le style changea. Lully offrit sa troupe de chanteurs et d'instrumentistes, et il fournit lui-même les modèles du style nouveau ; il écrivit de grands Psaumes à 8 ou 10 voix en deux chœurs, avec un orchestre complet, — vrais opéras religieux, ou cantates dramatiques, comprenant des récits, des airs, des duos, trios, chœurs, symphonies, d'un caractère grandiose et parfois pathétique, mais assez peu religieux. — (Voir M. Brenet, *ibid.*, et H. Quittard, *Henry Dumont.*) — Tout ce côté du génie de Lully mériterait une étude spéciale, non moins que son activité singulièrement riche et brillante pour les Ballets de cour et les divertissements royaux. Il n'entrait point dans notre dessein de nous y attacher dans ces *Notes*, qui cherchent seulement à esquisser son rôle dans l'histoire de notre tragédie musicale.

[2].   Il faut vingt clavecins, cent violons pour plaire.

    Ses concerts d'instruments ont le bruit du tonnerre,
    Et ses concerts de voix ressemblent aux éclats
    Qu'en un jour de combat font les cris des soldats.
        (La Fontaine, *Épitre à M. de Niert.*)

[3]. Lettres patentes du 12 mars 1672, autorisant Lully à établir à

interdictions draconiennes et renouvelées contre toute tentative rivale [1], par le droit reconnu d'établir des Écoles de musique à Paris et partout où il le jugerait nécessaire pour le bien et l'avantage de l'Académie, par le droit même de faire imprimer à son gré sa musique et ses poèmes. Ainsi, il s'arrogea une royauté sur la musique entière. Rien ne put lui résister. Il écrasa tous les pouvoirs rivaux [2], et, par tous les moyens, rétablit l'unité : — unité de gouvernement et unité de style — dans l'art français, si brillant, mais si anarchique avant son avènement. Il fut le Lebrun de la musique, — plus absolu encore, et dont la domination lui survécut.

Par quels prodiges de volonté avait-il pu en arriver là, ce petit paysan florentin [3], dont les débuts dans l'art avaient été si humbles?

Il savait tout juste chanter et pincer de la guitare, quand il arriva en France, à l'âge de douze ou treize ans, avec le

Paris une Académie Royale de Musique « pour faire des représentations des pièces de musique, composées tant en vers français qu'autres langues étrangères ».

1. « Défenses contre toutes personnes de faire aucunes représentations accompagnées de plus de deux airs et de deux instruments, sans la permission par écrit du sieur Lulli. » (1672.) — Ordonnance du 30 avril 1673, interdisant aux comédiens de se servir de plus de deux voix et de six violons. Etc.

2. Entre autres, la vieille ennemie : la maîtrise, la Confrérie de Saint-Julien-des-Ménestriers, qui avait longtemps fait échec à la Musique du Roi, et qui même, un moment, sous le « roi des violons » Guillaume Dumanoir, avait été sur le point d'absorber sa rivale, sans que le surintendant Boesset protestât. Elle s'attaqua à Lully, et prétendit lui disputer le monopole de l'éducation de ses violons. Mal lui en prit. Lully la fit confondre par un jugement injurieux, en 1673. Le « roi des violons » renonça officiellement à sa royauté illusoire, en 1685. — (Voir J. Ecorcheville, *Vingt suites d'orchestre du XVII*e *s. français*, 1906, et Schletterer, *Geschichte der Spielmannszunft in Frankreich und der Pariser Geigerkönige*, 1884, Berlin.)

3. Il était né à Florence, le 29 novembre 1632. M. Henry Prunières vient de retrouver son acte de baptême. — Le duc de la Ferté vit à Florence, chez le grand-duc, un vieux jardinier qui était son oncle ou son cousin, et qui portait son nom.

chevalier de Guise. Un cordelier de Florence avait été son seul maître. Plus tard, devenu célèbre, il ne dédaignait pas la guitare :

Quand il en voyait une, il s'amusait à battre ce chaudron-là, duquel il faisait plus que les autres n'en font. Il faisait dessus cent menuets et cent courantes qu'il ne recueillait pas[1].

A Paris, petit domestique au service de Mademoiselle, il se découvrit un nouveau talent : il racla du violon. Le comte de Nogent le remarqua et le fit étudier. Il devint rapidement un des premiers violonistes de son temps.

Il jouait divinement. Depuis Orphée, Amphion, et ces Messieurs-là, on n'a pas tiré d'un violon les sons qu'en tirait Lully... Mais il pendit son violon au croc, plusieurs années avant d'être seigneur de l'Opéra. Du jour que le Roi le fit surintendant, il négligea si fort son violon qu'il n'en avait pas même chez lui, comme s'il voulait s'affranchir de la sujétion de l'instrument, dont il ne se serait pas plu à jouer d'une manière médiocre... Mille gens lui en demandaient par grâce quelque petit air ; il en refusait, et les grands seigneurs et ses amis de débauches, n'étant rien moins que timide ou complaisant, et s'étant mis sur le pied de ne connaître qu'un maître. M. le Maréchal de Grammont fut le seul qui trouva le moyen de l'en faire jouer, de temps en temps. Il avait un laquais, nommé La Lande, qui devint un des meilleurs violons de l'Europe. A la fin d'un repas, il priait Lully de l'entendre et de lui donner seulement quelques avis. La Lande venait, jouait, et faisait sans doute de son mieux. Cependant Lully ne manquait pas de s'apercevoir qu'il jouait mal quelque note. Il lui prenait le violon des mains ; et, quand une fois il le tenait, c'en était pour trois heures ; il s'échauffait, et ne le quittait qu'à regret[2]...

Ce talent de violoniste était universellement reconnu : il était passé en proverbe. Quand Mme de Sévigné veut faire d'un virtuose un éloge hyperbolique, elle dit « qu'il joue mieux du violon que Baptiste ». Ce fut par le violon que

1. Lecerf de la Viéville.
2. *Ibid.*

commença la fortune de Lully. Il entra d'abord dans la Grande Bande des violons du Roi, puis reçut en 1652 l'inspection générale des Violons du roi, et la direction d'une nouvelle bande formée par lui, celle des Petits Violons.

Mais il avait de plus hautes ambitions. « Ayant reconnu, dit un factum de 1695, le violon au-dessous de son génie, il y renonça pour s'adonner au clavecin et à la composition de musique sous la discipline de Métru, Roberday et Gigault, organiste de Saint-Nicolas des Champs [1]. »

Il peut sembler surprenant que le créateur de l'Opéra français ait eu pour maîtres trois organistes. Mais, comme le dit M. Pirro, l'école de l'orgue en France était alors une école d'éloquence musicale. « Le langage de l'orgue » était considéré « comme une harangue » [2]. Lully apprit là les rudiments de cette rhétorique, où il passa maître. — D'ailleurs, ces organistes écrivaient pour tous les instrumens [3]; et ils étaient de bons maîtres de musique symphonique. Gigault et Roberday avaient le goût large et beaucoup de curiosité d'esprit. Roberday était un italia-

1. *Raisons qui prouvent manifestement que les compositeurs de musique où les musiciens qui se servent des clavessins, luths et autres instrumens d'harmonie pour l'exprimer, n'ont jamais été et ne peuvent être de la communauté des anciens jongleurs et ménestriers de Paris*, 1695. (Bibl. Nat.) Nicolas Métru, de Bar-sur-Aube, était maître de chapelle des Jésuites à Paris. François Roberday, de Paris, fut valet de chambre de la reine Anne d'Autriche, puis de la reine Marie-Thérèse, organiste des Petits-Pères, et mourut avant 1682. Nicolas Gigault, de Paris, né vers 1625, mort vers 1707, fut organiste de Saint-Nicolas-des-Champs, de Saint-Martin-des-Champs et de l'hôpital du Saint-Esprit. Il eut l'honneur d'être non seulement le maître de Lully, mais, peu avant sa mort, le juge de Rameau, dans un concours d'orgue, en 1706. M. A. Guilmant a publié, dans les *Archives des Maîtres de l'orgue des XVIe, XVIIe et XVIIIe siècles*, deux recueils de musique d'orgue de Gigault et Roberday, avec d'excellentes notices de M. A. Pirro.

2. *Cérémonial* de Paris, rédigé par Martin Sonnet, en 1682.

3. Le *livre des Noëls* de Gigault, comme le *livre d'orgue* de Roberday, publiés par M. Guilmant, sont écrits aussi bien pour orgue que pour clavecin, luth, violes, violons et flûtes, ainsi qu'ils s'en expliquent dans leurs préfaces. Gigault était inscrit sur le rôle des « compagnons qui montrent à danser et à jouer des instruments ». Il donnait pro-

nisant, enthousiaste de Frescobaldi, en relations avec
Cambert, avec Bertalli, maître de musique de l'Empereur,
avec Cavalli, organiste comme lui [1]. Il était certainement au
courant des premières tentatives d'opéra italien en France.
Gigault, dont l'éclectisme s'appuyait aussi bien sur l'exemple
du vieil organiste de Rouen, Titelouze, que de Frescobaldi,
prenait surtout modèle sur le chant. C'était le temps où
Nivers engageait les organistes « à consulter la méthode
de chanter ». Car, disait-il, l'orgue « doit imiter la voix [2] ».
— Tous deux enfin, Gigault et Roberday, avaient une certaine « hardiesse à pratiquer les dissonances [3] »; et M. Pirro
rappelle qu'un des traits de Lully les plus admirés des
Français de son temps, était son habileté à employer « des
faux accords [4] ».

bablement des concerts chez lui. Roberday prit part, en 1671, dans
l'église des Petits Pères, à un concert de 130 musiciens : violons,
hautbois, trompettes, timbales et orgue.

1. Pendant le séjour de Cavalli à Paris, Roberday, qui imprimait
alors son *Livre d'orgue* (1660), lui demanda un sujet de fugue, « afin
que son livre fût honoré du nom de ce maître ».

2. Écrit en 1665.

3. Voir un curieux exemple de Gigault, publié par M. Pirro, dans
la *Revue musicale* du 1er octobre 1903, — une marche de septièmes avec
altération ou broderie de la quinte.

Roberday fait même, dans la préface de son *Livre d'orgue*, une auda-
cieuse revendication de la liberté de l'art à l'égard des règles d'école :
« Il se trouvera dans cet ouvrage, dit-il, quelques endroits peut-
être un peu trop hardis aux sentiments de ceux qui s'attachent si
fort aux anciennes règles qu'ils ne croient pas qu'il soit jamais permis de s'en départir. Mais il faut considérer que la musique est
inventée pour plaire à l'oreille; et, par conséquent, si je leur accorde
qu'un ouvrier ne doit jamais sortir des règles de son art, ils doivent
aussi demeurer d'accord que tout ce qui se trouvera être agréable à
l'oreille doit toujours être censé dans les règles de la musique. C'est
donc l'oreille qu'il faut consulter sur ce point. »

Cette déclaration, pleine de bon sens et de sain réalisme, n'a pas
été perdue pour Lully.

4. De ces dissonances, disent Perrault et Titon du Tillet, il a fait
« les plus beaux endroits de ses compositions par l'art qu'il a eu de
les préparer, de les placer et de les sauver ».

Hardiesse toute relative! Quand, à la fin du siècle, la musique de
Bononcini commença à se répandre en France, les Lullystes poussèrent les hauts cris : « ... Des dissonances à faire frayeur!... Des

Nul doute que Lully n'ait surtout profité de l'exemple de ses illustres prédécesseurs à la cour, des compositeurs pour les Ballets royaux, des maîtres qui, depuis vingt ans, cherchaient à faire de l'*Air de cour* une poésie musicale, d'un caractère expressif, en même temps qu'ils donnaient, comme son beau-père Lambert, des modèles accomplis du beau chant français. Il suffit d'ouvrir un livre d'airs de Lambert pour être frappé des analogies de son style avec celui de Lully : ce sont les mêmes types mélodiques, les mêmes formules de déclamation chantée, qui ne reposent pas tant sur l'observation de la nature — car elles sont souvent factices et maniérées — que sur la mode française du jour; c'est la même alternance des rythmes à trois et à quatre temps dans une même période; la même aisance élégante et conventionnelle, la même vérité mondaine, pourrait-on dire. Qui ne serait tenté d'attribuer à Lully des airs du type de celui-ci de Lambert [1] :

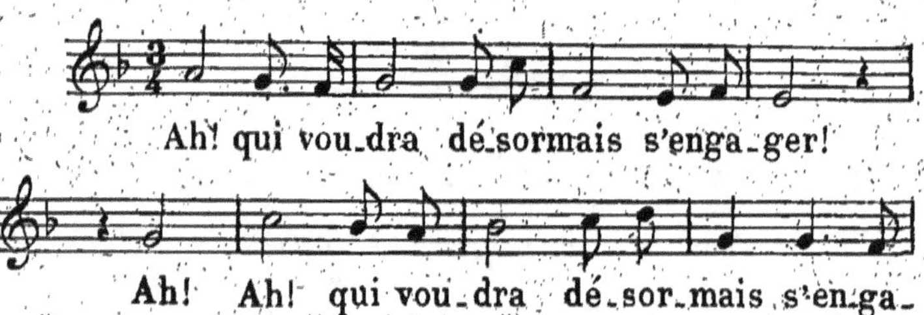

duretés continuées jusqu'où on peut aller... Ce n'est pas supportable. Heureuses, les oreilles de plomb! » (Lecerf de la Viéville : *Éclaircissement sur Bononcini*, 1706.)

1. *Airs* (manuscrits) *de Boesset, Lambert, Lully, Le Camus*, etc. (Bibl. Nat. Rés. — V^{m}⁷, 501.)

Les *Airs* (imprimés) *à 1, 2, 3 et 4 parties avec la basse continue, composés par MM. Boesset, Lambert, Lulli*, 1689, Ballard, — contiennent le même air, mais avec des variantes appréciables.

Voir encore, de Lambert, l'air : *Pour bien chanter d'amour*, — ou : *Je goûtais cent mille douceurs*; — ou ses chansons d'inspiration populaire, bâties sur des mélodies de vaudevilles, aux rythmes dansants, comme : *Hélas, que n'es-tu seulette.*

M. H. Quittard vient de publier une intéressante étude sur le style des *Dialogues* de Lambert, dans le *Bulletin français de la S. I. M.* (15 mai 1908).

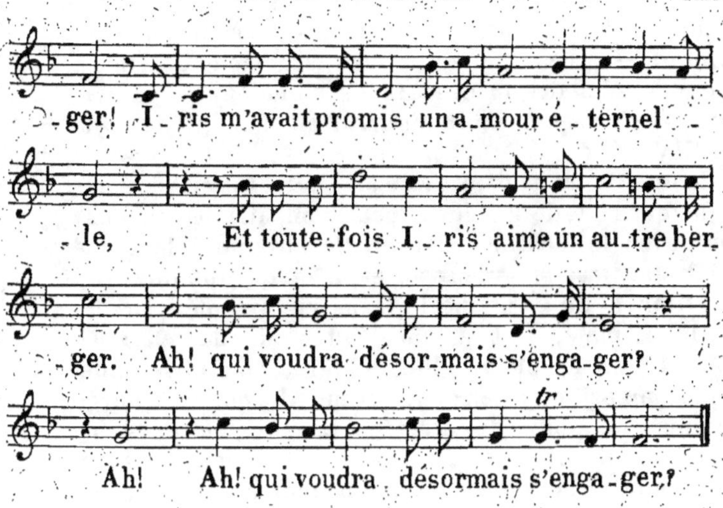

ou de cet autre, de Boësset [1] :

Boësset, qui fut le plus grand de ces précurseurs français, offrait de plus à Lully d'admirables exemples d'un

1. *Airs* (manuscrits) *de Boësset*, etc.

pathétique noble et tendre, d'une majestueuse mélancolie. Certains de ses beaux airs, amples, largement déclamés, sont un premier dessin des grands monologues lyriques d'*Amadis* et d'*Armide* : ils inaugurent en musique le style Louis XIV.

En dehors de ces maîtres français, Lully fut en rapports avec quelques uns de ses plus fameux compatriotes italiens : surtout avec le Vénitien Cavalli. Cavalli, dont le génie musical était très supérieur au sien, et qui domine tout l'opéra italien du xviie siècle (sans en excepter Monteverde lui-même)[1], vint à Paris, et y donna, en 1662, l'*Ercole*. Il était en pleine gloire; Lully débutait à peine, comme compositeur; deux ans avant, il avait été chargé de la mise au point du *Serse* de Cavalli pour la scène française, et il en avait écrit les airs de ballet. Comment eût-il échappé à l'influence, au moins momentanée, de son puissant collaborateur? Certes, il ne devait jamais atteindre à son abondance de musique, ni à sa vigueur de passions, à cette force démoniaque, qui annonce Hændel et Gluck[2]. Mais la *vis comica*[3], le don d'évocation pittoresque, l'intensité psychologique de Cavalli[4], devaient frapper Lully, non moins que la fraîche poésie de ses visions pastorales[5]. — Peut-être connaissait-il aussi quel-

1. Voir Hermann Kretzschmar, *Die Venetianische Oper* (*Vierteljahrschrift für Musikwissenschaft*, 1892); — et Romain Rolland, *L'Opéra populaire à Venise* (*Mercure musical*, 15 janvier et 15 février 1906).

2. Incantation de Médée, dans le *Giasone* de 1649.

3. *Ibid.* Rôle de Demo.

4. Surtout dans la *Didone* de 1641.

5. Il y a dans Cavalli toute une série de scènes du Sommeil, dont Lully a pu s'inspirer. J'ai peine à croire qu'il n'ait pas connu, entre autres, celle de l'*Eritrea* de 1652, l'air délicieux de Celinda : *Dolce sonno, amico nume* (acte I, sc. XIX), avec son accompagnement berceur de trois violes. — Voir aussi la scène pastorale de Prasitea dans l'*Ercole*, et les chœurs qui suivent : *Dormi, dormi, o sonno.*

L'architecture musicale de l'*Ercole* de Cavalli offre d'ailleurs bien des ressemblances avec celle des futurs opéras de Lully : l'importance des *Sinfonie*, le style fugué de l'ouverture, aux rythmes fiers et saccadés, la structure du Prologue, les chœurs et les danses à la

ques œuvres du Florentin Cesti, maître de chapelle de
l'Empereur. Il y avait, aux premiers temps du règne de
Louis XIV, une émulation constante entre les deux cours
de Paris et de Vienne; chacune cherchait à surpasser
l'autre en magnificence, et leurs artistes étaient rivaux.
Cesti était certainement très informé du goût français[1].
Paresseux, très bien doué, harmoniste beaucoup plus
raffiné que Lully, poète-musicien d'un sentiment élé-
giaque, et en même temps un des créateurs de la comédie
musicale, il a certains types d'ouvertures, de *Sinfonie* ou
de *Sonatines* instrumentales, de prologues d'opéras[2], qui
sont tout Lullystes. Même parmi ses airs, qui sont en
général d'un style différent, on trouve parfois de ces
mélodies récitatives, dont le dessin se répète, se reproduit
identique avec les mêmes paroles, au cours d'une même
scène, encadrant le récit, à la façon de Lully. Ainsi, dans
Pomo d'oro de 1667, la belle plainte d'Ennone, qui fait
songer au reproche langoureux de Renaud, dans l'*Armide*
de Gluck : *Armide, vous m'allez quitter?*

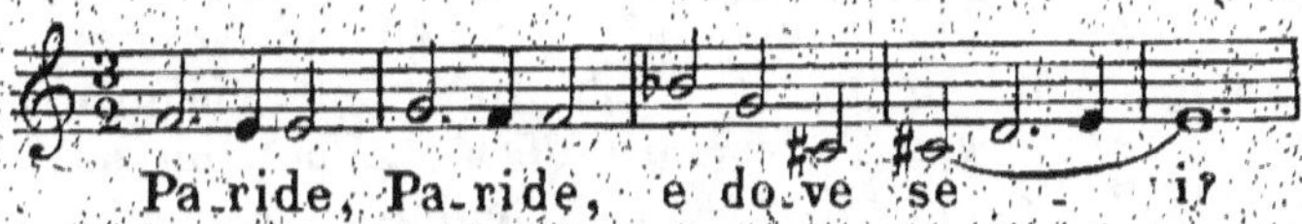

fin des actes, les mélodies chantées aux rythmes de danse, et le
mélange dans un même chant des mesures à trois et à quatre temps.
— Toutefois, il faut reconnaître que Cavalli lui-même s'était un peu
adapté, dans cette œuvre, au goût régnant alors en France.

1. Il use, en le reconnaissant, de certains procédés de style instrumental français (*Serenata* de 1662). — On a pu supposer qu'il avait
voyagé en France vers 1660.

2. En particulier, dans la *Dori* de 1661 et *Pomo d'Oro* de 1666-7. —
Mais on ne doit pas oublier que si Cesti était arrivé au faîte de sa
réputation quand Lully était encore au début de sa carrière, les
divertissements de Lully se répandaient déjà en Europe et étaient
copiés dans les autres cours, comme les modes françaises. Il s'était
formé un style international, dont Paris, Vienne, et les villes italiennes étaient les principaux ouvriers. J'inclinerais toutefois à
croire que Lully, plus intelligent qu'inventif, et plus organisateur
que créateur, a dû probablement emprunter encore plus que fournir
aux autres.

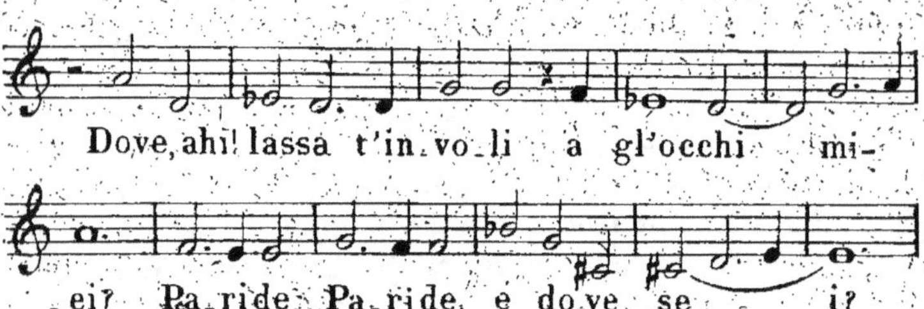

Enfin Lully pouvait-il ignorer Luigi Rossi, qui, vingt-cinq ans avant lui, avait importé l'opéra italien à Paris, et qui en avait donné un des exemplaires les plus parfaits [1]?

Mais quoi qu'il ait pu emprunter aux maîtres italiens, ses emprunts semblent toujours ceux, non pas d'un Italien qui cherche à italianiser son pays d'adoption, mais d'un Français qui ne prend dans l'art des autres pays que ce qui peut s'accorder avec l'esprit de son peuple et servir exactement son génie. La pensée et le style de Lully sont foncièrement français. Français, et d'esprit conservateur, il l'était à tel point que, tandis que les Italiens, inventeurs de l'opéra, le propageaient à travers l'Europe, Lully, jusqu'à la quarantaine, en resta l'adversaire déclaré. Personne ne dénigra plus obstinément les premières tentatives de Perrin et Cambert. Jusqu'en 1672, — l'année même où il donna son premier opéra, — il soutint, au dire de Guichard et de Sablières [2], « que l'opéra était une chose impossible à exécuter en la langue française ». Toute son ambition se bornait à la comédie-ballet, le vieux genre français; et ce ne fut que peu à peu, éclairé par le succès de Perrin, non moins que par l'opinion de Molière, qui se disposait

---

1. Voir l'article précédent. — Je ne fais qu'indiquer en passant cette question, encore assez obscure, des rapports de Lully avec ses précurseurs italiens et français. Les travaux incessants de M. H. Quittard contribuent à l'éclaircir, chaque jour; et M. Henri Prunières doit lui consacrer un des chapitres de l'ouvrage qu'il prépare, en ce moment, sur l'*Esthétique de Lully*.

2. Auteurs de l'opéra : *le Triomphe de l'Amour*, donné à Saint-Germain-en-Laye en 1672.

à fonder en France un théâtre lyrique [1]; qu'il se décida à le fonder lui-même et à s'en réserver la gloire.

Mais, du jour qu'il fut décidé, nul n'entra avec plus d'intelligence dans l'esprit de l'art nouveau, nul ne s'y consacra avec plus d'énergie et de persévérance. De 1672, date de l'inauguration de son théâtre d'opéra, à 1687, date de sa mort, il écrivit et fit jouer, chaque année, un opéra nouveau.

**

Il faisait un opéra par an, trois mois durant. Il s'y appliquait tout entier, et avec une attache, une assiduité extrêmes. Le reste de l'année, peu. Une heure ou deux, de fois à autre, des nuits qu'il ne pouvait dormir, des matinées inutiles à ses plaisirs. Il avait pourtant-toute l'année l'imagination fixée sur l'opéra qui était sur le métier, ou qui venait d'en sortir : pour preuve de quoi, si l'on obtenait de lui qu'il chantât, il ne chantait d'ordinaire que quelque chose de celui-là [2].

Ne nous étonnons pas qu'il ne consacrât que trois mois sur douze à composer : la composition n'était qu'une des parties de sa tâche; il avait à créer, non seulement les œuvres, mais les interprètes.

La première chose pour lui était d'avoir un poète : car, en ce temps-là, les musiciens n'avaient pas encore l'ambition d'être leurs propres poètes. Ce n'était pas que Lully n'en eût été capable aussi bien qu'un autre. Il était homme d'esprit et d'invention.

Il avait une vivacité fertile en saillies et en traits originaux, et il faisait un conte en perfection, quoique avec un bruit

1. Il semble que ce fût Molière, — plus préoccupé des rapports de la musique avec la comédie qu'aucun des grands auteurs dramatiques de son temps, — qui eût le premier l'idée de racheter à Perrin son privilège de l'Opéra. Il s'en confia à Lully, qui se hâta d'exécuter le projet pour lui seul, en évinçant Molière. — Voir Sénecé, *Lettre de Clément Marot* (1688), et Nuitter et Thoinan, *les Origines de l'Opéra français* (1886).

2. Lecerf de la Viéville.

moins français qu'italien... On connaissait de lui de jolis vers italiens et français. Toutes les paroles italiennes de *Pourceaugnac* étaient de sa façon.

Il n'est pas douteux qu'il n'ait retouché certains passages de ses poèmes d'opéra. Mais il ne se fiait pas à sa facilité; et, trop paresseux pour se charger du gros du travail, il chercha — il trouva un auteur : Quinault.

Nous ne dirons pas qu'il eut la main heureuse. Il n'y a ici aucune place pour le hasard : c'est l'intelligence et la volonté de Lully qui jouent le principal rôle. Non seulement il sut faire choix, entre d'autres plus grands, du poète dont l'art pouvait le mieux s'unir à sa musique, et il lui maintint sa faveur exclusive, en dépit de l'opinion de presque tous les beaux-esprits; mais, en réalité, il forma son poète, il fit de lui ce que Quinault est resté pour l'avenir, le poète touchant et passionné d'*Armide*.

Il n'entre pas dans notre intention d'étudier ici Quinault et son œuvre poétique. C'était, comme dit Perrault, « un de ces génies heureux qui réussissent dans tout ce qu'ils entreprennent [1] ».

Grand et bien fait, les yeux bleus, languissants et à fleur de tête, les sourcils clairs, le front élevé, large et uni, le visage long, l'air mâle, le nez bien et la bouche agréable, il avait plus d'esprit qu'on ne pouvait dire, adroit et insinuant, tendre et passionné. Il parlait et écrivait fort juste; et fort peu de gens pouvaient atteindre la délicatesse de ses expressions dans les conversations familières [2].

Habile avocat, orateur distingué, auditeur à la Chambre des Comptes, auteur fécond, capable d'écrire jusqu'à trois comédies et deux tragédies en un an, parfait homme du monde,

il était complaisant sans bassesse, disait du bien de tous, jamais ne parlait mal de personne, surtout des absents, ou

1. *Les Hommes Illustres* (1696).
2. Boscheron, *Vie de Quinault* (1715).

palliait leurs défauts ou les excusait : ce qui lui avait fait
beaucoup d'amis et jamais d'ennemis ; il avait le secret de se
faire aimer de tout le monde [1].

On peut juger de la douceur de son caractère par ce fait
que, malgré l'acrimonie de Boileau contre lui, jamais il ne
lui en voulut ; bien plus : il chercha et réussit à devenir son
ami [2]. Boileau vante lui-même la parfaite honnêteté et l'excessive modestie de celui qui fut si longtemps sa victime.

Tous ces traits de caractère, — cette étonnante facilité,
cette souplesse au travail, qui lui permettait de mener de
front, comme Lully, les affaires et l'art ; cette douceur,
cette complaisance, qui devait faire de lui l'instrument
docile d'une volonté forte, — autant de qualités qui le
destinaient au choix de Lully, cherchant non pas un
associé, mais un manœuvre à la tâche [3].

On peut bien prononcer ce mot de « tâche » : car ce
n'était pas une petite affaire de travailler pour Lully. « Il
s'était attaché Quinault, dit Lecerf, c'était son poète. » Il
lui assurait 4 000 livres par opéra [4] : moyennant quoi,
Quinault était son employé [5].

---

1. « La passion qui le dominait le plus », continue Boscheron,
« était l'amour ; mais il la conduisait toujours avec tant d'adresse
qu'il se pouvait vanter avec justice qu'elle ne lui avait jamais fait
faire un faux pas, malgré les emportements qu'elle inspire d'ordinaire aux autres. Nul n'avait plus d'esprit dans le tête-à-tête... »
Ne pourrait-on adresser la même critique aimable aux opéras de
Lully ?

2. Boileau écrit : « Monsieur Quinault, malgré tous nos démêlés
poétiques, est mort mon ami ». (*Réflexions critiques sur quelques passages de Longin*.)

3. Il y a lieu de croire d'ailleurs que Quinault ne dut pas moins ce
choix aux préférences du Roi qu'à celles de Lully. Il était, avant
Racine, le plus parfait représentant de la tragédie amoureuse, qui
faisait les délices de la jeune cour et le chagrin de Corneille (voir la
préface de *Sophonisbe*). Son premier essai de collaboration avec Lully
fut dans *Psyché* (1670). — A partir de *Cadmus et Hermione* (1673), il
fut seul poète en titre de l'Opéra, jusqu'en 1686, — à la réserve des
années 1678 et 1679, où Lully mit en musique la *Psyché* de Thomas
Corneille et *Bellérophon* de Thomas Corneille et Fontenelle.

4. Plus 2 000 livres de pension, assurées par le Roi.

5. « Ce grand homme qu'il avait à ses gages... », dit J.-J. Rouseau.

Quinault cherchait et dressait plusieurs sujets d'opéra. Il les portait au Roi qui en choisissait un. Alors il écrivait un plan du dessein et de la suite de la pièce. Il donnait une copie de ce plan à Lully, qui, d'après cela, préparait, à sa fantaisie, des divertissements, danses, chansonnettes de bergers, nautonniers, etc. Quinault composait les scènes et les montrait à mesure à l'Académie française [1].

Il les montrait, en particulier, à son ami Perrault. — Les gens bien informés prétendaient qu'il prenait aussi conseil de Mlle Serment, — une fille qu'il aimait et qui avait beaucoup d'esprit [2].

Quand Quinault revenait ensuite, Lully ne s'en reposait nullement sur l'autorité de l'Académie française, — ni de Mlle Serment. — Il examinait mot à mot cette poésie déjà revue et corrigée, dont il corrigeait encore ou retranchait la moitié lorsqu'il le jugeait à propos; et point d'appel de sa critique! Dans *Phaéton*, il renvoya vingt fois Quinault changer des scènes entières, approuvées par l'Académie. Quinault faisait Phaéton dur à l'excès, et qui disait de vraies injures à Théone. Autant de rayé par Lully. Il voulait que Quinault fît Phaéton ambitieux et non brutal... M. de Lisle (Thomas Corneille), quand il fit les paroles de *Bellérophon*, était mis à tout moment au désespoir par Lully. Pour cinq ou six cents vers que contient cette pièce, M. de Lisle fut contraint d'en faire plus de deux mille.

On voit quelle était la primauté du musicien sur le poète. Ce n'étaient pas seulement des expressions, ni même des situations, qu'il faisait changer, c'étaient les caractères mêmes. En réalité, le poète, sous ses ordres, était un peu comme l'aide d'un de ces grands peintres d'alors, qui n'exécutaient pas eux-mêmes toutes leurs œuvres, mais qui les faisaient peindre, sous leur direction, par d'autres. S'il donnait beaucoup de mal à son poète, du moins savait-il le prix d'un tel collaborateur et lui resta-t-il obstinément fidèle, malgré les efforts qu'on fit pour l'en séparer.

1. Lecerf de la Viéville.
2. Voir Lecerf et *Menagiana*. — Mais Boscheron assure qu'il ne la connut que lorsqu'il travaillait à *Armide*.

Un certain nombre de personnes d'esprit et d'un mérite distingué, ne pouvant souffrir le succès des opéras de Quinault, se mirent en fantaisie de les trouver mauvais et de les faire passer pour tels dans le monde. Un jour qu'ils soupaient ensemble, ils s'en vinrent, sur la fin du repas, vers Lully, qui était du souper, chacun le verre à la main; et, lui appuyant le verre sur la gorge, ils se mirent à crier : « Renonce à Quinault, ou tu es mort! » Cette plaisanterie ayant beaucoup fait rire, on vint à parler sérieusement et l'on n'omit rien pour dégoûter Lully de la poésie de Quinault. Mais on ne réussit pas [1].

S'il préféra cette collaboration, même à celle de Racine, ce n'était pas que Racine n'y eût point consenti [2], c'était que Quinault était le plus capable de traduire en vers ses intentions musicales. Il était si sûr de l'aptitude de son librettiste à le comprendre et de sa docilité à le suivre, que, dans certains cas, il écrivait sa musique avant d'avoir le poème :

Pour les divertissements, il faisait la musique des airs d'abord. Ensuite, il faisait un canevas des vers; et il en faisait

1. Boscheron. — Ce fut Quinault qui cessa, par scrupules religieux, d'écrire pour l'Opéra. Il commença un poème sur l'*Extinction de l'Hérésie*. Lully chercha, par tous les moyens, à le ramener à lui. Puis il s'adressa à Campistron, qui lui écrivit *Acis et Galatée* et *Achille et Polyxène*, dont il n'eut le temps d'achever que le premier acte. — Les deux fidèles collaborateurs se suivirent de près dans la tombe. Lully mourut le 22 mars 1687, et Quinault, le 29 novembre 1688.

2. Racine y consentait fort bien. Qu'on se reporte au récit de Boileau, dans son Avertissement d'un *Prologue d'Opéra*. On verra que Racine avait accepté d'écrire pour Lully un opéra intitulé *la Chute de Phaéton*, qu'il en avait même écrit et récité au Roi quelques fragments; que Boileau n'avait pas fait plus de difficultés à accepter d'en écrire le prologue, et qu'en effet il l'écrivit partiellement. Si le projet ne se réalisa point, ce ne fut pas que Boileau et Racine, d'eux-mêmes, y renoncèrent. Ce fut, raconté Boileau, que, « M. Quinault s'étant présenté au Roi, les larmes aux yeux, et lui ayant remontré l'affront qu'il allait recevoir, le Roi, touché de compassion », reprit leur sujet à Racine et à Boileau, et le rendit à Quinault. — On voit qu'il n'eût tenu qu'à Lully d'avoir Racine comme librettiste. Et, en réalité, il l'eut. Racine écrivit pour lui l'*Idylle sur la Paix*, que Lully mit en musique (1685).

aussi pour quelques airs *de mouvement*. Il envoyait la brochure à Quinault, qui ajustait ses vers dessus [1].

***

Il a enfin agréé une scène. Voyons-le au travail :

Il la lisait jusqu'à la savoir presque par cœur ; il s'établissait à son clavecin ; il chantait [2] et rechantait les paroles, battant son clavecin, sa tabatière sur un bout, et toutes les touches pleines et sales de tabac : car il était fort malpropre... Quand il avait achevé son chant, il se l'imprimait tellement dans la tête qu'il ne s'y serait pas mépris d'une note. Lalouette ou Colasse (ses secrétaires) venaient, auxquels il le dictait. Le lendemain, il ne s'en souvenait plus guère. Il faisait de même les symphonies liées aux paroles ; et, dans les jours où Quinault ne lui avait rien donné, c'était aux airs de violon qu'il travaillait. Lorsqu'il se mettait au travail et qu'il ne se sentait pas en humeur, il quittait très souvent ; il se relevait la nuit pour aller à son clavecin ; et, en quelque lieu qu'il fût, dès qu'il était pris de quelque saillie, il s'y abandonnait. Il ne perdait jamais un bon moment [3].

Une autre anecdote nous le montre, en vrai musicien, sachant tirer parti des bruits qui l'entourent et découvrir sous les rythmes de la nature la mélodie dont ils sont l'ossature :

On sait qu'un jour il alla à cheval ; le pas de son cheval lui donna l'idée d'un air de violon [4].

Jamais il ne cessait d'épier la nature :

Lully a une chose naturelle à copier, il la copie d'après nature ; il fait de la nature même le fond de sa symphonie, il se contente d'approprier la nature à la musique.

1. Lecerf de la Viéville.
2. Il avait une voix de basse, — mais « un filet de voix », dit Lecerf. — « Même âgé, il chantait encore volontiers ses airs. »
3. Lecerf de la Viéville.
4. *Ibid.* — On conte la même chose de Beethoven. Un jour, ayant vu galoper un cavalier sous sa fenêtre, il improvisa, dit-on, le motif de l'*allegretto* de la Sonate pour piano op. 31, n° 2, en *ré mineur*. « Beau-

Et, faisant allusion à une scène célèbre d'*Isis*, Lecerf assure qu'il lui est arrivé à lui-même, l'hiver, à la campagne, de remarquer l'exactitude de la description musicale :

Quand le vent siffle et s'entonne dans les portes d'une grande maison, il fait un bruit qui approche de la symphonie de la plainte de Pan.

Imitation de la parole déclamée, imitation des rythmes de la voix et des choses, imitation de la nature, — tel était le principe tout réaliste de composition, et l'instrument de travail de Lully. Nous en verrons tout à l'heure l'emploi.

Si Quinault n'écrivait pas une œuvre sans s'entourer de tous les conseils possibles, il n'en était pas de même de Lully. Il n'allait pas consulter l'Académie; il n'allait pas consulter sa maîtresse [1] :

Il ne tirait nul secours des lumières ou des conseils de personne. Il avait même une brusquerie dangereuse, qui ne lui

coup de ses plus belles pensées », ajoute Czerny, « sont nées de semblables hasards. Chez lui, tout bruit, tout mouvement, devenait musique et rythme. »

1. Si Quinault avait Mlle Serment, Lully avait Mlle Certain, la jolie claveciniste. Mais il ne lui permettait pas de se mêler de son travail.

> « ...Certain, par mille endroits également charmante,
> Et dans mille beaux arts également savante,
> Dont le rare génie et les brillantes mains
> Surpassent Chambonnière, Hardel, les Couperains.
> De cette aimable enfant le clavecin unique
> Me touche plus qu'*Isis* et toute sa musique.
> Je ne veux rien de plus, je ne veux rien de mieux
> Pour contenter l'esprit, et l'oreille, et les yeux.... »
>
> (La Fontaine, *Epître à De Niert*.)

On voit que, sur ce point, Lully était d'accord avec La Fontaine. Mais il est assez plaisant que le malin Florentin ait conquis la rivale, qu'on se plaisait à lui opposer. Mlle Certain (ou Certin) était toute jeunette, au temps où La Fontaine écrivait son *Epître* : elle était alors élève de De Niert, et elle n'avait pas plus de quinze ans. Plus tard, dit Walckenäer, « après que ses talents furent développés par Lully, elle devint célèbre par les beaux concerts qu'elle donnait chez elle, et où les plus habiles compositeurs faisaient porter leur musique. »

laissait pas la patience d'écouter ce qu'on aurait eu à lui remontrer. Il avouait que si on lui avait dit que sa musique ne valait rien, il aurait tué celui qui lui aurait fait un pareil compliment [1]. — Défaut qui aurait pu le faire soupçonner de vaine gloire et de présomption, si l'on n'avait su d'ailleurs qu'il n'en avait aucune. Il y dut de s'égarer en plusieurs endroits de ses œuvres.

Mais, s'il n'admettait pas qu'on le conseillât, il admettait fort bien qu'on l'aidât. En artiste paresseux et orgueilleux, qui méprise le travail appliqué, Lully s'en remettait à des aides du soin d'achever ses harmonies [2] :

Il faisait lui-même toutes les parties de ses principaux chœurs, et de ses duos, trios, quatuors importants. En dehors de ces grands morceaux, il ne faisait que le dessus et la basse, et laissait faire par ses secrétaires, Lalouette et Colasse, la haute-contre, la taille et la quinte [3].

Quoi qu'on puisse penser aujourd'hui de ces procédés, ils étaient dans l'esprit du temps ; les autres arts ne s'en faisaient point faute, et Lully ne fit que transporter à la musique les façons de ces grands peintres du XVIe et du XVIIe siècles, qui négligeaient d'achever ce qu'ils avaient ébauché et qui installaient chez eux de vraies fabriques de tableaux. Il ne s'en regardait pas moins comme l'auteur unique de l'œuvre. Malheur à l'aide qui aurait eu la prétention de passer pour son collaborateur! Comme Michel-Ange, chassant les compagnons qui l'aidaient à fondre la statue de bronze de Jules II, parce qu'ils s'étaient vantés que la statue était de Michel-Ange et

1. Furetière, cité par Lecerf.
2. Voir, dans le *Bourgeois Gentilhomme*, comment le maître de musique s'y prend pour composer une sérénade :
LE MAITRE DE MUSIQUE (*à son Élève*). — Est-ce fait?
L'ÉLÈVE. — Oui.
LE MAITRE DE MUSIQUE. — Voyons... Voilà qui est bien.
LE MAITRE A DANSER. — Est-ce quelque chose de nouveau?
LE MAITRE DE MUSIQUE. — Oui, c'est un air pour une sérénade, que je lui ai fait composer, en attendant que notre homme fût éveillé...
Du moins, ici, le maître rend justice à son « écolier ».
3. Lecerf de la Viéville.

d'eux, Lully congédia Lalouette, parce qu' « il faisait un
peu trop du maître, et se vantait d'avoir composé les meilleurs morceaux d'*Isis* ».

Une fois son opéra écrit, Lully allait le jouer et le chanter
au Roi. « Le Roi voulait avoir l'étrenne de ses œuvres. »
Personne n'en pouvait avoir connaissance avant [1].

.

Ce n'était pas tout d'avoir écrit l'œuvre. Il fallait la faire
jouer. Alors commençait la seconde partie, non la moins
fatigante, de la tâche. Lully n'était pas seulement compositeur; il était directeur de l'Opéra, chef d'orchestre,
directeur de la scène, directeur des écoles de musique, où
pouvait se recruter le personnel de l'Opéra. Il avait tout à
former : orchestre, chœurs, chanteurs. Il formait tout lui-
même.

Pour l'orchestre, il fut aidé par trois bons musiciens,
qui dirigeaient, sous sa direction : Lalouette, Collasse et
Marais [2]. Il présidait au choix des exécutants, ou, plutôt, il
en était seul juge.

Il ne recevait que de bons instruments. Il les éprouvait
d'abord, en leur faisant jouer *les Songes funestes d'Atys* [3]. Il

1. « Il n'y avait d'exception que pour le comte de Fiesque, qui en
pouvait lire et chanter quelques morceaux; et il en était extrêmement discret. »

2. Jean-François Lalouette (1651-1728), bon violoniste, fut maître
de chapelle à Saint-Germain-l'Auxerrois et à Notre-Dame; il écrivit
des cantates et des motets. Pascal Collasse, de Reims (1649-1709), fut
maître de la musique de la chambre, et composa de nombreux opéras. Marin Marais (1656-1728), virtuose renommé sur la basse de
viole, écrivit aussi des opéras, dont un, l'*Alcyone* de 1706, fut célèbre.

M. Pougin suppose que Lully avait, au moins dans les premiers
temps, son clavecin à l'orchestre de l'Opéra, comme il l'avait dans
le théâtre de Molière.

3. Lecerf ajoute : « C'était la mesure de la légèreté de main qu'il
leur demandait. Vous voyez que ce terme de vitesse est raisonnable
et borné ».

Cette observation donnerait à penser que, déjà, du temps de Lecerf,

surveillait les répétitions ; et il avait l'oreille si fine que, du
fond du théâtre, il démêlait un violon qui jouait faux ; il
accourait, et lui disait : « C'est toi, il n'y a pas cela dans ta
partie ». On le connaissait : aussi on ne se négligeait pas, on
tâchait d'aller droit en besogne, et surtout les instruments ne
s'avisaient guère de rien broder. Il ne le leur aurait pas plus
souffert, qu'il ne le souffrait aux chanteuses. Il ne trouvait
point bon qu'ils prétendissent en savoir plus que lui, et
ajouter des notes d'agrément à leur tablature. C'était alors
qu'il s'échauffait, faisant des corrections brusques et vives.
Plus d'une fois, il a rompu un violon sur le dos de celui qui
ne le conduisait pas à son gré. La répétition finie, Lully l'appelait, lui payait son violon au triple, et le menait dîner avec
lui. Le vin chassait la rancune ; et si l'un avait fait un exemple,
l'autre y gagnait quelques pistoles, un repas, et un bon avertissement [1].

Avec cette sévérité de discipline, il arriva à former un
orchestre unique, de son temps, en Europe. Sans doute, il
est exagéré de dire que Lully a été le premier éducateur de
l'orchestre en France, et qu'avant lui, comme le prétend
Perrault, » on ne savait ce que c'était d'exécuter à livre

les mouvements de Lully étaient joués plus lentement. — Le choix de
cette page d'*Atys* n'était pas si mauvais. Il y faut beaucoup de précision nerveuse dans l'attaque : qualité à laquelle Lully tenait par
dessus tout.

1. Lecerf de la Viéville. —

Ces musiciens de l'orchestre, sur qui Lully déchargeait sa colère,
n'étaient pas cependant de pauvres hères. Certains d'entre eux furent
des virtuoses et même des compositeurs distingués. Le violoniste
Marchand écrivit une messe, jouée à Notre-Dame. Le basse de viole
Théobalde composa un opéra, *Scylla*, donné en 1701. Le flûtiste
Descoteaux était ami de Boileau, de Molière et de La Fontaine ; il se
disait philosophe, et La Bruyère, dit-on, fit son portrait, dans le chapitre *de la Mode*, sous le nom du « Fleuriste ». On a voulu reconnaître
l'autre flûtiste, Philbert, dans la galerie des portraits de La Bruyère,
sous le masque de Dracon, le virtuose aimé des dames. — (Voir une
série d'intéressants articles de M. Arthur Pougin, parus dans *le Ménes-
trel*, en 1893, 1895 et 1896, sur *la Troupe de Lully*). — Il semble aussi
que parmi les violonistes étaient Rebel (père de Jean-Ferry Rebel et
d'Anne Rebel, qui épousa Lalande), et Baptiste (père de Baptiste
Anet), — tous deux ancêtres de lignées d'artistes illustres au siècle
suivant.

ouvert, on apprenait pour ainsi dire par cœur ». Mais il contribua beaucoup au perfectionnement de l'exécution instrumentale, surtout des violons, et il créa une tradition de la direction d'orchestre, qui devint rapidement classique, s'imposa en France, et fut même un modèle en Europe. Un des nombreux étrangers qui vinrent à Paris, pour étudier sous sa direction, l'Alsacien Georges Muffat, admirait surtout la discipline parfaite et la mesure inflexible de l'orchestre de Lully [1]. Il disait que la méthode lullyste se caractérisait par la justesse du son, la douceur et l'égalité du jeu, l'attaque nette, incisive du premier accord par le coup d'archet de tout l'orchestre ensemble [2], l'entrain irrésistible et les temps très marqués, le mélange harmonieux de vigueur et de souplesse, de grâce et de vivacité. — De toutes ces qualités, la première était le rythme [3].

1. Préfaces aux deux parties du *Florilegium*, — recueil d'admirables pièces instrumentales, publiées en 1695 et 1698. — On a réédité récemment cette œuvre dans les *Denkmäler der Tonkunst in Œsterreich*, et M. Robert Eitner a publié dans ses *Monatshefte für Musikgeschichte* (1890-1891) les notes de Muffat, minutieuses et précises, sur l'orchestre de Lully.

2. C'est le fameux « premier coup d'archet », dont la tradition se maintint pendant tout le xviii° siècle, et dont Rousseau et Mozart font des gorges chaudes. Ce devait être quelque chose d'un peu analogue à « l'attaque » à la Weingartner.

« Le bruit de notre *premier coup d'archet* s'élevait jusqu'au ciel avec les acclamations du parterre. » (J.-J. Rousseau, *Lettre d'un symphoniste de l'orchestre*.)

Mozart écrit à son père (12 juin 1778, Paris) :

« Je n'ai pas manqué le *premier coup d'archet*. Quelle affaire ils en font, ces animaux-là ! Que diable ! Je ne vois pas de différence... Ils commencent bien ensemble... comme partout ailleurs. Cela fait rire !... Un Français à Munich demande à D'Abaco : « Monsieur, vous avez été à Paris ? — Oui. — Que dites-vous du *premier coup d'archet*? Avez vous entendu le *premier coup d'archet*?— Oui, j'ai entendu le premier et le dernier. — Comment, le dernier, que veut dire cela? — Mais oui, le premier et le dernier... Et le dernier même m'a donné plus de plaisir. »

3. « *Scharfe charakteristiche Rhytmik* », comme dit Robert Eitner. « Un rythme incisif et expressif. » — Mais Lully ne tenait pas moins à la délicatesse. Nombre d'indications de ses partitions insistent sur ce point : « *Jouer doucement.... sans presque toucher les cordes... Ne point ôter les sourdines que l'on ne le voye marqué...* »

Lully s'occupait encore plus des chanteurs que de l'orchestre. C'est qu'il s'agissait de former à la fois de bons musiciens et de bons comédiens. Une partie de son personnel lui venait de la troupe de Perrin et de Cambert[1]. Mais les artistes les plus célèbres, — à part la basse Beaumavielle, — furent découverts et formés par lui.

Du moment, dit Lecerf, « qu'un chanteur dont il était content lui était tombé entre les mains, il s'attachait à le dresser avec une affection merveilleuse ».

Il leur enseignait lui-même à entrer, à marcher sur le théâtre, à se donner la grâce du geste et de l'action. Il commençait par leur montrer les rôles nouveaux, en chambre. De cette sorte, Beaupui jouait d'après lui le personnage de Protée dans *Phaéton*, qu'il lui avait montré geste pour geste. On répétait enfin. Il ne souffrait là que les gens nécessaires, le poète, le machiniste. Il avait la liberté de reprendre et d'instruire les acteurs et les actrices; il leur venait regarder sous le nez, la main haute sur les yeux, afin d'aider sa vue courte, et il ne leur passait quoi que ce fût de mauvais.

Il se donnait beaucoup de peine, et ne réussissait pas toujours. Il lui arrivait de dénicher un La Forest, qui avait une voix de basse admirable, mais inculte. Il entreprenait de le former, il le serinait, il lui faisait jouer un petit rôle de *Roland*, il écrivait pour lui le rôle de Polyphème. Mais, après cinq ou six ans de travail, La Forest demeurait si bête que Lully voyait qu'il perdait son temps avec lui, et il le mettait à la porte. S'il avait de ces

1. Perrin et Cambert avaient eu beaucoup de mal à recruter des chanteurs à Paris et en province, surtout en Languedoc. De Toulouse, venait Beaumavielle, qui joua les grands rôles de basse de Lully (Alcide, Jupiter, Pluton, Roland). De Béziers vint Clédière, qui jouait les rôles de haute-contre (Atys, Thésée, Bellérophon, Admète, Mercure). Plusieurs des meilleures actrices de Lully avaient aussi débuté dans les opéras de Cambert, ou dans les ballets de la cour. Ainsi, Marie Aubry (Sangaride, Io, Andromède), et surtout Mlle de Saint-Christophle, tragédienne excellente (Médée, Alceste, Junon, Cybèle, Cérès).
Voir les articles cités de M. Arthur Pougin.

mécomptes, il eut aussi la joie de créer certains des plus grands chanteurs du siècle. Ainsi, Duménil, ancien garçon cuisinier, qui fut, comme dit M. Pougin, le Nourrit du xviie siècle. Il avait tout à apprendre; et Lully l'instruisit patiemment, pendant des années, lui donnant d'abord à chanter de petits rôles, puis peu à peu l'essayant aux emplois plus importants, et faisant de lui enfin le parfait interprète de tous ses grands rôles de ténor : Persée, Phaéton, Amadis, Médor, Renaud. — Ainsi, surtout, la fameuse Marthe Le Rochois, la gloire du théâtre lyrique du xviie siècle, « la plus grande artiste, dit Titon du Tillet, et le plus parfait modèle pour la déclamation qui ait jamais paru sur le théâtre ». Collasse la découvrit en 1678, et Lully la forma. Petite, maigre, très brune, point belle, la voix un peu dure, mais d'admirables yeux noirs, une physionomie expressive, une passion brûlante, un goût sûr, beaucoup d'intelligence, et, dans le geste et la démarche, une grandeur et une harmonie souveraines, elle fut l'incomparable Armide, dont le souvenir se conserva pendant tout le xviiie siècle. Sa mimique était un modèle pour les acteurs de la Comédie-Française. On admirait particulièrement « la façon dont elle entendait ce qu'on appelle la *ritournelle*, qu'on joue dans le temps que l'actrice entre et se présente au théâtre, de même que le jeu muet, où, dans le silence, tous les sentiments et les passions doivent se peindre sur le visage et paraître dans l'action [1] ».

Tous ces grands chanteurs de Lully étaient avant tout de grands acteurs. Beaumavielle est qualifié de tragédien puissant; Duménil, de parfait acteur; le talent dramatique de Clédière était à peine moindre. Enfin la Saint-Christophle et la Le Rochois semblent avoir égalé en noblesse et en passion tragique les plus célèbres actrices de la Comédie-Française. L'opéra de Lully était une école de déclamation et d'action dramatique; et de cette école, le maître, ce fut lui.

1. Voir Marpurg, *Historisch-kritische Beytrāge zur Aufnahme der Musik*, 1754, Berlin. (*Lebensnachrichten von einigen berühmten französischen Sängerinnen.*)

Est-ce tout? — Pas encore.

Il se mêlait de la danse presque autant que du reste. Une partie du ballet des *Festes de l'Amour et de Bacchus* avait été composée par lui. Il eut presque autant de part aux ballets des opéras suivants que Beauchamp. Il réformait les entrées, imaginait des pas d'expression, et qui convinssent au sujet; et, quand il en était besoin, il se mettait à danser devant ses danseurs, pour leur faire comprendre plus tôt ses idées. Il n'avait pourtant pas appris, et il ne dansait ainsi que par caprice et par hasard; mais l'habitude de voir des danses, et un talent extraordinaire pour tout ce qui appartient aux spectacles, le faisaient danser, sinon avec une grande politesse, au moins avec une vivacité très agréable[1].

Telle était l'énorme tâche que ce petit homme avait accumulée sur ses épaules. Il n'y avait pas une province de son empire de l'Opéra où il ne portât l'œil du maître et qu'il ne dirigeât. Et dans ce monde du théâtre, si difficile à conduire, et qui devait faire enrager par son indiscipline tous les musiciens et les directeurs de l'Opéra, au XVIIIe siècle, pas un ne s'avisa de broncher. Nul n'osait se révolter contre ce petit Italien, sorti on ne savait d'où, cet ancien marmiton, qui baragouinait le français.

Il avait une autorité considérable sur toute la République musicienne. Par son talent d'abord, par ses charges, ses richesses, sa faveur, son crédit. Il avait deux maximes qui lui attiraient une extrême soumission de la part de ce peuple musicien, qui est d'ordinaire pour ses conducteurs ce que les Anglais et les Polonais sont pour leurs princes. Lully payait à merveille; et point de familiarité!... Sans doute, il se faisait aimer de ses acteurs; et ils soupaient ensemble, de bonne amitié; cependant il n'aurait pas entendu raillerie avec les hommes, et il n'avait jamais de maîtresse parmi les femmes de son théâtre[2].

1. Lecerf de la Viéville.
2. *Ibid.*

Cette précaution n'était pas inutile pour qui prétendait, comme lui, imposer à ces dames la vertu, ou du moins, dit Lecerf, les apparences de la vertu :

« Il s'appliquait à conserver le bon renom de sa maison. L'Opéra d'alors n'était pas cruel, mais il était politique et réservé.

Une légende, que d'ailleurs on a contestée, représente Lully donnant un coup de pied dans le ventre à la Le Rochois enceinte, pour lui apprendre à s'être laissée séduire. Si cette brutalité, qui était assez dans le caractère de Lully, n'est pas prouvée, d'autres faits plus certains attestent qu'il était impitoyable pour ses comédiennes dont l'inconduite se manifestait trop publiquement[1]. Et il n'admettait aucune irrégularité dans le service :

Je vous réponds que, sous son empire, les chanteuses n'auraient pas été enrhumées six mois l'année, et les chanteurs ivres quatre jours par semaine. Ils étaient accoutumés à marcher d'un autre train.

Peut-être Lecerf exagère-t-il un peu le pouvoir de son héros : car on était souvent enrhumé à l'Opéra, déjà du temps de Lully. La Bruyère, au chapitre de *la Ville*, nous avertit « que Rochois est enrhumée et ne chantera de huit jours ». — Du moins ces rhumes étaient-ils moins redoutables pour l'art qu'ils ne le furent plus tard; et la malice des comédiens se heurtait à un plus grand comédien et plus malicieux qu'eux tous. Nous savons quelle anarchie régna dans l'Opéra, aussitôt après la mort de Lully. Tant qu'il vécut, tout marcha droit; et point de discussions[2].

Si l'on pense qu'un siècle après, Gluck eut bien du mal à rétablir l'ordre dans la troupe mutinée de l'Opéra et à faire plier les caprices des chanteurs et de l'orchestre sous sa

---

1. Il chassa, parce qu'elle était enceinte, sa plus jolie actrice, Louise Moreau, la Paix de *Proserpine*, — qui avait fait la conquête du Dauphin.

2. « Il les avait tous mis sur le pied de recevoir sans contestation le personnage qu'il leur distribuait. » (Lecerf.)

main puissante, on peut imaginer quelle volonté il fallut à
Lully pour exercer et maintenir une dictature inébranlable
sur tout le peuple des musiciens. Ce n'est pas un mince
titre d'éloges pour lui que Gluck, dans la plupart de ses
réformes de la scène, — aussi bien que d'ailleurs dans
beaucoup de ses principes artistiques, — n'ait fait que
revenir, par-dessus un siècle d'anarchie, au point où Lully
avait laissé l'opéra.

III

LE RÉCITATIF DE LULLY
ET LA DÉCLAMATION DE RACINE

Le principe sur lequel repose tout l'art de Lully est le
même que celui de Gluck, et surtout que celui de Grétry.
Tous trois ont pour idéal musical la déclamation tragique.
Gluck diffère des deux autres en ce que son modèle
tragique était une tragédie idéale — la tragédie grecque,
telle qu'on l'imaginait alors, — au lieu que le modèle
de Lully et de Grétry fut la tragédie française de leur
temps. Grétry allait au Théâtre Français pour étudier la
déclamation des grands acteurs et la noter en musique [1].
Cette idée, dont il était si fier, comme d'une invention
personnelle, avait été celle de Lully. On connaît son mot
fameux :

« Si vous voulez bien chanter ma musique, allez entendre
la Champmeslé. »

Et Lecerf de la Viéville nous dit :

« Il allait se former à la Comédie sur les tons de la
Champmeslé. »

Cette remarque est la clef de l'art de Lully; et elle n'est
pas moins importante pour savoir comment on déclamait
la tragédie française du XVIIᵉ siècle.

L'histoire littéraire n'a pas encore tiré de l'histoire
musicale tous les secours qu'elle pourrait y trouver. Bien
des problèmes littéraires seraient plus faciles à résoudre,

1. Voir page 255.

s'ils s'éclairaient de la musique. Telle, pour prendre un exemple, la question des rythmes libres dans la poésie allemande, sur laquelle les métriciens sont loin d'être d'accord. Il y a pourtant un moyen bien simple de savoir comment scander exactement telles de ces pièces de vers : c'est de voir comment elles ont été scandées par les musiciens, contemporains et amis des poètes. Quand nous lisons *Prometheus*, ou *Ganymed*, ou *Grenzen der Menschheit* de Gœthe, mis en musique par son ami Reichardt, nous sommes à peu près certains d'avoir la déclamation exacte de Gœthe. En effet, Reichardt, si soucieux de ne rien écrire, avant d'avoir, comme il disait, « senti et reconnu que les accents grammatical, logique, pathétique et musical étaient bien d'accord », notait, pour ainsi dire, ses *lieder*, sous la dictée de Gœthe, et sur des textes où Gœthe, en certains cas, avait marqué de sa main des indications musicales. — Bien plus : la comparaison d'une même poésie, accentuée musicalement par plusieurs musiciens d'époques différentes, mais également attachés à l'accentuation [1], nous permet de relever les variations de la déclamation poétique à travers un siècle. Les musiciens ont, plus ou moins sciemment, transposé en musique la façon de déclamer de leur temps; et, à travers leurs chants, nous percevons encore la voix des grands acteurs qui étaient leurs modèles, ou qui faisaient loi autour d'eux.

Il en est ainsi pour Lully : sa déclamation musicale évoque la déclamation de la Comédie-Française de son temps, et en particulier de la Champmeslé. Et, d'autre part, ce que nous savons de la déclamation poétique du temps nous explique bien des traits du récitatif de Lully. Si Lully allait entendre et étudier la Champmeslé, la Duclos, Baron, et leurs camarades du Théâtre-Français allaient entendre et étudier les grands acteurs de Lully, surtout la Le Rochois dans *Armide*. Il y avait pénétration mutuelle et influence réciproque des deux théâtres.

1. Ainsi, *Prometheus* de Gœthe, traduit en musique par Reichardt, Schubert et Hugo Wolf.

Tâchons donc de nous représenter exactement quelle était la déclamation de la Champmeslé.

Je commencerai par rappeler un passage assez connu de Louis Racine, le fils, dans ses Mémoires sur la vie de son père. Ses assertions ne doivent pas être prises d'ailleurs au pied de la lettre, et je les discuterai, chemin faisant :

La Champmeslé, dit Louis Racine, n'était point née actrice. La nature ne lui avait donné que la beauté, la voix et la mémoire ; du reste, elle avait si peu d'esprit qu'il fallait lui faire entendre les vers qu'elle avait à dire, *et lui en donner le ton.* Tout le monde sait le talent que mon père avait pour la déclamation, dont il donna le vrai goût aux comédiens capables de le prendre. *Ceux qui s'imaginent que la déclamation qu'il avait introduite sur le théâtre était enflée et chantante sont,* je crois, dans l'erreur. Ils en jugent par la Duclos, élève de la Champmeslé, et ne font pas attention que la Champmeslé, quand elle eut perdu son maître[1], ne fut plus la même, et que, *venue sur l'âge, elle poussait de grands éclats de voix, qui donnèrent un faux goût aux comédiens.* Lorsque Baron, après vingt ans de retraite, eut la faiblesse de remonter sur le théâtre, il ne jouait plus avec la même vivacité qu'autrefois, au rapport de ceux qui l'avaient vu dans sa jeunesse : cependant il répétait encore tous les mêmes tons que mon père lui avait appris[2]. Comme il avait formé Baron, il avait formé la Champmeslé, mais avec beaucoup plus de peine. Il lui faisait d'abord comprendre les vers qu'elle avait à dire, lui montrait les gestes, *et lui dictait les tons, que même il notait.* L'écolière, fidèle à ses leçons, quoique actrice par art, sur le théâtre paraissait inspirée par la nature...

De ce récit, dont il faut élaguer quelques erreurs, je ferai ressortir deux passages : l'un, où nous voyons que

1. Il serait plus juste de dire : « Quand il eut perdu sa maîtresse ». — En effet, *quand elle eut perdu son maître* ne signifie pas : « après la mort de Racine » ; car elle est morte avant lui, en 1698. Cela veut dire : « après la fin de leur liaison », soit, à ce qu'il semble, au temps où elle se lia avec le comte de Clermont-Tonnerre, — « le tonnerre qui l'avait déracinée », — vers 1678.

2. Ici, Louis Racine semble faire une erreur tout à l'avantage de son père. Baron avait été formé par Molière, et non pas par Racine.

c'était Racine qui *dictait les tons* à la Champmeslé, et même qui les lui *notait*; l'autre, qui nous laisse entendre : 1° que la Champmeslé, *venue sur l'âge, poussait de grands éclats de voix,* et qu'elle avait, ainsi que la Duclos, son élève, *une déclamation enflée et chantante*; 2° que, d'après l'opinion courante, cette déclamation était *celle que Racine avait introduite sur le théâtre.* Louis Racine y contredit, mais non pas d'une façon péremptoire; il n'est pas sûr, il doute, il dit : *Ceux qui s'imaginent cela sont, je crois, dans l'erreur.*

D'autres témoignages vont préciser ce fait.

L'auteur des *Entretiens galants*, parus en 1681 [1], dit :

> Le *récit des comédiens (français) dans le tragique est une espèce de chant,* et vous m'avouerez bien que la Champmeslé ne nous plairait pas tant, si elle avait une voix moins agréable...

Ainsi, dès avant 1680, c'est-à-dire avant la rupture avec Racine, la Champmeslé avait une déclamation chantante : il n'y a aucun doute à ce sujet. Quel était ce chant? Boileau nous le dira :

> M. Despréaux, écrit Brossette, nous a parlé de la manière de déclamer, et il a déclamé lui-même quelques endroits, *avec toute la force possible.* Il a commencé par les endroits du *Mithridate* de Racine :
>
> Nous nous aimions... Seigneur, vous changez de visage.
>
> Il a jeté une telle véhémence dans ces derniers mots que j'en ai été ému... Il nous a dit que c'était ainsi que M. Racine, qui récitait aussi merveilleusement, le faisait dire à la Champmeslé... Il a dit en même temps que *le théâtre demandait de ces grands traits outrés, aussi bien dans la voix, dans la déclamation, que dans le geste* [2].

L'abbé Du Bos, plus précis encore, nous donne la nota-

1. Cité par les frères Parfait, dans le t. XIV de leur *Histoire du Théâtre Français*, et par Lemazurier, dans sa *Galerie historique des acteurs du Théâtre Français* (1810).

2. Appendice à la *Correspondance entre Boileau et Brossette*, 1858, p. 521-522.

tion de Racine dans ce fameux passage de *Mithridate*, qu'il
serinait à la Champmeslé [1] :

Racine, dit-il, avait appris à la Champmeslé à baisser la voix
en prononçant les vers suivants, *et cela encore plus que le sens
ne semble le demander* :

> ... Si le sort ne m'eût donnée à vous,
> Mon bonheur dépendoit de l'avoir pour époux.
> Avant que votre amour m'eût envoyé ce gage,
> Nous nous aimions...

afin qu'elle pût prendre facilement *un ton à l'octave au-dessus*
de celui sur lequel elle avait dit ces paroles : « Nous nous
aimions », pour prononcer : « Seigneur, vous changez de
visage!... » *Ce port de voix extraordinaire dans la déclamation*
était excellent pour marquer le désordre d'esprit où Monime
doit être, dans l'instant qu'elle aperçoit que sa facilité à croire
Mithridate, qui ne cherchait qu'à tirer son secret, vient de
jeter elle et son amant dans un péril extrême [2].

On voit ici de quels grands intervalles musicaux, de
quels sauts de voix usaient Racine et son interprète; et
qu'ils cherchaient bien moins la vérité que « *la véhémence* »
et « *les grands traits outrés* ». On a beaucoup parlé de « la
voix touchante » de la Champmeslé. Cette « voix touchante » était prodigieusement sonore. Suivant une tradition constante, que rapporte Lemazurier, « si on eût
ouvert la loge du fond de la salle, on eût entendu l'actrice
jusque dans le café Procope [3] ».

Telle était la Champmeslé, — la brune Champmeslé, aux
yeux petits et ronds, agréable, pas jolie, « laide de près »,
dit Mme de Sévigné, — une voix puissante et pathétique,
chantant les vers de Racine comme une mélopée véhé-
mente, emphatique [4], exactement notée.

---

1. Du Bos prétend que Racine donna à la Champmeslé l'intonation
du rôle de Phèdre, vers par vers.

2. Abbé du Bos, *Réflexions critiques sur la poésie et sur la peinture*,
1733, III, 144. — (La 1re édition est de 1719.)

3. Lemazurier, *Galerie historique des acteurs du Théâtre-Français*
(1810).

4. Titon du Tillet remarque à propos de Beaumavielle (le Jupiter,

Cette déclamation chantée resta la caractéristique de notre tragédie du XVIIe siècle :

« Les Italiens, écrit Du Bos, disent que notre déclamation tragique leur donne une idée du chant ou de la déclamation théâtrale des anciens [1] ».

Et, expliquant cette comparaison, Du Bos dit plus loin :

« La déclamation dramatique des anciens était comme une mélodie constante, suivant laquelle on prononçait toujours des vers. »

Après quoi, citant un jugement de Cicéron sur une tragédie : « *Praeclarum carmen est enim rebus, verbis et modis lugubre* », Du Bos ajoute :

« C'est ainsi que nous louerions un récit des opéras de Lully [2]. »

Le rapprochement est frappant. Ainsi, la déclamation de la tragédie française était analogue au récitatif des opéras de Lully.

Et c'était là que je voulais en venir. Si maintenant nous nous rappelons que Racine faisait paraître *Bérénice*, *Bajazet*, *Mithridate*, *Iphigénie* et *Phèdre*, précisément dans les années où Lully faisait jouer ses premiers opéras, c'est-à-dire alors qu'il formait son style de déclamation ; — si nous nous souvenons que ces mêmes tragédies de Racine servaient de début à la Champmeslé [3], « sur les tons de laquelle Lully allait se former », comme dit Lecerf, — nous arrivons à cette constatation *qu'il allait se former, en réalité, « sur les tons »* mêmes *de Racine*, sur la déclamation personnelle de Racine, notée par celui-ci à l'usage de son actrice, et que cette déclamation doit donc se refléter, en bien des cas, dans la déclamation musicale de Lully.

le Roland, l'Alcide de Lully), l'habitude « de faire valoir sa voix par des sons trop nourris et emphatiques, *qui était en usage parmi nos anciens acteurs* ».

1. Du Bos, *Ibid.*, I, 419.

2. *Ibid.*, III, 154.

3. Le premier rôle de Racine que joua la Champmeslé fut Bérénice, en novembre 1670. Elle avait alors 26 ans.

*
* *

A la vérité, ce ne sont pas des vers de Racine que Lully a mis en musique, — à part l'*Idylle sur la Paix*, où Lully, de l'aveu de Louis Racine, et, par conséquent, d'après le jugement de son père, « avait parfaitement rendu le poëte »; — à part aussi l'essai qu'il fit un jour de traduire en musique une scène d'*Iphigénie en Aulide*. L'histoire nous est rapportée, en 1779, par François Le Prévost d'Exmes, d'après un récit de Louis Racine :

« Lully, dit-il, mortifié de s'entendre dire qu'il devait tout son succès à la douceur de Quinault, et qu'il était incapable de faire de bonne musique sur des paroles énergiques, se mit un jour au clavecin, et chanta impromptu, en s'accompagnant, ces vers de l'*Iphigénie* :

> Un prêtre environné d'une foule cruelle
> Portera sur ma fille une main criminelle,
> Déchirera son sein, et d'un œil curieux
> Dans son cœur palpitant consultera les dieux... » [1].

Il ajoute que « les auditeurs se crurent tous présents à cet affreux spectacle, et que les tons que Lully joignait aux paroles leur faisaient dresser les cheveux sur la tête. »

Il est fâcheux que cette traduction musicale ne nous ait pas été conservée : car nous avons toutes les raisons de croire qu'elle eût été une notation fidèle « des tons » de Racine et de ses acteurs.

Mais, à ces exceptions près, Lully ayant eu presque toujours pour poëte Quinault, dont le style passait, au xviiᵉ siècle, pour plus doucereux et moins mâle que celui de Racine, il s'ensuit qu'il a dû atténuer un peu l'énergie de la déclamation de Racine, tout en en conservant l'esprit.

---

1. Il est curieux que cette scène d'*Iphigénie* soit précisément la même que Diderot, dans son *Troisième Entretien sur le Fils Naturel*, en 1757, propose comme thème de déclamation musicale au réformateur de l'opéra, qu'il attend et qu'il pressent, — qui sera Gluck, vingt ans plus tard. — (Voir p. 224).

Voyons comment il procède :

Le récitatif n'est pas, chez Lully, une partie accessoire de l'œuvre, une sorte de lien factice qui rattache les différents airs, comme une ficelle autour d'un bouquet : c'en est vraiment le cœur, la partie la plus soignée et la plus importante. En effet, dans ce siècle de l'intelligence, le récitatif représentait la partie raisonnable de l'opéra, le raisonnement mis en musique. On ne l'écoutait pas avec ennui, comme on fait aujourd'hui; on s'en délectait.

« Rien n'est si agréable que notre récitatif, dit Lecerf de la Viéville; et il est presque parfait. C'est un juste milieu entre le parler ordinaire [1] et l'art de la musique... Qu'y a-t-il qui fasse plus de plaisir et qui ouvre mieux un opéra, que ce commencement de *Persée* :

> Je crains que Junon ne refuse
> D'apaiser sa haine pour nous...

« *Armide* est tout plein de récitatifs, aucun autre opéra n'en a tant; et, assurément, personne n'y en trouve de trop... C'est principalement par le récitatif que Lully est au-dessus de nos autres maîtres... Après lui, on peut trouver des airs et des symphonies qui valent ses airs et ses symphonies. » Mais son récitatif est inimitable. « Nos maîtres d'aujourd'hui ne sauraient attraper une certaine manière de réciter, vive sans être bizarre, que Lully donnait à son chanteur... »

La première loi de ce récitatif, c'est la stricte observation du style syllabique. Comme l'a dit M. Lionel de la Laurencie [2], la ligne déclamée est « débarrassée de toute végétation mélodique ». Quand on compare « un récit quelconque de Lully à un récit de Carissimi ou de Provenzale, on voit que le surintendant de la musique du grand Roi a, en quelque sorte, procédé à un nettoyage de la technique italienne; il l'a expurgée de toute les herbes folles que le goût du *bel canto* et même le goût musical

---

1. Entendez : le parler ordinaire de la tragédie.
2. L. de la Laurencie, *Le goût musical en France*, 1905.

proprement dit laissaient croître dans le parterre monodique. » — Il s'est passé un fait à peu près analogue dans
l'architecture du même temps. Comparez une façade italienne de l'école de Bernin, surchargée de statues épilep-
tiques, dont les draperies s'envolent, qui agitent les bras, les
jambes, les reins, qui tordent leur échine, qui ont la danse
de Saint-Guy et tombent en des convulsions, — comparez
ce fouillis, ce bavardage, ce mouvement perpétuel, aux
lignes simples, nettes et nues de Versailles, ou de la colon-
nade du Louvre. — Lully réalisa en musique une simplification du même ordre. Le goût italien était pour les belles
vocalises, les roulades, les « doubles » (c'est-à-dire les
répétitions ornées), les ornements de toute sorte. Ce
goût avait passé en France, dans les chansons de cour.
Lully, éclairé par son bon sens, et certainement aussi par
les conseils d'amis tels que Molière, — Lully, qui d'ailleurs
n'était pas un mélodiste abondant, et que ne gênait point
le trop-plein de son inspiration musicale, réagit vigoureu-
sement contre ce goût. Non seulement il répugnait à
écrire des « doubles » et des « roulements », et n'en
mettait qu'à regret, de loin en loin, « par condescendance
pour le peuple », — comme dit Lecerf de la Viéville, — « et
par considération pour son beau-père Lambert », qui
avait mis à la mode ces ornements en France; mais il
s'opposait avec violence à ce que le chanteur introduisît
dans un chant écrit sans ornements les vocalises et les
broderies décoratives, que l'usage courant d'alors lui
permettait d'y ajouter (car ce fut l'essence même de l'art
ancien, et surtout de l'art italien, jusqu'au milieu du
XVIIIe siècle, qu'on y réservât toujours une part à l'impro-
visation du chanteur et de l'exécutant : le texte musical
était pour eux une sorte de thème à variations *ad libitum*,
où leur virtuosité avait beau jeu). Lully ne le tolérait
point; et ceci est un fait nouveau dans l'art musical.

Lully, dit La Viéville, envoyait toutes ses actrices à Lambert, pour qu'il leur apprît sa propreté du chant. Lambert
leur faisait de temps en temps couler un petit agrément dans
le récitatif de Lully, et les actrices hasardaient de faire passer

ces embellissements aux répétitions. — « Morbleu, mesde-
moiselles », disait Lully, se servant quelquefois d'un terme
moins poli que celui-là, et se levant fougueux de sa chaise;
« il n'y a pas comme cela dans votre papier; et, ventrebleu!
point de broderie! *Mon récitatif n'est fait que pour parler, je
veux qu'il soit tout uni.* »

Le récitatif de Lully « épouse donc fidèlement les
mouvements du discours ». Avant tout, il en épouse les
rythmes poétiques, il se modèle sur le vers; et c'est là, il
faut bien le dire, une cause de grande monotonie. On a
loué la versification de Quinault, son habile alternance de
vers de longueurs diverses, et son attention à multiplier
ou à réduire les accents rythmiques. Mais en dépit de tous
ses efforts, sa déclamation, traduite en musique par Lully,
est dominée, comme toute la déclamation du temps, par
l'accentuation exagérée de la rime dans les vers courts, de
la césure et de la rime dans les vers de douze syllabes. On
trouve dans les opéras de Lully des steppes de récitatifs et
d'airs, où le premier temps de chaque mesure tombe avec
une rigueur implacable sur la rime, ou sur la césure de
l'hexamètre. C'est d'une monotonie accablante; et si c'est
ainsi que la Champmeslé déclamait du Racine, nous
aurions quelque peine aujourd'hui à l'entendre sans bâiller.

1. *Atys*, IV, 4.

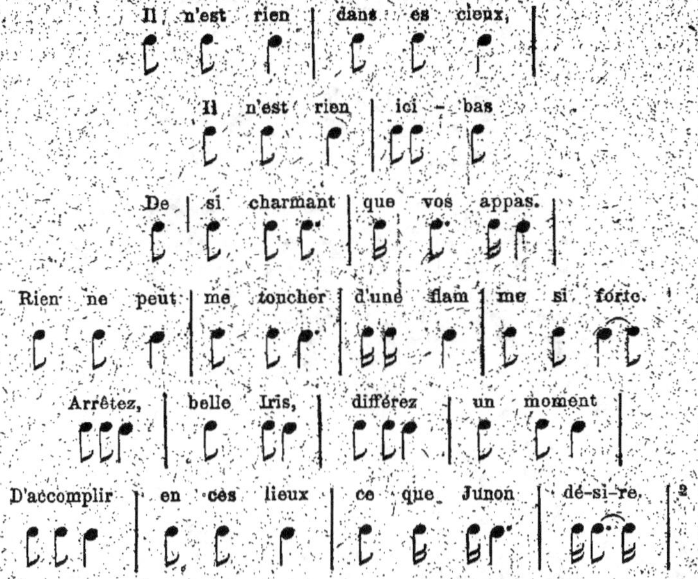

Il n'est rien dans es cieux,

Il n'est rien ici — bas

De si charmant que vos appas.

Rien ne peut me toucher d'une flam me si forte.

Arrêtez, belle Iris, différez un moment

D'accomplir en ces lieux ce que Junon dé-si-re. [2]

Quand à la monotonie de ce perpétuel dactyle se joint, comme il arrive souvent, la monotonie de la ligne mélodique, il n'y a rien au monde de plus fastidieux : c'est le ronronnement vide de l'alexandrin classique, le rythme mécanique d'un moulin à prières.

Il arrive, par bonheur, que dans quelques scènes, la déclamation devient plus libre, s'anime, s'entrecoupe, se brise, se rythme autant que possible sur le souffle de la passion, sans négliger toutefois l'accentuation de la rime et de la césure. Ainsi, la scène admirable, et d'ailleurs à peu près unique, chez Lully, pour sa spontanéité musicale, des Adieux de Cadmus à Hermione. La mesure y garde un flottement perpétuel : toujours une mesure à quatre temps alterne avec une mesure à trois. La mélodie n'est pas entraînée par la déclamation, mais l'entraîne, et la fait s'alanguir sur certains mots « *partir* », « *mourir* », avec

1. *Isis*, II, 2.
2. *Ibid.*, II, 4.

une voluptueuse mélancolie. La musique reflète l'émotion, d'une façon transparente.

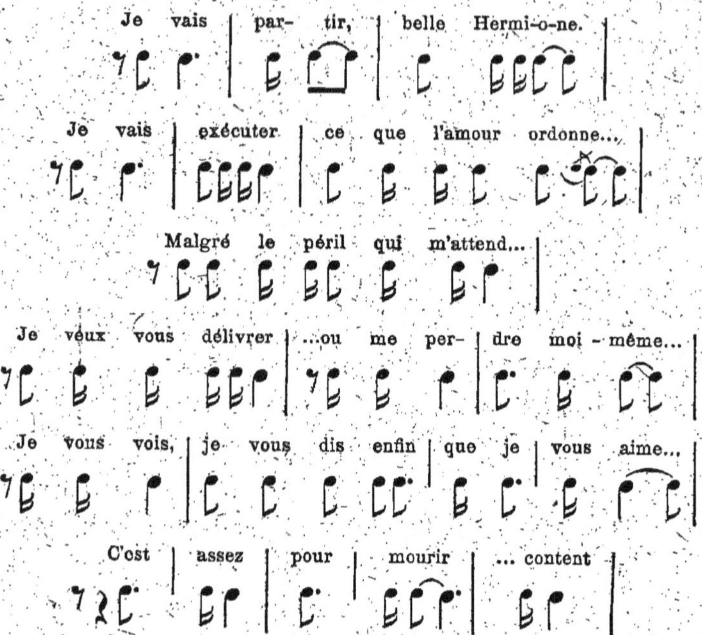

Ou encore les scènes fameuses de Médée :

1. *Thésée*. Acte II. Premier air de Médée.

Je m'abandon- | ne à vous. [1]

Il semble qu'on entende ici la respiration même de Lully, en déclamant la scène, « quand il la lisait, comme dit La Viéville, jusqu'à la savoir par cœur, chantant et rechantant les paroles, en battant son clavecin ».

Il arrive même que l'accent dramatique l'emporte par moments sur la mesure ordinaire du vers :

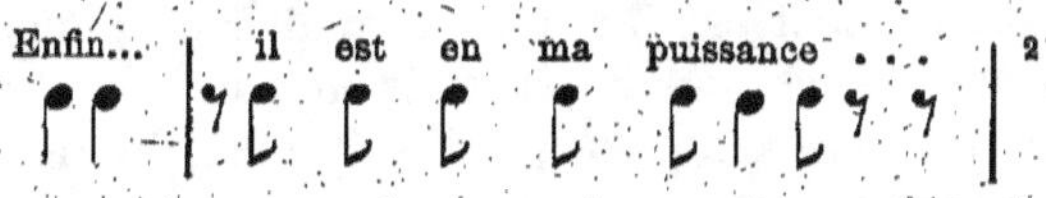

Enfin... | il est en ma puissance ... [2]

Mais ces passages sont relativement rares; et, même dans les exclamations, où la voix prend une certaine latitude avec le vers, le procédé de Lully, assez habile, mais uniformément répété, est de placer l'interjection à contre-temps, d'y suspendre légèrement la mesure, de l'y balancer un moment, mais de lui faire reprendre, aussitôt après, son cours monotone :

« Quand on ne voit plus rien qui puisse se défendre, Ah !|... qu'il est beau de rendre la paix à l'univers ! [3] »
« Tout y ressent les douceurs de la paix. Ah !|... que le repos a d'attraits ! [4] »

Il arrive même très souvent que la rime qui termine la phrase ou la période soit non seulement très accentuée, mais grossie par l'adjonction d'un battement de gosier, d'un trille. — On pense alors au mot de Molière, raillant dans l'*Impromptu de Versailles* la déclamation de son temps :

1. *Thésée.* Deuxième air de Médée. — Voir aussi le récit de Méduse dans *Persée* (III, 1), ou celui de Théone dans *Phaéton* (III, 1.) : « Quoi! malgré ma douleur mortelle... ».
2. *Armide.* Monologue du second acte.
3. *Proserpine.* Prologue.
4. *Ibid.*, II, 1.

Remarquez bien cela. Là, appuyez comme il faut le dernier vers. Voilà ce qui attire l'approbation, et fait faire le
brouhaha.

Rousseau a bien noté ce ridicule, dans sa *Lettre sur la
musique française*. Analysant le monologue d'Armide, il
montre « un trille, et qui pis est, un repos absolu dès le
premier vers, tandis que le sens n'est achevé qu'au
second »; et il s'indigne contre ces chutes uniformes de la
voix à la fin des vers, « ces cadences parfaites, qui tombent
si lourdement, et sont la mort de l'expression ». — Rien
de plus exact; mais il est juste d'en rendre responsables
Racine et ses acteurs; car il y a tout lieu de penser que
Lully suivait ici les exemples qui lui étaient donnés par
le Théâtre-Français.

*
* *

Du rythme de ces vers déclamés, passons à leurs
inflexions mélodiques.

Ici encore, Rousseau critique âprement le récitatif de
Lully, dans une page d'un modernisme admirable, où il se
sert pour le combattre, — et, du même coup, pour combattre le modèle de Lully : la Comédie-Française, —
d'arguments analogues à ceux dont les Debussystes se
servent aujourd'hui pour critiquer le chant wagnérien :

« Comment concevrez-vous jamais que la langue française,
dont l'accent est si uni, si simple, si modeste, si peu chantant,
soit bien rendue par les bruyantes et criardes intonations de
ce récitatif, et qu'il y ait quelque rapport entre les douces
inflexions de la parole (française) et ces sons soutenus et renflés, ou plutôt ces cris éternels qui font le tissu de cette partie
de notre musique encore plus même que des airs ? Faites, par
exemple, réciter à quelqu'un qui sache lire, les quatre premiers vers de la fameuse reconnaissance d'Iphigénie. A peine
reconnaîtrez-vous quelques légères inégalités, quelques fai-

les inflexions de voix dans un récit tranquille, qui n'a rien de vif ni de passionné, rien qui doive engager celle qui le fait à élever ou abaisser la voix. Faites ensuite réciter par une de nos actrices ces mêmes vers sur la note du musicien, et tâchez, si vous le pouvez, de supporter cette extravagante criaillerie, qui passe à chaque instant de bas en haut et de haut en bas, parcourt sans sujet toute l'étendue de la voix, et suspend le récit hors de propos pour *filer de beaux sons* sur des syllabes qui ne signifient rien, et qui ne forment aucun repos dans le sens. — Qu'on joigne à cela les fredons, les cadences, les ports de voix, qui reviennent à chaque instant, et qu'on me dise quelle analogie il peut y avoir entre la parole et ce prétendu récitatif, dont l'invention fait la gloire de Lully. — Il est de toute évidence que le meilleur récitatif qui peut convenir à la langue française doit être opposé presque en tout à celui qui y est en usage; qu'il doit rouler entre de fort petits intervalles, n'élever ni n'abaisser beaucoup la voix, peu de sons soutenus, jamais d'éclats, encore moins de cris, rien surtout qui ressemble au chant, peu d'inégalité dans la durée ou valeur des notes, ainsi que dans leurs degrés. En un mot, le vrai récitatif français, s'il peut y en avoir un, ne se trouvera que dans une route directement contraire à celle de Lully et de ses successeurs... »

Qu'y a-t-il de vrai dans les critiques de ce Debussyste avant la lettre? La déclamation de Lully n'est-elle donc pas une bonne déclamation naturelle, ou, à défaut, une bonne déclamation théâtrale, qui ait de la vraisemblance et de la vie?

Il me semble qu'il faut, dans presque tout récitatif, ou air-récitatif de Lully, distinguer de l'ensemble du morceau certaines phrases qui en sont, en quelque sorte, le noyau. Ces phrases, qui ont une valeur spéciale, sont d'ordinaire au début du récitatif. Elles sont en général bien observées d'après les intonations naturelles du personnage et de la passion, et elles sont gravées avec précision. Les phrases qui suivent sont beaucoup plus molles et lâchées. Il arrive fréquemment d'ailleurs que la première phrase soit répétée textuellement, plusieurs fois au cours du morceau, puis à la fin, pour conclure. C'en est ainsi l'arête, qui soutient le

reste de la construction, un peu grossièrement maçon-
née [1].

La répétition textuelle est un des éléments de l'art de
Lully, comme de tout l'art de son temps, épris de la
symétrie et du balancement des périodes alternées, de
l'effet décoratif. Mais même quand Lully ne recourt pas
à ce procédé et ne fait pas de sa première phrase le motif
décoratif, ou la clef de voûte de tout le morceau, il y
apporte toujours un soin et une application spéciales. Le
nombre de ces premières phrases, qui sont vraies, justes,
bien senties, et même belles, est considérable. Il en est
d'une beauté classique, comme celle de Théone dans
Phaéton :

> *La mer est quelquefois dans une paix profonde...*

ou, dans le même opéra, la première phrase de l'air de
Lybie :

> *Heureuse une âme indifférente....*

C'est toujours la suite de l'air, ou du récitatif, qui pèche.
On voit bien Lully au travail, tel que le dépeint La Viéville,
lisant et relisant, chantant et rechantant les paroles qu'il a
à traiter. Il s'imprègne du sentiment et du rythme des
premières lignes du texte. Puis il s'en remet à sa facilité
verbeuse, et il tombe dans les formules [2], — à moins qu'il

---

1. Ainsi, dans *Atys* :
    ACTE I : « Atys est trop heureux. »
    ACTE III : « Que servent les faveurs. »
    ACTE IV : « Espoir si cher et si doux. »
dans *Isis* :
    ACTE II : « Ah! quel malheur de laisser engager son cœur! »
dans *Proserpine* :
    ACTE II (air d'Alphée) : « Amants qui n'êtes point jaloux. »
dans *Alceste* : l'air de la nymphe de la Seine, dont la phrase :
    « Le héros que j'attends ne reviendra-t-il pas? »
répétée cinq fois, rend si bien l'insistance du sentiment langoureux.
    ACTE II (air d'Hercule) : « Gardez-vous bien de m'arrêter. »

2. On sent ici la différence qu'il y a entre le musicien littérateur,

ne rencontre un passage de déclamation particulièrement
intéressant, pour lequel il fait de nouveau un effort. Mais
même alors il ne se laisse pas entraîner par une nouvelle
idée mélodique ou rythmique; il reste dans la voie où l'a
lancé sa première phrase; il ne s'écarte même pas de la
tonalité : il lui suffit de quelques inflexions de voix, assez
justes et intelligemment observées. Il y a beaucoup d'observations intelligentes dans la déclamation de Lully. L'intelligence est la première qualité qui frappe chez lui, —
beaucoup plus que l'inspiration musicale, ou que la vigueur
de la passion. C'était bien là ce qui plaisait de son temps.

Ses contemporains étaient dans l'admiration de son
esprit. On sait qu'il était homme d'esprit dans la vie; et il
l'a prouvé, de toutes les façons. « Sa musique, dit La Viéville, suffirait à s'en rendre compte. Son esprit éclate dans
ses chants. Il se montre presque partout. » ... « Cependant,
remarque La Viéville, — et cette observation est plus vraie
qu'il ne croit, — ce n'est pas dans les grands airs, dans les
grands morceaux que cet esprit frappe davantage. C'est
dans de petits traits, dans de certaines réponses qu'il fait
faire à ses chanteurs, du même ton, ce me semble, et avec
le même air de finesse que les ferait une personne du
monde très spirituelle. »

On ne saurait mieux dire, et marquer plus justement, en
voulant louer Lully, les limites de son talent. Ce ne sont
pas les passages de passion qu'il rend le mieux, ce sont
ceux de finesse. Les airs vraiment dramatiques, comme
les deux grandes scènes d'*Armide*, comme l'air d'Io au
5e acte d'*Isis* : « *Terminez mes tourments* », comme l'air de
Roland furieux : « *Je suis trahi!* » sont rares chez Lully, et
ils ne sont pas parfaits : Rousseau a pu parler « du petit
air de guinguette, qui est à la fin du monologue d'Armide »,
dans l'acte II. Malgré la vigueur de certains accents, on
sent bien que les grands mouvements de la passion

qui puise son inspiration dans le texte littéraire, et trouve parfois de
beaux motifs mélodiques dont il ne tire point parti, — et le musicien
de race, qui part quelquefois d'un thème banal, et en fait sortir peu
à peu des pensées admirables.

n'étaient pas naturels chez Lully. Il n'était pas un homme passionné, comme Gluck. Il était un homme intelligent, qui comprenait la passion, et qui en sentait la grandeur. Il la voyait du dehors, et il la peignait d'une façon volontaire. Il sait être grand, parfois; il n'est jamais profond. Il a très rarement la force dramatique. Il a la force du rythme, toujours; et il a, presque toujours, la force et la justesse de l'accent. C'est à dire qu'il aurait eu les moyens d'exprimer la passion dans sa plénitude, si elle eût été en lui. Mais elle était absente.

En revanche, il était à son aise dans la peinture des émotions tempérées, qui était justement celle qui était le mieux faite pour plaire à son aristocratique clientèle. Les modèles ne manquaient pas autour de lui, et il savait les voir. Il excelle dans le parler galant, dont Lambert et Boësset lui avaient appris la langue, dans les dialogues-récitatifs de nobles amoureux, les airs soupirants, élégiaques et voluptueux. Il a bien su peindre cette atmosphère de cour délicate et glorieuse. Et il a spirituellement saisi certains types de cette cour.

Remarquez, dit La Viéville, tout le rôle de Phaéton, rôle singulier d'un jeune ambitieux, qui paye à toute heure d'esprit, où les autres héros d'opéra payent de tendresse. Comme Lully sent et fait sentir ce que dit cet aimable scélérat!...

Il ne faut pourtant pas exagérer; et, malgré la finesse indiscutable de Lully et l'ingéniosité de ses commentateurs, sa musique est bien loin, dans ses meilleures pages, d'atteindre à la profondeur qu'y reconnaissent La Viéville et l'abbé Dubos. Le malin Italien les dupe. Son intelligence et sa distinction ne sont souvent qu'un vernis superficiel, qui recouvre le parvenu étranger. Il ne faut pas gratter ce vernis. Il s'écaille par places; et l'on s'aperçoit alors que Lully n'a pas compris le texte qu'il lisait : il n'a lu que les mots, il n'a pas lu la phrase. Rousseau a relevé certaines de ses erreurs. Tel ce passage du monologue d'Armide :

Le charme du sommeil le livre à ma vengeance....

« Les mots de *charme* et de *sommeil*, écrit Rousseau, ont été pour le musicien un piège inévitable : il a oublié la fureur d'Armide, pour faire ici un petit somme, dont il se réveillera au mot : « Je vais *percer* son invincible cœur ».

On pourrait presque dire que la finesse de Lully lui joue parfois des tours, en l'empêchant de sentir les vrais mouvements de l'âme : elle l'attache à la lettre de son texte ; tout chez lui est peint à la surface, d'un dessin très net : mais il n'y a aucun dessous. Aussi, faut-il être sceptique, quand on lit les commentaires du XVIIᵉ siècle, à l'occasion de ses œuvres : que d'intentions psychologiques les Lullystes ne trouvent-ils pas dans les moindres traits de leur grand homme ! L'analyse d'*Armide* par La Viéville fait penser aux extravagants commentaires wagnériens d'il y a vingt ans. Un petit exemple me servira à montrer la part d'autosuggestion qu'il y avait dans cet enthousiasme.

La Viéville pâme d'admiration à chaque mesure d'*Armide* :

« *Le perfide Renaud me fuit* »... « Ne remarquez-vous pas, dit-il, ce port de voix et ce tremblement sur la blanche du mot *me fuit*? Ce long ton veut dire : *me fuit pour jamais.* »

(Tant de choses en un *gruppetto*!)

Le récit du premier acte soulève ses transports :

« Armide commence, après avoir longtemps gardé un silence morne et farouche ; *Je ne triomphe pas du plus vaillant de tous...* — Quel morceau ! Chaque ton est si accommodé à chaque mot, qu'ils font ensemble une impression immanquable sur l'âme de l'auditeur... » — « *Là conquête d'un cœur si superbe et si grand...* » La Viéville s'extasie sur l'éclat de voix, qui est sur ce mot : « *superbe...* » — « Il n'est point de stupide, dit-il plus loin, qui ne soit sensible aux éclats de voix d'Armide, placés avec une justesse et une force égales, sur ce dernier vers :

Dans ce fatal moment qu'il me perçoit le cœur.

« A ce mot : *perçoit*, je vois Renaud qui donne un coup de poignard dans le cœur d'Armide suppliante... »

Tout cela est très beau à lire dans le commentaire de
La Viéville, et l'était peut-être aussi à voir jouer par la
Le Rochois. Mais quand on ouvre la partition, on est bien
étonné de voir que ce qui motive cette admiration débor-
dante est tout simplement une de ces cadences parfaites,
qui servent de conclusion redondante et banale aux périodes
de Lully. Et le plus fort, c'est que cette conclusion est iden-
tiquement la même, dont Lully avait usé, quelques pages
avant, pour cet autre vers : « *La conquête d'un cœur si superbe
et si grand* », dont La Viéville admire la justesse et la propriété d'expression. Et La Viéville ne s'est pas aperçu que
la même formule servait dans les deux cas !

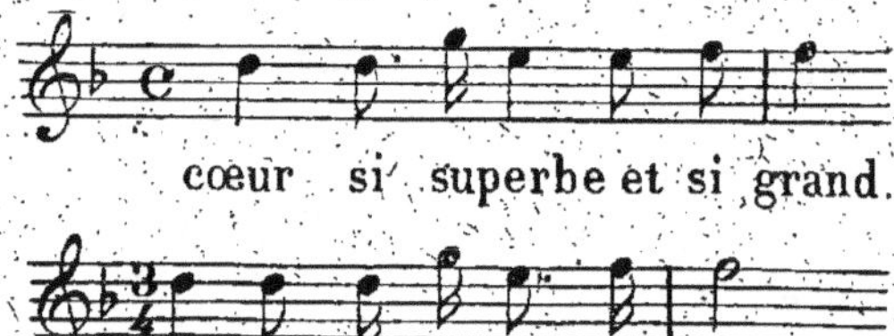

Il faut beaucoup de bonne volonté pour s'extasier sur
la vérité dramatique de tels accents. S'ils faisaient de
l'effet, il faut en rendre hommage, comme dit Rousseau,
« aux bras et au jeu de l'actrice ». Tout ce qu'on peut dire,
c'est que la musique ne contrarie pas trop l'expression
dramatique. Mais de là à prétendre qu'elle soit expressive,
il y a loin.

En somme, les passages du discours poétique, qui ont
un intérêt psychologique, pittoresque, ou dramatique, sont
rarement caractérisés par Lully avec précision. Ils sont
assez justement accentués, et témoignent d'une certaine
finesse d'intelligence ; mais ils se détachent à peine du
mouvement monotone et convenu d'avance du récitatif, dans
son ensemble.

Ce qu'il y a de plus naturel dans ces récitatifs, c'est, je
le répète, leurs commencements. Il est rare que Lully n'a-
morce pas ses scènes d'une façon vraie. Il est rare qu'il
les développe avec aisance et liberté. Il suit presque tou-

jours le même chemin, — un chemin bien propre, bien uni,
qui n'offre rien d'inattendu, et ne s'écarte guère de la ligne
droite. Il finit d'ordinaire dans le ton où il a commencé,
sans avoir jamais quitté les tons les plus analogues au ton
principal, oscillant régulièrement de la dominante à la
tonique, et soulignant les conclusions tonales, en élargissant les phrases vers la fin, et les ornant du *gruppetto* final
sur le dernier mot. Qui connaît le développement majestueux de l'un de ces récitatifs les connaît presque tous.

***

Il ne faudrait pas croire que cette impression de monotonie n'eût point frappé les contemporains de Lully. Beaucoup en jugeaient comme nous. La Viéville nous révèle que
certains se plaignaient de l'ennui de ses « fades récitatifs,
qui se ressemblent presque tous ». Les comédiens italiens
s'en moquaient, et Scaramouche chantait, dans l'acte II
des *Promenades de Paris* :

> Chantez, chantez, petits oiseaux,
> Près de vous l'Opéra, l'Opéra doit se taire.
> Vous faites tous les jours des chants, des airs nouveaux,
> Et l'Opéra n'en saurait faire.

A quoi les Lullystes avaient beau répliquer que « les
petits oiseaux » ne font pas tous les jours « des airs nouveaux »; ils étaient fort embarrassés pour défendre Lully.
Quoiqu'ils fissent grand bruit de sa merveilleuse fécondité, de la variété de ses accents, — en particulier de ses
Hélas! [1] — ils étaient bien forcés de reconnaître que leur
dieu se répétait souvent, non seulement dans ses récitatifs, mais dans ses airs et dans tous ses morceaux. On
ne pouvait nier que, dès son premier ouvrage, *Cadmus et
Hermione*, Lully « ne se fût plusieurs fois copié lui-
même ».

A cette critique gênante la réponse qu'ils faisaient

1 • Il y en a 2 à 300 dans ses pièces, écrit La Viéville, et d'une
variété, d'une force de chant prodigieuse!... »

était des plus ingénieuses. Ils prenaient texte de la remarque du chevalier de Méré :

Les personnes qui s'expliquent le mieux usent plus souvent de répétitions que les autres... C'est que les gens qui parlent bien vont d'abord aux meilleurs mots et aux meilleures phrases pour exprimer leurs pensées. Mais quand il faut retoucher les mêmes choses, comme il arrive souvent, quoiqu'ils sachent bien que la diversité plaît, ils ont pourtant de la peine à quitter la meilleure expression pour en prendre une moins bonne; au lieu que les autres, qui n'y sont pas si délicats, se servent de la première qui se présente.

Et ils la développaient ainsi :

Quinault a donné cent fois à Lully les mêmes sentiments et les mêmes termes à mettre en chant. Il n'est pas possible qu'il y ait cent manières de les y mettre également bonnes... Il avait tâché de prendre, la première fois, la meilleure expression; s'il ne l'avait pas attrapée, il l'a prise une autre fois, et puis il s'est servi ensuite des expressions les plus approchantes de la bonne, retournant et plaçant tout cela, selon les occasions, et avec tout l'art d'un savant musicien et d'un homme d'esprit. Mais lorsqu'il a senti que ses expressions ne pouvaient être nouvelles sans être impropres ou forcées, il n'a pu se résoudre à abandonner le naturel et la justesse pour la nouveauté, et il a mieux aimé varier un peu moins ses tons que d'en employer de méchants. — Je ne vous dis pas qu'il n'ait jamais été paresseux ni stérile. On a bien repris, et sans injustice quelquefois, Homère et Virgile d'être l'un ou l'autre : eux qui n'étaient pas des débauchés comme Lully. Mais je me persuade que Lully aurait souvent pu trouver des tons nouveaux, et ne l'a pas voulu, par attachement à la bonté des premiers, qu'il s'est contenté de déguiser, de changer un peu par de petites différences d'accords... *Cadmus* même en est une preuve... C'était son premier grand opéra. S'il s'y est copié lui-même en plusieurs endroits, ce ne peut être négligence ou paresse. Il avait trop d'intérêt à y réussir, pour y épargner ses soins. — Les chutes de son récitatif sont une des choses où il a été le plus taxé de pauvreté ou de négligence. Il leur ménage toute la variété qu'il peut... Il sait les rendre singuliers, lorsque le poète lui en donne lieu... Mais enfin, par quel secret, par quel effort Lully pourrait-il ne copier et ne répéter jamais rien, à moins qu'il ne sortît de la nature, ce qui est un remède pire que le mal, et qu'il laisse aux Italiens? — Le but de la musique est de *repeindre* la poésie. Si le musicien applique à un vers, à une pensée, des tons qui ne leur conviennent point, il ne m'importe que ces tons soient nouveaux et savants. Cela ne peint plus, parce que cela peint différemment; donc cela est mauvais. Dès que ma pensée par elle-même plaît, frappe, émeut, je n'ai point besoin d'aller chercher une phrase élégante : il me suffit que les mots rendent bien le sens... Bien exprimer, bien peindre, voilà le chef-d'œuvre. Quoi qu'il en puisse coûter au musicien pour y arriver, stérilité apparente, science négligée, il y gagnera toujours assez[1].

J'ai tenu à citer cette page en entier. Qu'on en partage ou non les idées, elle est un manifeste admirable de clarté, de raison virile et sûre de soi, qui annonce les fameux manifestes de Gluck. On a cherché à Gluck des précurseurs italiens : Algarotti, Calsabigi. Nous avons un précurseur français qui vaut bien ceux-là, et comme il est le théoricien du Lullysme, on voit par là que Gluck, en réduisant la musique à *repeindre* la poésie avec une fidélité scrupuleuse, n'a fait que suivre la tradition de Lully.

Mais nous n'avons, pour le moment, qu'à chercher dans ces lignes l'explication, ou l'excuse, de certains traits de la musique de Lully, de ses pauvretés, de ses répétitions. — Qu'en faut-il penser?

Je ne discuterai point la question de savoir si un vrai génie n'a pas plus d'une façon d'exprimer les mêmes choses, — ni si la nature offre deux fois une situation tout à fait identique. Admettons la théorie, qui est assez conforme à la robuste sobriété de l'esprit classique : des expressions peu variées, mais justes, et ne craignant pas de se répéter quand le sentiment se répète, par horreur pour l'exagération et les recherches affectées, qui efféminent et trahissent la pensée. — Est-il vrai toutefois que

1. Lecerf de la Viéville de la Fresneuse, *Comparaison de la musique italienne et de la musique française*, 1705, Bruxelles. — Quatrième conversation, p. 155 et suiv.

les répétitions de Lully proviennent de cette droiture d'esprit et de la crainte d'altérer ou de dépasser sa pensée?

Il y a un certain nombre de répétitions chez lui, qui sont en effet raisonnées, et procèdent d'un sentiment analogue à celui qu'expose La Viéville. Il est certain que les mêmes mots, les mêmes sentiments, éveillent chez Lully les mêmes phrases mélodiques. On en trouverait cent exemples : entre autres, les « *Revenez, revenez* » de *Thésée*, d'*Atys*, d'*Isis*, etc.

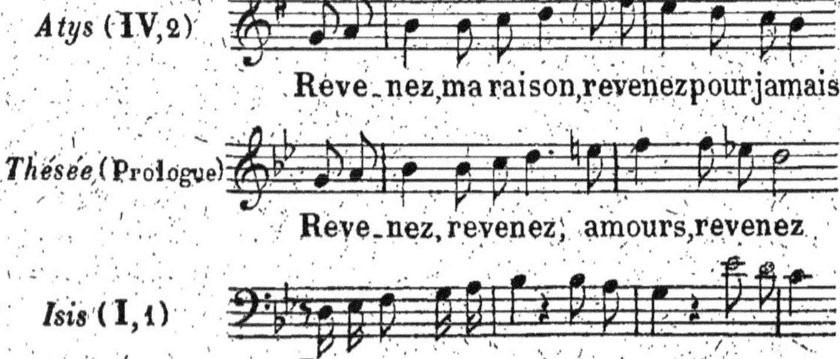

Atys (IV, 2)

Thésée (Prologue)

Isis (I, 1)

Il en est de même quand il a à peindre un ruisseau, ou le frémissement du vent, etc. Il reprend toujours des dessins pittoresques, à peu près identiques. On voit qu'il représente *le* ruisseau, *le* vent. C'est bien l'esprit abstrait et généralisateur du temps, l'esprit de la littérature d'alors qui étudie l'Homme en général, l'esprit de la peinture d'alors, même de la peinture de paysage, comme celle de Claude Lorrain, qui représente des arbres, dont il serait impossible de dire de quelle espèce ils sont, — des arbres en général. Rien d'étonnant à ce que l'esprit de Lully se complaise aussi à des types mélodiques, à des formules générales, qui reparaissent, chaque fois qu'il a à traduire le même ordre de sentiments ou de choses.

Mais il y a d'autres répétitions, et en fort grand nombre, qui ne rentrent pas dans cette catégorie, — des répétitions de forme qui ne correspondent pas à des répétitions du sentiment. J'en ai cité un exemple plus haut, dans une scène du premier acte d'*Armide*. Ce sont des clichés, des formules coulées dans le même moule; et, bien que la paresse de Lully explique, d'une façon assez plausible, ces pauvretés d'expression, ce n'est là qu'une demi-explication. On rencontre en effet ces répétitions dans les pages qui ne sont pas les moins importantes et les moins soignées de l'œuvre; et il y a là plus qu'une défaillance passagère du compositeur, il y a comme un système. Ce n'est plus l'identité d'un type de sentiment : — l'Amour, la Haine, — qui ramène l'identité du type mélodique. Fait bien plus grave encore : c'est l'identité d'un type de phrase oratoire. La construction logique du discours littéraire, sa mélopée monotone et sonore, se décalquent dans le discours musical. Et ceci, quel que soit le sentiment exprimé. En un mot, c'est le despotisme de la rhétorique du temps, avec son ample déroulement, ses périodes symétriques et ses pompeuses cadences. L'idéal qui règne dans l'ensemble de cette déclamation musicale est un idéal oratoire, bien plus encore que dramatique. Est-ce donc à dire que le modèle que suivait Lully, — la tragédie de Racine, déclamée par la Champmeslé, — offrit les mêmes caractéristiques? — Je le croirais volontiers. Rien ne peut nous remettre plus intimement dans l'esprit de cet art tragique et de son interprétation primitive, que tel de ces grands récitatifs, où Lully s'est appliqué à transposer la déclamation et le jeu de son temps, — en les grossissant un peu, mais sans altérer les proportions du modèle. Telle, la fameuse scène d'Armide trouvant Renaud endormi, qui resta, jusqu'au milieu du xviiie siècle, le modèle le plus parfait, non seulement du récitatif français, mais de la déclamation tragique française[1]. En dépit des critiques acerbes de Rousseau, qui ne trouve là « ni mesure, ni caractère, ni mélodie, ni naturel, ni expression », il y a dans l'ensemble de cette

---

1. Le Prévost d'Exmes rapporte, en 1779, qu'on fit déclamer à Mlle Lecouvreur ce monologue d'Armide : « *Enfin! il est en ma puissance* », et qu'on fut surpris de constater que sa déclamation était exactement conforme à celle de Lully.

scène une énergie puissante et une grande majesté; mais tous les mouvements de l'âme, toutes les inflexions de la voix, obéissent à une loi d'équilibre oratoire et moral, de symétrie logique, de convenance, de dignité et de décorum, qui commande et gouverne la passion et la vie. Nous avons aujourd'hui un autre idéal; et celui-ci nous semble noble, mais froid. Il ne paraissait pas tel aux hommes du XVIIe siècle [1]. Non seulement les gens de goût et les dilettantes instruits, mais le grand public, voyaient dans ces récitatifs la représentation fidèle et passionnée de la vie. La Viéville dit :

Lorsqu'Armide s'anime à poignarder Renaud dans la dernière scène de l'acte II, j'ai vu vingt fois tout le monde saisi de frayeur, ne soufflant pas, demeurer immobile, l'âme tout entière dans les oreilles ou dans les yeux, jusqu'à ce que l'air de violon qui finit la scène donnât permission de respirer, puis respirant là avec un bourdonnement de joie et d'admiration.

C'est que la déclamation de Lully correspondait exactement à la vérité théâtrale d'alors, c'est-à-dire à l'idée qu'on se faisait alors de la vérité, au théâtre. (Car il se peut que la vérité soit une et immuable; mais l'idée que nous en avons change perpétuellement.) Par l'ensemble de ses qualités et de ses défauts, le récitatif de Lully fut, très probablement, la traduction fidèle de l'idéal tragique de son temps; et, comme je le disais en commençant, ce n'est pas son moindre intérêt pour nous de nous avoir conservé, en musique, le reflet de la déclamation et du jeu de la tragédie de Racine.

---

1. Il importe de noter d'ailleurs que le récitatif de Lully — comme l'ensemble de sa musique — était exécuté, de son temps, et sous sa direction, d'une façon beaucoup plus vive et moins traînante qu'on ne le fait depuis. « On le chantait moins, et on le déclamait davantage. » — Je reviendrai plus loin sur cette question.

IV

ÉLÉMENTS HÉTÉROGÈNES
DE L'OPÉRA DE LULLY

On voit que le récitatif — la déclamation poétique de théâtre ou de salon, transposée en musique — est l'arête de l'opéra de Lully. Mais il ne faudrait pas croire que le reste de la construction répondît exactement à la charpente qui la supporte; elle n'est pas toujours du même style, elle n'est même pas très homogène : c'est une maçonnerie d'éléments divers, qui sont en quelque sorte bloqués autour du récitatif, comme du noyau de l'œuvre.

Dans tout grand artiste réformateur, il y a deux choses : son génie réformateur, qui a le plus souvent un caractère volontaire, raisonné; et son instinct, qui bien souvent le contredit. Les gens qui n'ont pas le sentiment très vif de la vie, telle qu'elle est, dans sa complexité et ses contradictions, sont sévères pour les artistes qu'ils trouvent en désaccord avec leurs propres principes. Ils ont une joie maligne à noter que Gluck, après ses belles théories sur le devoir pour la musique de calquer exactement le texte poétique, ne s'est pas fait faute de reprendre dans *Armide*, ou dans *Iphigénie en Tauride*, des airs de ses anciens opéras italiens, simplement parce qu'il les trouvait beaux et qu'ils lui plaisaient. Ils ne sont pas moins heureux de voir Wagner écrire un quintette dans les *Meistersinger*, et faire tel ou tel accroc à sa doctrine sacro-sainte. Et ils les dénoncent avec indignation, comme des renégats à leurs doctrines, ou même comme des farceurs, qui édictent des règles qu'ils se gardent de suivre. — C'est avoir là une idée bien abstraite et bien pauvre de ce qu'est un vrai artiste. Un vrai artiste est trop vivant pour pouvoir se réduire à l'expression de sa raison et de sa volonté. Quand même elles lui montreraient qu'une voie est la vraie, elles n'empêcheront jamais sa fantaisie créatrice de s'engager dans d'autres voies; et cela lui arrivera d'autant plus souvent qu'il sera plus vivant.

De plus, aucune révolution en art — ou ailleurs — ne se produit tout d'un coup, et n'annihile tout ce qui était avant. Les premiers révolutionnaires en art — et ailleurs — sont toujours, pour une bonne part, des conservateurs. Le passé et l'avenir se mélangent en eux, à des doses variables. Lully qui, en certaines choses, a été un novateur dans notre art, n'a fait, en beaucoup d'autres, que reprendre et que suivre les traditions passées. Ce n'est pas pour rien qu'il avait été si longtemps le musicien attitré des Ballets du Roi, et le collaborateur de Molière dans ses comédies-ballets. Jamais il n'a dépouillé tout à fait le vieil homme, le bouffon, le mufti, dont les pitreries avaient l'honneur d'exciter l'hilarité du Roi. Jamais il n'a dépouillé tout à fait son rôle d'organisateur des fêtes de la cour. Jamais enfin il n'a dépouillé tout à fait sa peau d'Italien. On retrouve, fréquemment, dans ses opéras français, la veine comique du *Bourgeois gentilhomme*, l'esprit et les formes des *Dialogues* de cour et des anciens ballets français; et, de loin en loin, l'Italien montre le bout de l'oreille.

Cette diversité d'éléments musicaux se laisse voir plus ouvertement dans ses premières œuvres, ainsi qu'il est naturel. En cela, *Cadmus et Hermione*, son premier opéra véritable, — puisque celui qui l'avait précédé : *les Festes de l'Amour et de Bacchus*, n'était qu'un pastiche fait d'un assemblage d'anciens airs à danser, — est particulièrement intéressant. C'est l'*Hippolyte et Aricie* de Lully. On y sent un Lully plus jeune, moins enfermé dans ses théories, un Lully qui risque là, pour la première fois, une très grosse partie, et qui veut la gagner, qui ne lésine point avec sa

musique, qui donne tout ce qu'il peut donner. Il n'y a
guère d'opéra de lui plus généreux, plus abondant, plus
libre. On y trouve déjà du Lully dramatique, et du meilleur, d'admirables exemples de déclamation pathétique.
On peut dire que dans tout son œuvre il y a peu de pages
comparables, pour la vérité de la déclamation, aux adieux
de Cadmus à Hermione. — On y trouve aussi le premier
type célèbre, à l'Opéra, d'un genre de scènes, qui devaient
avoir en France un succès étonnamment durable, puisqu'elles ont persisté jusqu'à nos jours : les scènes de
temples, de grands-prêtres, et de sacrifices ! La scène de
Lully est d'ailleurs supérieure à presque toutes celles qui
ont suivi; elle n'a rien de la solennité ennuyeuse et cabo-
tine qui caractérise ces caricatures de choses religieuses :
elle respire une jubilation héroïque.

A côté de ces grandes scènes, où Lully inaugure la tragédie lyrique de Rameau et de Gluck, on trouve une partie
comique très importante, et même une partie bouffe et
burlesque. D'abord, des rôles de bouffons italiens : le
valet poltron et matamore, et la nourrice amoureuse,
— deux personnages, qu'on rencontre partout, dans
l'opéra vénitien et napolitain. Et puis, il y a des géants
comme dans le *Rheingold*; mais, à la différence de ceux de
Wagner, les géants de *Cadmus* ne se prennent pas au
sérieux. Hermione, princesse captive, doit épouser l'un
d'eux; et ce géant a des compagnons de sa taille, qui
viennent danser un ballet en l'honneur de la princesse.

1. Il faut croire que ce genre de spectacle était dans notre sang;
car déjà dans *les Peines et les Plaisirs de l'Amour* de Cambert, en
1672, il y avait un acte fameux, — le second, — *le Tombeau de
Climène*, où l'on voyait, dans une allée de cyprès, autour d'un
sépulcre blanc, se dérouler une noble pompe funèbre. — Les Français
de la fin du xviie siècle étaient très fiers de ces scènes lyriques,
qu'ils considéraient comme une spécialité nationale. « Les sacrifices,
les invocations, les serments, dit Lecerf de la Viéville, sont des
beautés inconnues chez les Italiens. » — On reconnaît le goût
pompeux des Français de ce temps : leur esprit néo-antique se
combinait ici avec leur prédilection de catholiques romains pour
l'apparat des grandes cérémonies religieuses.

Il est clair que tout ceci nous éloigne de la tragédie lyrique, et nous ramène aux ballets italiens et français de la première moitié du siècle. — La musique a les mêmes caractères. Dans les airs comiques ou dansés, le style bouffe italien, à la façon de Cavalli, ou de Cesti[1], voisine avec le style des pastorales de Cambert, ou des comédies-ballets, dont Lully écrivait la musique pour Molière[2]. Ce sont des airs de concert, intercalés dans l'opéra. Et l'on peut dire qu'en somme, dans ce premier opéra, l'opéra proprement dit tient la plus faible place. Les trois quarts sont pris par de la musique de concert, de pastorale, d'airs de cour, d'opéra-bouffe, et de comédie-ballet. Toute cette partie de l'œuvre est fort intéressante, et souvent excellente. On sent que Lully y était à son aise : c'était sa première, sa vraie nature ; il eut beaucoup de peine à y renoncer. S'il ne s'était pas contraint, il n'en fût jamais sorti ; et, qui sait ? il n'en eût peut-être pas eu moins de gloire.

Cadmus ayant obtenu un succès triomphal[3], Lully ne

1. Airs du valet Arbas.

2. L'air d'Arbas : *Quelque embarras que l'amour fasse*, rappelle l'air des Poitevins du *Bourgeois gentilhomme*. L'air-rondeau des Faunes et l'air de Pan : *Que chacun se ressente*, a trouvé certainement son modèle dans les pastorales de Cambert. La charmante chaconne chantée de l'acte I : *Suivons l'amour*, est tout à fait dans le style de la comédie-ballet. Certains airs sont presque des airs de vaudevilles : ainsi, l'air de la nourrice : *Ah! vraiment, je vous trouve bonne...* A côté des airs à danser, il y a des airs d'un comique très fin, comme le joli air d'Aglante : *On a beau fuir l'amour*, qui montrent que Lully aurait pu, s'il avait voulu, être un de nos plus charmants petits maîtres, et fonder notre opéra-comique. Mais ce qui abonde surtout dans *Cadmus*, ce sont les airs de cour, les chansons galantes, dans le style de Lambert, faites pour le concert, bien plus que pour le théâtre (Air du Soleil, airs de Charite, etc.).

3. Le Roi s'enthousiasma pour *Cadmus*, et, jusqu'à ses derniers jours, il lui resta fidèle. Lecerf de la Viéville raconte que, dans sa vieillesse, venant d'entendre des airs de Corelli, qui était alors à la mode, Louis XIV se fit jouer par un violon de sa musique un air de *Cadmus*, et dit : « Je ne saurais que vous dire : voilà mon goût à moi ». — Naturellement, la cour partagea ce goût ; et *Cadmus* gagna définitivement la cause, encore fort incertaine, de l'opéra français.

songea pas tout de suite à changer sa manière; et l'opéra
qui suivit, *Alceste*, en 1674, offre le même caractère hétérogène, — pourtant un peu moins marqué. — La comédie y
tient encore une place considérable. Non seulement il y a
de grandes scènes comiques, d'une ampleur, — on pourrait presque dire — d'une majesté admirable, comme la
scène de Caron, qui ouvre l'acte IV; mais, comme dans
Cadmus, des airs bouffes, du genre vénitien[1], et des airs
de vaudevilles très caractérisés, comme l'air de Straton,
qui sent la chanson populaire :

On est frappé aussi du grand nombre de vocalises et de
roulades que se permet encore Lully. Son style n'est pas
encore arrêté, et il s'efforce à un compromis entre les
éléments anciens et nouveaux, étrangers et français.

Mais *Alceste* ne réussit pas, cette fois, sans conteste. On
fut choqué du mélange de tragique et de bouffon, qui était
particulièrement déplacé dans ce beau sujet antique[2]. Ce
fut une bonne indication pour Lully. Déjà, le *Thésée* de
1675, sans avoir abdiqué le comique, ne tolère plus qu'un
comique de demi-teinte, qui ne détonne pas trop avec le
reste de l'action tragique, comme le duo des vieillards

1. Ainsi, les airs de Licomède et de Céphise.
2. « On reprocha à Quinault, dit Boscheron, d'avoir gâté le sujet
d'Euripide avec des épisodes inutiles. » — On trouvera l'écho
des polémiques, que suscita *Alceste*, dans l'écrit apologétique de
Charles Perrault : *Critique de l'Opéra, ou examen de la tragédie intitulée
Alceste, ou le triomphe d'Alcide* (publiée dans le *Recueil de divers
ouvrages en prose et en vers*, dédié par Le Laboureur à S. A. Mgr le
prince de Conti, 1675).

athéniens, petite caricature de bon goût, qui garde un parfum attique.

Atys, en 1676, marque décidément un changement d'orientation dans l'opéra. A partir de ce moment, Lully, suivant le goût de la jeune cour, galante et raffinée, adopte un idéal racinien; son opéra devient une sorte d'élégie amoureuse, d'où est banni le comique, et surtout le bouffon, le vulgaire. Le premier acte d'*Atys*, qui sembla à ses contemporains le chef-d'œuvre de la tragédie lyrique, et que Lecerf de la Viéville déclare presque « trop beau », parce qu'il tue tout ce qui suit, est une élégie romanesque, dont la majeure partie est composée d'airs de pastorale, au milieu desquels s'intercale habilement une scène d'amour, tendre, délicate, touchante, qui rappelle certaines scènes de *Bérénice*, mais qui n'a rien de proprement tragique. La seule scène de l'opéra, qui soit vraiment dramatique, la scène du meurtre de Sangaride par Atys rendu fou par Cybèle, puis de son retour à la raison, de la découverte de son crime, qui l'atterre, et enfin de son suicide, — scène qui eût voulu la puissance sauvage de Gluck, — se résout immédiatement en une fête pastorale et une apothéose. On sent que, de propos délibéré, Lully tend à éliminer de l'opéra tout ce qu'il a d'excessif, aussi bien dans le tragique que dans le comique.

Le succès d'*Atys* fut très grand; et l'on sait que l'œuvre reçut le nom d' « Opéra du Roi », qui le préférait à tout autre. Peut-être, toutefois, dans son désir d'épurer, de sublimer l'opéra, de ne lui laisser que ses éléments les plus nobles et les plus exquis, Lully avait-il passé la mesure; car Saint-Evremond dit, après avoir reconnu la beauté de l'œuvre : « Mais c'est là qu'on a commencé à connaître l'ennui que nous donne un chant continué trop longtemps ». Il y avait, en effet, à ce nouveau système un danger de monotonie, que Lully devait sentir lui-même et s'appliquer à pallier, dans la suite[1]. Néan-

---

1. Dès la pièce suivante, il donne un nouveau coup de barre. Sans rompre aussi brutalement que dans *Alceste* l'équilibre de la tragédie, et en prenant bien garde de conserver à celle-ci ses nobles lignes,

moins, on peut dire qu'à partir d'*Atys*, son idéal de l'opéra
est à peu près fixé ; à la remorque du goût français d'alors,
il sacrifie la comédie, et préfère au drame passionné la
peinture des nuances du sentiment, la tragédie de salon
ou de cour, psychologique, galante et oratoire. Ce n'est
plus la comédie-ballet. C'est la tragédie-ballet.

Il réalisa cet art, ainsi qu'il le voulait; mais il eut beau
faire : ce fut toujours chez lui œuvre de volonté; et jamais
il ne réussit à étouffer son ancienne nature. Il était
essentiellement un compositeur de ballets royaux; et il le
resta toujours. Toutes les fois que, par exception, il
revient à ce genre, ou que les opéras qu'il traite s'en
rapprochent, en quelque manière, il y apporte une délicatesse de touche et une verve originale qu'il a rarement
ailleurs.

Sa veine comique, malheureusement comprimée après
Alceste[1], s'est, malgré tout, fait jour à diverses reprises; et
elle a produit çà et là de petits chefs-d'œuvre, comme le
duo des vieillards de *Thésée* ou le trio des frileux d'*Isis*. Et,
dans sa dernière œuvre, elle lui a même fait créer un
caractère comique d'une ampleur et d'une jovialité admirables, le Polyphème d'*Acis et Galatée*. Le comique de Lully
s'attaque volontiers aux défauts physiques, qu'il note d'une
façon plaisante : c'est le chevrotement de voix des vieillards
athéniens, ou le grelottement des peuples hyperboréens,
qui claquent des dents sous la neige et les glaçons. Cette
malignité d'observation musicale est un trait italien que
l'on peut relever déjà chez Cavalli. Le Polyphème d'*Acis*

Lully réintroduit, mais avec discrétion, l'élément comique dans son
admirable *Isis*, de 1677, « pour laquelle il avait pris, dit La Viéville,
une peine infinie ». Il y varie, autant que possible, le spectacle, les
danses, les fines symphonies, et tâche de réchauffer l'action.

1. Perrault a bien raison de déplorer, dans sa défense d'*Alceste*,
que les « connaisseurs » puissent décréter à tort et à travers, et
imposer leur goût au grand public. Le grand public trouvait plaisir
à ce mélange du comique et du tragique, à « ces petites chansons »;
mais, intimidé par l'arrêt de l'élite, il n'osa pas les défendre.
« Serait-ce à cause qu'elles ne valent rien, demande Perrault, que
tout le monde les sait par cœur, et les chante de tous côtés ? »

est caractérisé par un certain trait vocal, sorte de *leit motiv* chanté, qui revient à diverses reprises, et qui veut rendre, semble-t-il, la démarche grotesque et saccadée du monstre amoureux. L'orchestre qui l'accompagne a des trouvailles burlesques. Dans l'entrée de Polyphème et de sa suite, à l'acte II, « des sifflets de chaudronnier », dit Lecerf de la Viéville, venaient couper d'une façon plaisante la marche lourdement bouffonne. — Le comique était si naturel à Lully qu'il lui est arrivé plus d'une fois d'être comique malgré lui. Les Lullystes eux-mêmes lui reprochaient de s'être laissé entraîner parfois à « une gaieté mal placée », ou à un « badinage vicieux », ainsi que l'écrit La Viéville à propos d'un air de *Phaéton* et d'un duo de *Persée*. Tel chœur d'*Armide* est bien près d'une parodie à la façon d'Offenbach. Il semble que la nature exubérante de l'Italien fasse éclater par moments les contraintes qui pèsent sur elle [1].

S'il n'a pu — et cela est très regrettable — développer librement son génie comique, en revanche, il a eu toute licence pour transplanter du ballet dans l'opéra la Pastorale proprement dite ; et c'est peut-être dans cette partie de son œuvre qu'il a mis le plus de sincérité, d'émotion, et de poésie véritable.

Le sentiment pastoral a été très fort au XVIIe siècle. C'est une belle plaisanterie de prétendre, comme on l'a fait parfois, que le siècle de Louis XIV n'avait pas le sentiment de la nature. Il l'aimait profondément, quoique d'une façon très différente de la nôtre. C'était le siècle des jardins, des grands bois, des fontaines, des eaux dormantes. Certes, la nature inculte et désordonnée n'était pas celle qui lui plaisait. Il ne cherchait pas en elle ces forces sauvages qui nous attirent, comme si nous n'en avions plus assez en nous ; il lui demandait seulement le bienfait du calme, de la sérénité, cette belle joie un peu ruminante,

1. Lully se délassait de ses opéras en écrivant des vaudevilles et des chansons bachiques. « Il chantait la basse, et accompagnait de son clavecin. » — Combien peut-on noter, dans ses opéras, d'airs qui ont le caractère de vaudevilles !

à la fois matérielle et morale, que les tempéraments sains et robustes, les êtres d'action connaissent peut-être mieux que les autres, — qu'en tout cas ils sont plus aptes à goûter. Il est remarquable que les trois musiciens classiques, qui ont le mieux exprimé ce voluptueux endormement dans la nature, sont aussi les forces les plus énergiques de la musique : Hændel, Gluck et Beethoven. Le XVIIe siècle — italien, allemand, anglais et français — eut, tout entier, le sentiment pastoral; et nous le voyons fleurir chez les plus grands maîtres de l'opéra, chez Monteverde, chez Cavalli, chez Cesti, chez Purcell, chez Keiser, et, dans une certaine mesure, chez Cambert[1]. Mais aucun ne fut comparable, en ceci, à Lully. Dans ce genre, cette âme sèche, superficielle, et plus intelligente que vraie, atteint à une sincérité et à une pureté d'émotion, qui l'égalent aux plus grands poètes de la musique. Il n'y a presque pas d'opéra de lui, où cette poésie de la nature, de la nuit, du silence[2] ne s'exhale. C'est le prologue de *Cadmus*, c'est la scène champêtre de *Thésée*, c'est le sommeil d'*Atys*, c'est l'élégie de Pan dans *Isis*, ce sont les chœurs et les danses de nymphes dans *Proserpine*, c'est la symphonie et le chant de la Nuit dans le *Triomphe de l'Amour*, c'est la « noce de village » de *Roland*, c'est le sommeil de Renaud dans *Armide*, c'est sa dernière œuvre, *Acis*, qui est une pastorale.

« Le sommeil de Renaud » a été, comme on sait, repris en musique par Gluck, avec une incomparable puissance de séduction. Il est visible que Gluck a voulu faire oublier l'air célèbre de son prédécesseur, et il y a réussi. Toutefois, la beauté de la page de Lully reste intacte, et, à certains égards, plus haute que celle de Gluck. Rien de plus inté-

---

1. Sans parler des maîtres de l'air de cour, le charmant Guesdron, Boësset, et surtout Lambert, qui fut en cela, comme en beaucoup d'autres choses, un des modèles de Lully.

« En airs champêtres, dit Lecerf de la Viéville, Lully est notre héros, ou du moins l'égal de Lambert. »

2. Voir le *Triomphe de l'Amour*, et « la douce harmonie, qui se mêle et s'accorde avec la voix de la Nuit. La Nuit, Diane cachée, le Mystère, le Silence, les Songes... »

ressant qu'un rapprochement des deux œuvres. Naturellement, les moyens instrumentaux de Lully sont plus réduits, et ses lignes beaucoup plus simples; mais justement, par là, combien elles sont plus belles! Le délicieux orchestre de Gluck a peint une vraie symphonie pastorale, toute pleine des murmures des violons, des gazouillis des bois; les lignes s'entrelacent comme des frondaisons; partout, de petits trilles, comme des voix d'oiseaux : c'est une nature grasse, abondante, pleine du bruit des êtres, — une nature un peu flamande. Écoutez maintenant le simple déroulement de la symphonie de Lully, ce flot inaltérable des violons en sourdine, cette sereine mélancolie. A côté du paysage touffu de Gluck, cela est net et pur, comme une belle silhouette sur la lumière, un dessin de vase grec. — Après une page de symphonie, où chacun des deux musiciens a peint l'atmosphère, le fond lumineux du tableau, le chant s'élève. Ici, la supériorité de Lully me paraît éclatante, — sauf dans les dernières mesures, peut-être, où, avec le goût de son siècle pour l'œuvre achevée, il a voulu trop *terminer* son air, au lieu que Gluck, plus réaliste, le fait s'alanguir peu à peu, puis le laisse comme suspendu, dans l'engourdissement du sommeil. Mais avec quelle beauté naturelle et sûre d'elle-même la voix, dans l'air de Lully, se pose sur le courant tranquille de l'orchestre! La déclamation coule, entraînée par son propre rythme. La déclamation de Gluck est bien plus contestable; elle dépend de l'orchestre; elle ne plane pas au-dessus : l'homme est absorbé dans la nature. Il garde sa personnalité, chez Lully : le principe esthétique de son temps, c'est que la voix doit être toujours, et dans tous les cas, le premier instrument des passions.

Votre héros va mourir d'amour et de douleur, écrit La Viéville, il le dit, et ce qu'il chante ne le dit point, n'est point touchant : je ne m'intéresserai point à sa peine... Mais l'accompagnement ferait fendre les rochers... Plaisante compensation! Est-ce l'orchestre qui est le héros? — Non, c'est le chanteur. Eh bien donc, que le chanteur me touche lui-même, qu'un chant expressif et tendre me peigne ce qu'il souffre, et qu'il ne remette pas le soin de me toucher pour lui à l'orchestre, qui n'est là que par grâce et par accident. *Si vis me flere...* Si l'orchestre s'unit au chanteur pour m'attendrir, fort bien : ce sont deux manières d'exprimer pour une. Mais la première et la plus essentielle est celle du chanteur.

Je ne pousse pas plus avant cette comparaison des deux scènes de Lully et de Gluck : il ne peut être question de la supériorité de l'un des artistes sur l'autre, mais d'un double idéal, de deux arts différents et également parfaits. Les mélodies de Gluck sont parfois médiocres, et la beauté de son art est surtout morale : une grande âme y est empreinte. La noblesse de Lully est surtout plastique; elle tient à la suavité des lignes, d'ailleurs peu variées : quelques traits, un profil, mais exquis, et une atmosphère sereine, pâle, transparente. La scène pastorale d'*Atys*, et surtout celle d'*Isis*, — la nymphe plaintive, qui, changée en roseaux, gémit harmonieusement, — montrent, avec plus de pureté encore, cet idéal hellénique.

Il est enfin, dans chaque opéra de Lully, toute une partie qui forme un véritable ballet de cour : c'est le Prologue. Ce n'est pas le moins intéressant de l'œuvre, et Lully y met tous ses soins. Le Prologue est une petite pièce à part de la grande : c'est, par exemple, dans *Proserpine*, la Paix enchaînée et opprimée par la Discorde, qu'à la fin la Victoire vient délivrer. Il a souvent une petite intrigue, très froide assurément, puisqu'elle est toujours allégorique et adulatrice, mais qui prête à de belles combinaisons d'airs de cour et de danses. On sait le charme du prologue de *Thésée*, qui se passe dans les jardins et devant la façade du palais de Versailles, — ou du prologue d'*Amadis*, qui est une sorte de réveil de la Belle au bois dormant, au milieu de sa cour. Avec leur allégresse patriotique et leurs allusions aux événements récents de l'histoire militaire — ou galante — du grand Roi [1], les Prologues de Lully ont un

1. Peut-être n'a-t-on pas assez montré l'intérêt historique des livrets de Quinault. Constamment ils reflètent, d'une façon à peine

àir de fêtes nationales de la vieille France; et ils sont le dernier refuge du ballet de cour. On y retrouve, le Lully des comédies-ballets : ce sont des collections de petits airs galants, de duos, de trios, de chœurs de concerts, entremêlés de danses, souvent chantées, ou dansées et chantées alternativement. Il s'y ajoute enfin de petites symphonies, des marches et des cortèges.

voilée, les événements de la cour; et, comme aucun de ces poèmes ne fut écrit sans avoir été soumis au Roi et discuté par lui, il est permis de retrouver dans certaines scènes, l'inspiration ou l'influence personnelle du Roi. Telle, dans *Proserpine*, la scène fameuse de Cérès et de Mercure, pleine d'allusions aux infidélités amoureuses du Roi, qui était alors épris de Mlle de Fontanges, et qui oppose aux reproches jaloux de Mme de Montespan l'exemple de Cérès délaissée et de son chagrin décent. Les contemporains ne s'y trompaient point : « Il y a une scène de Mercure et de Cérès qui n'est pas bien difficile à entendre, écrivait Mme de Sévigné, le 9 février 1680 : *il faut qu'on l'ait approuvée*, puisqu'on la chante. »

Les Prologues, dont le Roi est toujours le héros, suivent l'histoire des guerres et des traités. *Isis* célèbre les victoires navales que venaient de remporter Jean Bart, Duquesne et Vivonne. *Bellérophon* et *Proserpine* chantent la paix triomphante — et, déjà, menaçante pour la sécurité du reste de l'univers.

« *Il soumettra tout l'univers* », annonce Quinault, commentant, à sa façon, la lettre de Mme de Sévigné à Bussy : « La paix est faite. Le roi a trouvé plus beau de la donner cette année à l'Espagne et à la Hollande que de prendre le reste de la Flandre. Il le garde pour une autre fois. »

L'histoire du règne défile dans ces Prologues. Jusqu'aux chambres de réunions, auxquelles on peut trouver une allusion dans le prologue de *Persée*!

V

LES SYMPHONIES DE LULLY

Les symphonies de Lully nous semblent aujourd'hui la partie la moins intéressante de son œuvre. Ses ouvertures paraissent massives et compassées. M. Lionel de la Laurencie note que leurs thèmes, tous d'une architecture à peu près identique, « constituent en musique l'équivalent des termes généraux du langage ». — Les danses ne témoignent pas non plus d'une grande variété; à quelques exceptions près, elles n'ont ni la curiosité de rythmes de l'époque précédente, ni la grâce et l'invention harmonique et mélodique de l'époque suivante.

Et pourtant, ces symphonies diverses ont beaucoup contribué au succès des opéras de Lully; on peut même dire que, de tout son œuvre, rien n'a été plus apprécié en Europe et n'a eu plus d'influence sur l'évolution musicale. Elles n'ont trouvé de détracteurs, du vivant de Lully, que parmi les Italiens, qui ne les connaissaient, comme nous, que par la lecture, et les trouvaient, comme nous, « insipides et monotones ». Serait-ce donc que nous aurions perdu le secret de cette musique, avec celui de son exécution? C'est ce que je voudrais examiner.

Pour les ouvertures, il est à remarquer d'abord qu'elles étaient faites expressément pour de grands théâtres. Elles ont un caractère monumental. Marpurg reconnaît qu'à l'Opéra de Dresde « les ouvertures passablement sèches de Lully font toujours meilleur effet, quand elles sont exécutées par tout l'orchestre, que les ouvertures beaucoup

plus aimables et plus plaisantes d'autres compositeurs
célèbres, qui paraissent au contraire incomparablement
supérieures quand on les entend jouer dans un concert de
musique de chambre [1] ».

Ces ouvertures ont fondé le type de l'ouverture française.
Il n'était pas plus de l'invention de Lully que le type de
l'ouverture italienne n'a été créé, comme on l'a dit, par
Alessandro Scarlatti [2]. De même que Scarlatti avait eu, en
ceci, pour devancier Stefano Landi, dès 1632, — de même
Lully avait pu prendre exemple sur Cavalli, sur Cambert
ou sur Cesti [3]. Mais, comme Scarlatti, Lully a définitivement
établi son type d'ouverture, et l'a rendu classique. Cette
ouverture se compose d'un premier mouvement lent, massif
et saccadé, de mesure binaire, puis d'un mouvement vif et
sautillant, fugué, ordinairement de mesure ternaire, après
lequel vient souvent une péroraison grave de rythme binaire, qui reprend parfois les phrases du commencement,
en les élargissant, pour conclure avec plénitude. Ç'a été le
modèle de Hændel. M. H. Parry a montré combien l'auteur du *Messie* a suivi de près l'exemple des ouvertures
lullystes, et, en particulier, de celle de *Thésée* : c'est la
même architecture, la même majesté, et parfois jusqu'aux
mêmes progressions d'harmonies lourdes et puissantes.

Ces ouvertures, peu variées, se copiant souvent les
unes les autres, mais bien taillées, et d'un dessin très net,
ravissaient le public français du XVIIe siècle. « Les ouvertures de Lully, dit La Viéville, sont un genre de symphonie presque inconnu aux Italiens, et en quoi leurs
meilleurs maîtres ne seraient auprès de lui que de bien
petits garçons ». — « Grande marque de perfection »,

1. Marpurg, *Historisch-kritische Beyträge zur Aufnahme der Musik*,
1754, Berlin. — I, 217.

2. On sait que le type de l'ouverture italienne, déjà esquissé par
Landi dans le second acte de son *S. Alessio*, comprend essentiellement
un mouvement rapide, un mouvement lent, et un mouvement rapide.

3. M. Henry Prunières revendique l'invention de l'ouverture française pour Lully. Il en montre le premier exemple bien net dans le
ballet d'*Alcidiane* (1658), et il pense que Cesti a pu s'en inspirer.
(*Notes sur les origines de l'ouverture française*, I. M. G., 1911.)

ajoute-t-il (et cette remarque est caractéristique), « elles
se font sentir (c'est-à-dire écouter) sur toutes sortes
d'instruments ». Un amateur fit mieux encore : il écrivit
des paroles sur le premier mouvement de l'ouverture de
Bellérophon : « Quoique tous les airs que M. de Lully a faits
dans cet opéra, pour les violons, soient admirables, écrit
le *Mercure Galant* en mai 1679, celui-là est particulièrement
estimé. *Comme apparemment vous l'aurez retenu pour le chanter*,
je vous envoie des vers qui ont été faits sur cet air par une
personne de qualité :

> *Soupirez, mais sans espérer,*
> *Mon cœur, c'est à présent assez de l'adorer...* »

Et, de fait, la musique se prête assez bien à cette adap-
tation.

Il faut noter ce mot : « Vous avez sans doute retenu
l'air de cette ouverture pour la chanter ». Il nous fait comprendre ce qu'on entendait alors par musique instrumentale. Un des secrets du succès des premiers morceaux
d'ouvertures de Lully, c'est qu'ils étaient mélodiques et
bâtis sur d'assez beaux chants que l'on retenait aisément.

Ces ouvertures continuèrent de passionner en France, au
XVIIIe siècle. On se souvient du passage de la lettre burlesque que J.-J. Rousseau prête à un « symphoniste de
l'Académie royale de musique », écrivant « à ses camarades
de l'orchestre » :

Enfin, mes chers camarades, nous triomphons : les bouffons
sont renvoyés. Nous allons briller de nouveau dans les symphonies de M. Lulli... Qu'étaient devenus ces jours fortunés
où l'on se pâmait à cette célèbre ouverture d'*Isis*, et où le
bruit de notre premier coup d'archet s'élevait jusqu'au ciel,
avec les acclamations du parterre ?

Cette forme instrumentale eut une diffusion extraordinaire à l'étranger. J.-J. Rousseau écrit dans son Dictionnaire, à l'article : *Ouverture*, que les ouvertures de Lully
servaient souvent d'introductions aux opéras romains et
napolitains joués en Italie. Après quoi on les gravait,

sans nommer l'auteur, en tête des partitions de ces opéras italiens. — Ce fut surtout en Allemagne que l'ouverture lullyste trouva un champ favorable à son développement. Elle y fut introduite par les élèves personnels de Lully : Cousser, G. Muffat, Joh. Fischer. Elle se maintint avec éclat dans la Suite d'orchestre, avec des maîtres tels que J.-Ph. Krieger, Telemann, J.-Seb. Bach, jusqu'au milieu du XVIIIe siècle, tandis que dans son pays d'origine, en France, elle avait été depuis longtemps déjà battue en brèche par la forme des concertos de Corelli.

**

Il y avait d'autres symphonies, au cours des opéras de Lully ; et de celles-là, nous ne parlons jamais, quoiqu'elles soient, en réalité, une des parties les plus pures, les plus parfaitement belles de son œuvre. Ce sont des sortes de grands paysages poétiques, — des paysages intérieurs, — la peinture de l'atmosphère morale, qui enveloppe une scène. Ces symphonies faisaient corps avec la pièce, et « y jouaient un rôle », comme dit l'abbé Du Bos, qui cite, comme exemples, la symphonie d'*Atys* et celle du cinquième acte de *Roland*, « qu'on appelle *Logistille* ». — « Elles donnent l'idée, dit-il, de celles dont Cicéron et Quintilien disent que les Pythagoriciens se servaient pour apaiser, avant que de mettre la tête sur le chevet, les idées tumultueuses de la journée[1]. » — Ce n'est pas de la musique descriptive, mais de la musique qui suggère des états d'âme précis. Et Du Bos, dans une curieuse page, qui fait honneur à la critique musicale de son temps, analyse, de ce point de vue, la symphonie *Logistille*. Du Bos, qui a pour principe : « *Ut pictura musica* », ou encore : « La musique est une imitation[2] », — en prenant le mot dans le sens très large d' « imitation morale », — entreprend de démon-

---

1. Abbé Du Bos, *Réflexions critiques sur la poésie et sur la peinture.*
2. *Id.*, I, 460.

trer que la *Logistille* de *Roland* « est entièrement dans la vérité de l'imitation » :

Ce n'est point le silence, dit-il, qui calme le mieux une imagination trop agitée[1]. L'expérience et le raisonnement nous enseignent qu'il est des bruits beaucoup plus propres à le faire que le silence même. Ces bruits sont ceux qui, comme celui de *Logistille*, continuent longtemps dans un mouvement presque toujours égal, et sans que les sons suivants soient beaucoup plus aigus ou plus graves, beaucoup plus lents ou plus vites que les sons qui les précèdent, de manière que la progression du chant se fasse le plus souvent par les intervalles moindres. Il semble que ces bruits qui ne s'accélèrent ou ne se retardent, quant à l'intonation et quant au mouvement, que suivant une proportion lente et uniforme, soient plus propres à faire reprendre aux esprits ce cours égal dans lequel consiste la tranquillité, qu'un silence qui les laisserait suivre le cours forcé et tumultueux dans lequel ils auraient été mis[2].

D'autres symphonies encore ont un caractère plus descriptif : elles veulent représenter, par exemple, le mugissement de la terre, ou le sifflement des airs, quand Apollon inspire la Pythie, dans *Bellérophon*, ou dans *Proserpine*[3]. Mais même ici, le musicien ne prétend pas reproduire ces bruits. « Ce sont au reste des bruits qu'on n'a jamais entendus. » Le modèle manquerait, si on voulait l'imiter. Aussi, Lully cherche-t-il simplement, comme dit Du Bos, à « produire, par le chant, l'harmonie et le rythme, un effet approchant de l'idée que nous avons ». Il s'agit de suggérer les spectacles, et non de les reproduire. — L'important, c'est que, dans tous les cas, ces morceaux symphoniques ne sont pas de la musique pure, et ne doivent pas être pris comme tels, sous peine d'être mal compris. Du Bos prétend qu' « ils plairaient médiocre-

1. Il s'agit ici de Roland qui revient à la raison.
2. *Id.*, I, 456-57.
3. Nous avons cité, plus haut la scène fameuse d'*Isis*, où Lully aurait, au dire de ses contemporains, cherché à évoquer, « le gémissement du vent, l'hiver, dans les portes d'une grande maison ».

ment comme sonates ou morceaux détachés ». Leur valeur est dans « leur rapport avec l'action » [1].

Il en était de même des Marches, qui, bien qu'elles nous semblent devoir être considérées comme des œuvres de musique pure, se rattachaient pourtant étroitement à l'action, à la fois parce qu'elles correspondaient à un spectacle donné, à des évolutions et à des mouvements précis, et parce qu'elles avaient, non seulement la prétention, mais réellement le pouvoir de communiquer au public l'enthousiasme guerrier des héros mis en scène. Rien n'a agi plus puissamment sur le public de Lully que ses marches et ses symphonies guerrières.

Les Italiens nous cèdent pour les marches et les symphonies guerrières, dit La Viéville. Celles qu'ils font, sont moins animées d'un certain feu noble et martial, que fougueuses et furieuses.

Ainsi, il ne nie point la *furia* italienne; il reconnaît même la supériorité des symphonies italiennes de tempête et de fureur; et l'apologiste de Lully se trouve ici d'accord avec le détracteur de Lully, l'abbé Raguenet, qui écrit que « les symphonies italiennes remuent avec tant de force les sens, l'imagination et l'âme, que les joueurs de violon qui les exécutent ne peuvent s'empêcher d'être transportés et d'en prendre la fureur; ils tourmentent leur violon et leur corps, et ils s'agitent comme des possédés ». Mais, pour la plupart des Français, — et leur goût faisait loi dans presque toute l'Europe, — c'était là un défaut, et non une qualité. Cette furie désordonnée n'avait rien à voir avec la force véritable, faite de raison, de volonté et de puissante santé. Cette force vraiment « noble et martiale », comme dit La Viéville, semblait aux contemporains de Louis XIV se dégager des marches de Lully et de ses

---

1. Ai-je besoin de dire que Du Bos exagère une idée juste, et que, tout en étant écrites pour un effet précis, des pages comme *Logistille*, ou telle symphonie du Sommeil ou du Silence, sont d'admirable musique, qui a la perfection, la délicatesse de touche et la sérénité de Hændel.

symphonies guerrières. Elles avaient une renommée européenne. « Quand le prince d'Orange voulut une marche pour ses troupes, il eut recours à Lully, qui la lui envoya. » Ainsi, — le fait est curieux, — les armées qui marchaient contre la France marchaient, comme les armées de France, au son des marches de Lully. Encore au XVIIIe siècle, l'abbé Du Bos, qui écrit au temps de Rameau, dit que « les bruits de guerre de *Thésée*[1] eussent produit des effets fabuleux sur les anciens.... Nous-mêmes, ajoute-t-il, ne sentons-nous pas que ces symphonies nous agitent... et agissent sur nous à peu près comme les vers de Corneille?... »

Voilà donc tout un côté héroïque du génie de Lully, qui a échappé aux ennemis de l'opéra, tels que Boileau, s'obstinant à lui refuser « les expressions vraiment sublimes et courageuses ». Tout au contraire, la vigueur martiale de cette musique a été un des éléments de sa popularité.

**

Restent les danses, qui sont peut-être de tout l'œuvre de Lully ce qui nous échappe le plus : car nous les confondons dans la masse des danses anciennes, tandis que les contemporains y voyaient une révolution dans la danse; et surtout, nous y voyons de la musique pure, alors que Lully écrivait presque toujours de la pantomime dramatique.

1. Du Bos veut parler sans doute de la « *Marche des sacrificateurs et des combattants qui apportent les étendards et les dépouilles des ennemis vaincus* », au premier acte de *Thésée*. C'est, en effet, une scène d'une ampleur admirable, — une sorte de marche des armées victorieuses de Louis XIV.

Plus somptueuse encore est la scène et marche du sacrifice à Mars, au troisième acte de *Cadmus*. M. Reynaldo Hahn l'appelle justement « un beau fragment décoratif conçu dans le style de Le Brun ». Elle garde dans sa solennité grandiose un caractère de vivante épopée et une allégresse héroïque.

Voir aussi, au premier acte d'*Amadis*, la *Marche pour le combat de la Barrière* et l'air des *Combattants*.

Il est à noter que Lully, jusqu'à la fin de sa vie, resta essentiellement, dans l'opinion publique, ce qu'il avait été à ses débuts : un compositeur de ballets. Jusqu'à la fin, ses ballets furent dansés à la cour, et même, contre l'opinion ordinaire, qui veut que le Roi ait cessé de danser en public après *Britannicus*, jusqu'à la fin, ils furent dansés par le Roi. Dans *l'Eglogue de Versailles*, donnée à Versailles en 1685, le Roi, âgé de quarante-six ans, dansa; et que dansa-t-il? Une *Nymphe*.

Ce n'était pas seulement le grand public, c'étaient les connaisseurs les plus éclairés, comme Muffat, Du Bos, etc., qui regardaient les danses de Lully comme son invention la plus originale. Georges Muffat nous a laissé de minutieux renseignements sur l'exécution de ces danses, dans la deuxième partie de son *Florilegium*, paru en 1698[1] : « La façon d'exécuter les airs de danses pour l'orchestre à cordes, dans le style du génial Lully, a recueilli les applaudissements et l'admiration du monde entier; et, en vérité, elle est d'une si merveilleuse invention que c'est à peine si on peut imaginer rien de plus charmant, de plus élégant et de plus parfait ». Et il les décrit comme un ravissement pour l'oreille, les yeux et l'esprit. Il étudie longuement le jeu de l'orchestre lullyste, notant sa belle et vigoureuse attaque, la pureté du son, l'admirable unité de l'ensemble, la précision rigoureuse du rythme, la grâce des ornements, dont il donne la clef, et dont l'exactitude d'exécution ne lui semble pas moins indispensable pour la musique de Lully, qu'elle ne le semblera plus tard à Couperin pour sa propre musique : car, dit Muffat, « les ornements véritablement lullystes dérivent de la plus pure source du chant ». En résumé, tout y est réuni : légèreté, rapidité, vigueur, variété des rythmes, souplesse incomparable : une vie, une grâce, une tendresse exquise, — l'absolue perfection.

1. Première partie des *Bemerkungen* : *Angenehmerer Instrumental-Tanzmusik*. Le chapitre est intitulé : *Auf Lullianisch-französische Art Tänze aufzuführen*. — Ces remarques ont été rééditées par Robert Eitner, dans ses *Monatshefte für Musikgesch.*, 1891, p. 37-48 et 54-60.

Muffat ne nous parle que de l'exécution instrumentale; il ne nous dit rien de l'esprit de ces danses et de la révolution qu'y opéra Lully. Du Bos nous vient ici en aide.

Lully anima les danses : ce fut le début de sa réforme[1]. Les témoignages s'accordent sur ce point. Ils nous parlent des « airs de vitesse », qu'il introduisit à la place des mouvements lents. Le fait a pu être discuté ; et je crois qu'il faut bien le comprendre. Il n'est pas question de prêter à Lully l'invention de formes musicales nouvelles : les airs vifs existaient dès le XVIe siècle et n'ont jamais cessé d'exister. Mais Lully a réagi contre la tendance, qui régnait de son temps, à exécuter les danses trop lentement, du moins pour le théâtre. Il n'a créé ni le menuet, ni la gavotte, ni la bourrée, ces danses d'origine française, arrivées à la perfection avant lui; mais il en a sans doute réchauffé le mouvement : il les dirigeait vite. Il avait d'ailleurs une prédilection pour des formes de danses vives et saccadées, comme la gigue, le canari, la forlane. Les gens de son temps disaient « qu'il faisait de la danse un baladinage ». Il ne faut jamais oublier, si l'on veut comprendre la musique de Lully, que Lully communiquait à l'exécution sa vivacité d'Italien. — Pour ces mouvements plus rapides, il fallait des figures de danse nouvelles. « Lully, dit Du Bos, fut forcé de composer lui-même les entrées qu'il voulait faire danser sur ses airs. Ainsi, les pas et les figures de l'entrée de la chaconne de *Cadmus*, parce que Beauchamps, le maître de ballets ordinaire, n'entrait point à son gré dans le caractère de cet air de violon. »

Mais ce n'était encore rien que d'avoir fait en sorte que les danses n'alourdissent pas trop l'action, qu'elles pussent s'y intercaler sans trop la ralentir. Lully voulut peu à peu

1. Je ne parle pas de cette autre réforme, capitale, dans l'histoire de la danse : l'introduction — si tardive. — des femmes dans les ballets. Jusqu'à *Proserpine*, en 1680, les ballets ne comprenaient que des danseurs. Les premières danseuses, admises à l'Opéra, parurent, deux mois après *Proserpine*, dans ce petit chef-d'œuvre : le *Triomphe de l'Amour*.

les faire participer à l'action. — « Le succès des airs de
vitesse, dit Du Bos, l'amena à composer des airs vites et
caractérisés, c'est-à-dire dont le chant et le rythme imitent
le goût d'une musique particulière, qu'on imagine avoir été
propre à certains personnages, en certaines circonstances. »
— C'était donc un essai de couleur locale, une teinte dramatique précise, que Lully s'efforçait de donner à ses danses.
Ainsi, suivant Du Bos, les airs de violon sur lesquels danse
l'Enfer, au quatrième acte d'*Alceste*. « Ces airs respirent un
contentement tranquille et sérieux, et, comme Lully le
disait lui-même, *une joie voilée*. » Cette belle expression,
qui conviendrait aussi aux airs des Champs-Élysées de
Gluck, s'applique parfaitement à la scène de Lully : sauf
le rythme, un peu saccadé et anguleux, qui est un des
traits caractéristiques, — on pourrait dire : physionomiques, — de Lully; cette scène a beaucoup de rapports
avec les scènes de Gluck sur le même sujet : le sentiment
musical est à peu près analogue. — Les airs « caractérisés »
n'expriment pas simplement la joie et la douleur, comme
les autres airs; ils les expriment, dit Du Bos, « dans un
goût particulier et conforme à ce caractère que j'appellerais
volontiers un caractère personnel ». Entendez par là qu'ils
ne se contentent pas d'une vérité d'expression générale,
mais qu'ils servent à la psychologie précise d'un caractère
ou d'une situation dramatique. Là encore, Lully fut obligé
de composer lui-même les pas et les figures pour ces airs
« d'un caractère marqué ». « Six mois avant de mourir,
il fit lui-même le ballet de l'air sur lequel il voulait faire
danser les Cyclopes de la suite de Polyphème [1]. »

   Enfin, poursuivant cette transformation du ballet en
drame, il en arriva des « airs dansés d'une façon caractéristique » aux ballets non dansés, si l'on peut dire, — aux
pantomimes, « ces ballets presque sans pas de danse,
écrit Du Bos, mais composés de gestes, de démonstrations,
en un mot, d'un jeu muet ». Ainsi, les ballets funèbres de
Psyché, ou ceux du second acte de *Thésée*, « où le poète

1. Du Bos, III, 169.

introduit des vieillards qui dansent ». Ainsi, encore, le
ballet du quatrième acte d'*Atys*, et la première scène du
quatrième acte d'*Isis*, « où Quinault fait venir sur le théâtre
les habitants des régions hyperborées ». Ces « demi-
chœurs », comme les appelle Du Bos, « ces chœurs, à la
façon antique, et qui ne parlent pas, étaient exécutés par
des danseurs qui obéissaient à Lully, et qui osaient aussi
peu faire un pas de danse, lorsqu'il le leur avait défendu,
que manquer à faire le geste qu'ils devaient faire, et à le
faire dans le temps prescrit ». Leurs évolutions ne faisaient
pas tant penser aux ballets modernes qu'à la tragédie antique. « Il était facile, en voyant exécuter ces danses, de
comprendre comment la mesure pouvait régler le geste sur
les théâtres des anciens. L'homme de génie qu'était Lully
avait conçu par la seule force de son imagination (car
il est peu probable qu'il ait rien connu des représentations
antiques) que le spectacle pouvait tirer du pathétique,
même de l'action muette des chœurs. » — Naturellement,
les maîtres de ballet du temps, pas plus que les danseurs
célèbres, ne comprirent rien à ce que Lully voulait; et il
lui fallut des hommes nouveaux. Il se servit particulièrement du maître de danse d'Olivet, qui organisa avec lui les
ballets funèbres d'*Alceste*, de *Psyché*, les danses de *Thésée*,
les *Songes funestes* d'*Atys*, et les *Frileux* d'*Isis*. « Ce dernier
ballet était composé uniquement des gestes et des démonstrations de gens que le froid saisit. Il n'y entrait pas un
seul pas de notre danse ordinaire. » Les danseurs
auxquels Lully et d'Olivet avaient recours étaient tous de
jeunes gens, choisis encore novices, avant d'avoir été
déformés par les habitudes du métier.

GRANDEUR ET POPULARITÉ
DE L'ART DE LULLY

Il y avait donc bien des éléments divers dans l'opéra de Lully : comédie-ballet, airs de cour, vaudevilles, drame-récitatif, pantomimes, danses, symphonies : tout l'ancien et le nouveau mis ensemble. On dirait que l'œuvre est hétérogène, si l'on ne pensait qu'aux éléments dont elle est formée, et non à l'esprit qui la gouverne. Mais, par l'étonnante unité de cet esprit, elle est un bloc, une maçonnerie puissante, où tous ces matériaux de toute sorte sont noyés dans le mortier et font partie intégrante du monument unique. Et c'est l'ensemble du monument qu'il faut surtout admirer chez Lully. Si Lully est grand et mérite de garder sa haute place parmi les maîtres de l'art, c'est encore moins comme musicien-poète que comme architecte musical : ses opéras sont bien et solidement construits. Assurément, ils n'ont pas cette unité organique qui est le propre des drames wagnériens et des opéras de notre époque, tous plus ou moins issus de la symphonie, et où l'on sent, du commencement à la fin, les thèmes grandir et se ramifier, comme un arbre. Au lieu de cette unité vivante, c'est une unité morte, une unité de logique, d'équilibre entre les parties, de belles proportions : c'est de la construction à la romaine; « cela se tient ». Que l'on pense aux constructions informes de Cavalli, de Cesti, et de tout l'opéra vénitien : cet amas d'airs empilés au hasard dans chaque acte, comme dans un tiroir où l'on chercherait à faire tenir le plus d'objets possible, les uns par-dessus les autres ! On comprend que Saint-Evremond, qui n'est pas très indulgent pour l'opéra de Lully, ajoute, malgré tout : « Je ne ferai pas le déshonneur à Baptiste de comparer les opéras de Venise aux siens ». — Et pourtant, il y a plus de génie musical dans un bel air de Cavalli que dans Lully tout entier ; mais le génie de Cavalli se gaspille. Lully a la grande qualité de notre siècle classique : il sait « ordonner » ; il a le sens de l'ordre et de la composition [1].

Ses œuvres se présentent comme des monuments aux grandes lignes nobles et nettes. Elles sont précédées d'un majestueux péristyle et d'un portique pompeux, aux colonnes robustes et froides : l'ouverture massive, et le Prologue allégorique, où se groupent et s'étalent toutes les ressources de l'orchestre, des voix et des danses. Parfois, une nouvelle ouverture donne accès du péristyle dans le temple même. A l'intérieur de l'opéra, un équilibre intelligent règne entre les divers éléments d'effet théâtral, entre le « spectacle », d'une part, — et j'entends par là le ballet, les airs de concert, le divertissement, — et le drame, d'autre part. A mesure que Lully devient plus maître de son œuvre, il tâche non seulement d'harmoniser ces éléments divers, mais de les unir, d'établir entre eux une certaine parenté. Il réussit, par exemple, dans le quatrième acte de *Roland*, à faire sortir l'émotion dramatique du divertissement pastoral. Il y a là une noce de village : hautbois, chœurs, entrée de pâtres et de pastourelles, duos de concert, danses rustiques ; et, tout naturellement, en présence de Roland, les pâtres, causant entre eux, racontent l'histoire d'Angélique que vient d'enlever Médor. Le contraste de ces chants paisibles avec les fureurs de Roland, en écoutant ce récit, est d'un grand effet scénique, souvent exploité depuis. — De plus, Lully s'efforce habilement d'établir une progression dans les

---

1. A la vérité, les précurseurs de Lully, pour l'ordre, l'architecture de l'œuvre, la progression des moyens musicaux et scéniques dans l'opéra, sont les musiciens de l'Opéra Barberini, à Rome, avant 1650 : D. Mazzocchi, Landi, Vittori.

effets musicaux et dramatiques, d'un bout à l'autre de l'œuvre. Il se souvient sans doute de la critique adressée à *Atys*, « dont le premier acte était trop beau »; et il écrit, au terme de sa carrière, *Armide*, cette « pièce souverainement belle, dit La Viéville, où la beauté croît d'acte en acte. C'est la *Rodogune* de Lully... Je ne sais ce que l'esprit humain pourrait imaginer de supérieur au cinquième acte. » — En général, Lully cherche à donner à ses œuvres une conclusion aussi sonore et aussi solennelle que possible — chœurs, danses, apothéose; — mais il ne craint pas, à l'occasion, de terminer par un solo dramatique (comme celui du cinquième acte d'*Armide* ou du quatrième acte de *Roland*), quand la puissance de la situation et du caractère est assez forte pour tout emporter[1].

Toutes ses œuvres sont éminemment théâtrales, — sinon toujours dramatiques. Lully avait l'instinct de l'effet au théâtre, et on l'a vu, à propos de ses symphonies et de ses ouvertures mêmes, dont la principale beauté, comme disent Du Bos et Marpurg, est « à leur place ». Transportées ailleurs, elles perdraient une partie de leur signification. J'ajouterai que leur beauté est dans une exactitude minutieuse, dans une soumission littérale aux ordres du compositeur. Cette musique est si bien faite en vue d'un effet précis qu'elle risque de perdre sa force, quand elle est privée de la direction du compositeur, qui seul sait exactement l'effet qu'il veut produire. On peut appliquer à l'art de Lully ce que Gluck disait de sa propre musique :

La présence du compositeur lui est, pour ainsi dire, aussi nécessaire que le soleil l'est aux ouvrages de la nature : il en est l'âme et la vie; sans lui, tout reste dans la confusion et le chaos...

Aussi est-il certain que le sens de cet art s'est perdu

1. Je rappelle qu'il est de stricte justice de faire hommage à Lully de la belle architecture de ses poèmes d'opéra. On a vu plus haut la façon dont il collaborait avec Quinault. Il n'y a guère de doute que, si les vers sont de Quinault ou de Thomas Corneille, la construction des scènes, des actes, et, dans une certaine mesure, des caractères, n'ait été de Lully.

en grande partie. Il s'est perdu aussitôt après la mort de
Lully, bien que ses opéras aient continué d'être joués pendant près d'un siècle. Les plus intelligents convenaient
qu'on ne savait plus exécuter sa musique depuis qu'il
n'était plus là. L'abbé Du Bos écrit :

Ceux qui ont vu représenter les opéras de Lully, quand il
vivait encore, disent qu'ils y trouvaient une expression qu'ils
n'y trouvent plus aujourd'hui. Nous y reconnaissons bien les
chants de Lully, mais nous n'y retrouvons plus l'esprit qui
animait ces chants. Les récits nous paraissent sans âme, et
les airs de ballet nous laissent presque tranquilles. La représentation de ces opéras dure aujourd'hui plus longtemps que
lorsqu'il les faisait exécuter lui-même, quoiqu'à présent elle
devrait durer moins de temps, parce qu'on n'y répète plus
bien des airs de violon que Lully faisait jouer deux fois. On
n'observe plus le rythme de Lully, que les acteurs altèrent,
ou par insuffisance, ou par présomption [1].

Rousseau confirme cette opinion quand il dit, dans sa
Lettre sur la musique française, que « le récitatif de Lully
était rendu par les acteurs du XVIIe siècle tout autrement
qu'on ne faisait maintenant : il était plus vif et moins traînant; on le chantait moins et on le déclamait davantage ».
Et, comme Du Bos, il note que la durée de ces opéras était
devenue beaucoup plus grande que du temps de Lully,
« selon le rapport unanime de tous ceux qui les ont vus
anciennement : aussi, toutes les fois qu'on les redonne,
est-on obligé d'y faire des retranchements considérables ».
Il ne faut jamais oublier ce fait qu'il y eut un alour-
dissement de l'exécution musicale entre la mort de Lully
et l'avènement de Gluck : cela faussa le caractère de la
musique de Lully, et ce fut aussi une des causes, — non
la moindre — de l'échec relatif de Rameau.
Quelle était, en effet, la véritable exécution lullyste? —
Nous savons, par ses contemporains, que « Lully donnait
au chanteur une manière de réciter, vive sans être bizarre,...

1. Du Bos, *Réflexions critiques...,* III, 318.

le parler naturel[1] », — que son orchestre jouait avec une mesure inflexible, avec une justesse rigoureuse, avec une égalité parfaite, avec une délicatesse raffinée[2], — que les danses étaient si vives, qu'elles étaient traitées de « baladinage ». — Mesure, justesse, vivacité, finesse : telles sont les caractéristiques que s'accordent à noter les connaisseurs de la fin du XVIIe siècle dans le jeu de l'orchestre et des artistes de l'Opéra.

Et voici que Rousseau, dans la seconde partie de sa *Nouvelle Héloïse*, traite ces mêmes représentations d'opéras de Lully : — pour le chant, de mugissements bruyants et discordants, — pour l'orchestre, de charivari sans fin, de ronron traînant et perpétuel, sans chant ni mesure, et d'une fausseté criante[3], — enfin, pour les danses, de spectacles interminables et solennels[4]. — Ainsi, manque de mesure, manque de justesse, manque de vivacité, et manque de finesse : c'est-à-dire le contraire absolu de ce que Lully avait réalisé.

Je crois donc pouvoir conclure que, lorsqu'on juge Lully aujourd'hui, on commet la grave erreur de le juger d'après la fausse tradition du XVIIIe siècle, qui en avait pris le contrepied : on le rend responsable de la lourdeur et de la grossièreté des interprètes formés — ou déformés — par ses successeurs.

**

En dépit de ce contre-sens (ou, qui sait? peut-être bien à cause de ce contre-sens : car la gloire, souvent, repose sur un malentendu), la renommée de Lully fut immense. Elle s'étendit dans tous les pays, et — chose à peu près

1. Lecerf de la Viéville.
2. Muffat.
3. « La mesure toujours prête à leur échapper.... Tout est d'un faux à choquer l'oreille la moins délicate... »
4. Dès le commencement du XVIIIe siècle, Lecerf de la Viéville dit qu'elles tiennent le quart du spectacle, et que « Lully ne donnait pas tant d'étendue à la danse qu'on fait à présent ».

peu près unique dans l'histoire de notre musique — elle
pénétra toutes les classes de la société.

Les musiciens étrangers venaient se mettre à l'école de
Lully. « Ses opéras, dit La Viéville, ont attiré à Paris des
admirateurs italiens qui s'y sont installés. Théobalde (Teo-
baldo di Gatti), qui joue à l'orchestre de l'Opéra de la
basse de violon à cinq cordes, et qui a fait *Scilla*, opéra
estimé pour ses belles symphonies, en est un. » — Jean-
Sigismond Cousser, qui fut l'ami et le conseiller de
Reinhard Keiser, le génial créateur de l'opéra allemand
de Hambourg, vint passer six ans à Paris, à l'école de Lully,
et, de retour en Allemagne, y transporta la tradition lullyste
dans la direction de l'orchestre et la composition instrumentale [1]. Georges Muffat resta également six ans à Paris;
et ce maître admirable subit si fortement l'empreinte de
Lully, que ses compatriotes lui en faisaient un blâme [2].
Joh. Fischer fut copiste de musique aux ordres de Lully.
Le grave et émouvant Erlebach connut-il aussi personnellement Lully, comme on l'a supposé? En tout cas, il fut
au courant de son style, et écrivit des ouvertures « à la
manière française ». Eitner a voulu montrer l'influence de
Lully sur Hændel, et même sur J.-S. Bach [3]. Quant à
Keiser, nul doute que Lully n'ait été un de ses modèles. —
En Angleterre, les Stuarts firent tout pour acclimater l'opéra
français. Charles II essaya vainement de faire venir Lully à
Londres; et il envoya à Paris, pour se former sous sa direction, Pelham Humphry, un des deux ou trois musiciens
anglais du xviiᵉ siècle qui eurent du génie. Humphry mourut
trop jeune, il est vrai, pour donner toute sa mesure; mais
il fut un des maîtres de Purcell, qui bénéficia ainsi, indirectement, de l'enseignement lullyste. — En Hollande,
la correspondance de Christian Huygens montre l'attrait

1. Il publia à Stuttgart, en 1682, comme l'a montré M. Michel
Brenet, un livre de *Composition de musique suivant la méthode françoise.*
2. Voir la préface du *Florilegium*, I, de G. Muffat, publié en 1695,
à Augsbourg, et réédité récemment dans le premier volume des
Denkmäler der Tonkunst in OEsterreich.
3. R. Eitner, *Die Vorgänger Bach's und Hænf'els* (*Monatshefte*, 1883).

qu'exerçait l'opéra de Lully; et l'on a vu que le prince d'Orange s'adressait à Lully quand il voulait une marche pour ses troupes. « En Hollande et en Angleterre, dit La Viéville, tout est plein de chanteurs français. »

En France, l'influence de Lully sur les compositeurs ne se limita pas au théâtre; elle s'exerça sur tous les genres de musique. Le livre de clavecin de D'Anglebert, en 1689, contient des transcriptions des opéras de Lully [1]; et le triomphe de l'opéra contribua sans doute à tourner la musique de clavecin vers la peinture des caractères. Le style d'orgue ne fut pas moins transformé.

En dehors des musiciens, ce fut une fascination sur les amateurs, sur la cour. Quand on feuillette les lettres de Mme de Sévigné, on est surpris, non seulement des termes d'admiration que prodigue, à propos de Lully, l'exubérante marquise, mais — ce qui est plus frappant — des citations qu'elle fait de passages d'opéras. On sent qu'elle en avait la mémoire meublée; cependant, elle n'était pas très musicienne; elle représentait la moyenne des dilettantes : si donc, à tout instant, des phrases d'opéras de Lully chantaient dans sa tête, c'est qu'à tout instant les gens du monde les chantaient autour d'elle.

Et en effet, Arnauld, scandalisé par les vers luxurieux de Quinault, écrit : « Ce qu'il y a de pis, c'est que le poison de ces chansons lascives ne se termine pas au lieu où se jouent ces pièces, mais se répand par toute la France, où une infinité de gens s'appliquent à les apprendre par cœur, et se font un plaisir de les chanter partout où ils se trouvent [2] ».

Je ne parlerai pas de la comédie bien connue de Saint-Évremond : *les Opera*, qui nous représente « Mlle Crisotine, jeune fille devenue folle par la lecture des Opera », et « M. Tirsolet, jeune homme de Lyon, devenu fou par les Opera comme elle ». — « Je revins de Paris, dit M. Guillaut, environ

1. *Pièces de clavessin avec la manière de les jouer ; diverses chaconnes, ouvertures et autres airs de M. de Lully, mis sur cet instrument...*, 1689.
2. Lettre écrite par Arnauld à Perrault, en mai 1694, peu de temps avant sa mort.

quatre mois après la première représentation de l'Opera. Les femmes et les jeunes gens savent les Opera par cœur, et il n'y a presque pas une maison où l'on n'en chante des scènes entières. On ne parlait d'autre chose que de *Cadmus*, d'*Alceste*, de *Thésée*, d'*Atys*. On demandait souvent un *Roi de Scyros*, dont j'étais bien ennuyé. Il y avait aussi un *Lycas* peu discret, qui m'importunait souvent. *Atys est trop heureux*, et *les bienheureux Phrygiens* me mettaient au désespoir. »

La comédie de Saint-Evremond vient, il est vrai, après les premiers opéras de Lully, dans le premier engouement. Mais cet engouement se maintint :

> Le Français, pour lui seul contraignant sa nature,
> N'a que pour l'opéra de passion qui dure,

écrivait La Fontaine à De Nyert, vers 1677[1].

Et l'on continua à chanter dans le monde les airs de Lully :

> Et quiconque n'en chante, ou bien plutôt n'en gronde
> Quelque récitatif, n'a pas l'air du beau monde.

En 1688, La Bruyère, faisant le portrait d'un homme à la mode, dit encore :

« Qui saura comme lui chanter à table tout un dialogue de l'opéra, et les fureurs de *Roland* dans une ruelle? »

Il n'y a rien de surprenant, sans doute, à ce que les gens à la mode se soient engoués de Lully. Mais ce qui est beaucoup plus remarquable, c'est que le grand public et le peuple se soient passionnés pour cette musique encore plus que les snobs. La Viéville note les transports du public

---

1. La Fontaine lui-même, qui se montre, dans cette *Épître*, si ennemi de l'opéra, auquel il oppose le style plus discret et plus fin de la musique de chambre,...

> Le téorbe charmant, qu'on ne vouloit entendre
> Que dans une ruelle, avec une voix tendre,
> Pour suivre et soutenir par des accords touchants
> De quelques airs choisis les mélodieux chants....

La Fontaine s'évertua à écrire des opéras; et il en donna un, en 1691, — qui n'eut d'ailleurs aucun succès (l'*Astrée*, musique de Collasse).

populaire de l'Opéra pour les œuvres de Lully; et il s'étonne de la justesse de son goût. — Le peuple a un sens infaillible, assure-t-il, pour admirer ce qui est réellement le plus beau dans Lully.

J'ai vu plusieurs fois à Paris, quand le duo de *Persée* (au quatrième acte) était bien exécuté, tout le peuple, attentif, être un quart d'heure sans souffler, les yeux fixés sur Phinée et sur Mérope, et, le duo achevé, s'entremarquer l'un à l'autre par un penchement de tête le plaisir qu'il leur avait fait...[1].

Le charme n'était pas rompu, au sortir de l'Opéra. Lully était chanté dans les plus humbles maisons, — jusque dans les cuisines, dont il était sorti. « L'air d'*Amadis* : *Amour, que veux-tu de moi?* était chanté, dit La Viéville, par toutes les cuisinières de France. »

Ses chants étaient si naturels et si insinuants, écrit Titon du Tillet, que pour peu qu'une personne eût du goût pour la musique et l'oreille juste, elle les retenait facilement à la quatrième ou cinquième fois qu'elle les entendait; aussi les personnes de distinction et le peuple chantaient la plupart de ses airs d'opéra. On dit que Lully était charmé de les entendre chanter sur le Pont-Neuf et aux coins des rues, avec des paroles différentes de celles de l'Opéra; et comme il était d'une humeur très plaisante, il faisait arrêter quelquefois son carrosse, et appelait le chanteur et le joueur de violon pour leur donner le mouvement juste de l'air qu'ils exécutaient.

On chantait ses airs dans les rues, on les « sonnait » sur les instruments, on chantait jusqu'à ses ouvertures, auxquelles on adaptait des paroles; beaucoup de ses airs devinrent vaudevilles. Beaucoup de ses airs, d'ailleurs, avaient été vaudevilles. Sa musique venait, en partie, du peuple, et elle y retournait.

D'une façon générale, on peut dire qu'elle avait plusieurs sources; elle était la réunion de plusieurs rivières de musique, sorties de régions très diverses; et ainsi, elle se

---

1. Voir surtout le passage, cité plus haut, page 168, où La Viéville décrit le saisissement produit sur le public par la grande scène d'*Armide* voulant poignarder Renaud endormi.

trouva être la langue de tous. C'est un rapport de plus entre l'art de Lully et celui de Gluck, formé de tant d'affluents. Mais chez Gluck, ces affluents sont de toutes les races : Allemagne, Italie, France, voire Angleterre; et, grâce à cette formation cosmopolite, il fut un musicien vraiment européen. Les éléments constitutifs de la musique de Lully sont presque entièrement français, — français de toutes les classes : vaudevilles, airs de cour, comédies-ballets, déclamation tragique, etc. Il n'a d'Italien véritablement que le caractère. Je ne crois pas qu'il y ait eu beaucoup de musiciens aussi français; et il est le seul en France qui ait conservé sa popularité pendant tout un siècle. Il continua de régner sur l'Opéra après sa mort, comme il avait régné pendant sa vie[1]. De même que, de son vivant, il faisait échec à Charpentier[2], — après sa mort, il fit échec à Rameau; et il lutta jusqu'à Gluck, jusqu'après Gluck. Son règne a été celui de la vieille France et de l'esthétique de la vieille France; son règne a été celui de la tragédie française, d'où l'opéra était sorti, et qu'au xviiie siècle, l'opéra, à son tour, pétrit à sa ressemblance. Je comprends qu'on réagisse contre cet art, au nom d'un art français plus libre, qui existait avant, et qui aurait peut-être pu s'épanouir autrement[3].

1. On sent un fléchissement dans le lullysme au moment des grands opéras de Rameau. On voit crouler alors *Isis, Cadmus, Atys, Phaéton, Persée*. Mais les autres tiennent bon; et *Thésée* atteste la vitalité indestructible du parti lullyste jusqu'après *Iphigénie en Tauride* de Gluck. Il tient la scène pendant 104 ans, de 1675 à 1779.

2. « Charpentier l'Italien », comme disaient ses contemporains (La Viéville, p. 347). — De nos jours, on a tenté, bien à tort, de l'opposer, comme type de pur musicien français, à Lully, que ses contemporains n'admiraient tant que parce qu'ils voyaient en lui, justement, le représentant de la tradition française de Lambert et de Boësset, contre l'italianisme de Charpentier.

3. C'est une simple hypothèse. Je crois bien, pour ma part, que cet art eût disparu de même, si Lully n'avait pas existé. Les études de M. J. Ecorcheville sur les musiciens français du « manuscrit de Cassel » montrent assez l'anarchie et l'incertitude qui rongeaient la musique française aux environs de 1660. Il n'a tenu qu'à Dumanoir de prendre la place de Lully. En dépit d'un talent indéniable

Mais il ne faut pas dire, comme on a tendance à le faire aujourd'hui, que les défauts de l'art de Lully sont des défauts étrangers, italiens, qui ont gêné le développement de la musique française[1]. Ce sont des défauts français. Il n'y a pas qu'une France : il y en a toujours eu deux ou trois, et perpétuellement en lutte. Lully appartient à celle qui, avec les grands classiques, a élevé l'art majestueux et raisonnable que le monde entier connaît, — et qui l'a élevé aux dépens de l'art exubérant, déréglé, bourbeux, mais plein de génie de l'époque précédente. Condamner l'opéra de Lully, comme non français, serait s'exposer à proscrire aussi la tragédie de Racine, dont cet opéra est le reflet, et qui certes n'est pas plus que lui l'expression libre et populaire de la France. C'est la gloire de la France que son âme multiple ne se limite pas à un seul idéal; et l'essentiel n'est pas que cet idéal soit le nôtre, mais qu'il soit grand.

J'ai tâché de montrer dans ces Notes (vue rapide et forcément incomplète d'un très vaste sujet) que l'œuvre d'art réalisé par Lully n'est pas moins que la tragédie classique et les nobles jardins de Versailles un monument durable de la robuste époque qui fut l'été de notre race.

c'est leur propre faiblesse qui a ruiné les maîtres, et non la force de Lully. Au reste, quel génie eut jamais le pouvoir de tuer le développement d'une école artistique, si cette école artistique avait eu la moindre vitalité? En art, on ne tue que les morts.

1. Il n'y a aucun rapport entre le style de Lully et celui des maîtres de l'opéra italien de son temps : Stradella, Scarlatti, Bononcini. Un artiste comme Stradella est, par toutes ses qualités et par tous ses défauts, l'antipode absolu de Lully. Lully fut le plus intransigeant des Français de son temps; et ce fut la raison de son succès universel en France.

GLUCK

—

A PROPOS D' « ALCESTE ».

Alceste ne réussit point, lors de sa première représentation à Paris, le 23 avril 1776. Un ami de Gluck, l'imprimeur Corancez, qui le chercha dans les coulisses afin de le consoler, nous fait ce curieux récit :

Je joignis Gluck dans les corridors ; je le trouvai plus occupé à chercher la cause d'un événement qui lui paraissait si extraordinaire qu'affecté de ce peu de succès : « Il serait plaisant, me dit-il, que cette pièce tombât ; cela ferait époque dans l'histoire du goût de votre nation. Je conçois qu'une pièce composée purement dans le style musical réussisse où ne réussisse pas : cela tient au goût très variable des spectateurs ; je conçois même qu'une pièce de ce genre réussisse d'abord avec engouement, et qu'elle meure ensuite en présence et pour ainsi dire du consentement de ses premiers admirateurs. Mais que je voie tomber une pièce composée tout entière sur la vérité de la nature, et dans laquelle toutes les passions ont leur véritable accent, je vous avoue que cela m'embarrasse. *Alceste, m'ajouta-t-il fièrement, ne doit pas plaire seulement à présent et dans sa nouveauté ; il n'y a point de temps pour elle ; j'affirme qu'elle plaira également dans deux cents ans, si la langue française ne change point ; et ma raison est que j'en ai posé tous les fondements sur la nature, qui n'est jamais soumise à la mode*[1].

1. *Journal de Paris* (août 1788).

Je pensais à ces superbes paroles, en écoutant récemment, à l'Opéra-Comique [1], les acclamations enthousiastes qui leur donnaient raison, après la scène du temple, aux lignes monumentales, aux passions brûlantes et concentrées, coulée en bronze indestructible, *ære perennius*, — le chef-d'œuvre, à mon sens, non seulement de la tragédie musicale, mais de la tragédie même.

Encore l'effet d'une telle scène, qu'entoure une antique renommée, est-il moins saisissant pour nous, parce que plus prévu, que celui du second acte. Dans cet acte, plein de contrastes, où parmi les fêtes qui célèbrent la guérison d'Admète, Alceste cache ses larmes et sa terreur de la mort prochaine, il y a une variété, une abondance mélodique, une liberté de forme, un harmonieux mélange de récitatifs poignants, de courtes phrases chantées, d'ariettes délicates, d'airs tragiques, de danses et de chœurs, dont rien ne saurait dire la vie, la grâce et l'eurythmie. Après plus de cent ans, il paraît aussi nouveau qu'au premier jour.

1. Je ferai deux observations, à propos de l'interprétation de la musique de Gluck dans nos théâtres d'aujourd'hui.

L'une, pour l'orchestre. Je voudrais que le rythme de Gluck fût marqué davantage. Gluck fait constamment usage d'effets de rythme insistant et implacable, à la façon de Hændel : on ne saurait trop les accentuer. Il ne faut pas oublier que son art était fait, d'après son invention expresse, pour de grands espaces et de vastes publics : il y faut relativement peu de finesse, mais un dessin large et appuyé, un style colossal, et cette âpreté d'accent qui frappa, par-dessus tout, les contemporains de Gluck.

L'autre observation a trait aux ballets. Pour le divertissement du second acte, à l'Opéra-Comique, on a fondu les danses des second et troisième actes. On l'a fait avec un rare bonheur ; et je ne crois pas qu'aucun théâtre puisse donner un spectacle plus achevé. Je n'en regrette pas moins qu'on n'ait pas cru devoir maintenir à sa place primitive le ballet qui terminait la partition. Les habitudes de l'opéra moderne veulent que le spectacle finisse en pleine action. Il n'en était pas de même dans l'opéra ancien (voir *Orphée* ou *Iphigénie en Aulide*) où, quand la tragédie était achevée, une musique heureuse, de belles danses, des chants paisibles, venaient détendre l'esprit. C'est ce qui contribue à donner à ces œuvres leur caractère de rêve bienfaisant et serein. Pourquoi ne pas revenir à cette conception dramatique ? Je la crois plus haute que la nôtre.

Le troisième acte est le moins parfait. Malgré des trouvailles de génie, il a le défaut de répéter les situations du
second, sans les renouveler tout à fait; et le rôle d'Hercule, qui d'ailleurs n'est peut-être pas de la main de
Gluck [1], est médiocre.

Mais l'œuvre n'en garde pas moins, d'un bout à l'autre,
une unité de style, une pureté d'art et d'âme, qui sont dignes
des plus belles tragédies grecques, et évoquent le souvenir
de l'incomparable *OEdipe Roi*. Encore aujourd'hui, parmi
tant d'opéras fades ou pédantesques, encombrés de rhétorique bavarde, de lieux communs prétentieux, d'amplifica-
tions oratoires, de niaiseries sentimentales, qui ne sont
pas moins insipides que les insupportables jeux d'esprit
de l'opéra du XVIIIe siècle, antérieur à Gluck, — encore
aujourd'hui, *Alceste* demeure le modèle du théâtre musical,
tel qu'il devrait être, — tel qu'il n'a presque jamais été
depuis, même chez les plus grands, même chez le plus
grand : Wagner, — soyons franc : tel qu'il n'a presque
jamais été chez Gluck lui-même.

Alceste est l'œuvre capitale de Gluck, celle où il a pris le
plus nettement conscience de sa réforme dramatique, celle
où il s'est le plus rigoureusement assujetti — plus rigoureusement même que dans *Iphigénie en Tauride*, une ou deux
scènes exceptées, — à ses principes, que démentaient parfois sa nature et sa première éducation. *Alceste* est l'œuvre
qu'il a écrite avec le plus de conscience, s'y défendant de
tout emprunt à ses œuvres précédentes [2], par une exception presque unique à sa pratique courante dans ses
autres opéras. — C'est l'œuvre qu'il a le plus retravaillée
dans la suite : car, en réalité, il l'a écrite deux fois; et la

1. Jusqu'à présent, l'air d'Hercule : *C'est en vain que l'Enfer*, était
déclaré apocryphe, et attribué à Gossec. M. Wotquenne vient de le
rendre à Gluck, en montrant ses ressemblances avec un air d'*Ezio*
(1750) : *Ecco alle mie catene*. Mais pourquoi Gossec, qui était un admi-
rateur de Gluck, ne se serait-il pas inspiré d'un ancien air de lui?

2. Je parle de l'*Alceste* italienne, jouée à Vienne en 1767 : car, dans
l'*Alceste* française de 1776, Gluck a fait un certain nombre d'emprunts, peu considérables d'ailleurs (quelques danses et chœurs
dansés), à *Antigone*, à *Paride ed Elena* et aux *Feste d'Apollo*.

seconde édition, l'édition française, moins pure à certains
égards, plus dramatique à d'autres, est en tout cas presque absolument différente de la première [1].

Il convient donc de prendre cette « tragédie mise en
musique [2] » pour type le plus parfait de la pensée de Gluck
et de sa réforme dramatique; je voudrais en profiter pour
examiner à son sujet ce mouvement, qui a renouvelé le
théâtre musical tout entier. Je voudrais surtout montrer
combien cette révolution répondait aux vœux de toute
l'époque, combien elle était fatale : d'où la violence avec
laquelle elle fit irruption contre tous les obstacles accu-
mulés par la routine.

1. Le second et le troisième actes sont tout autres: Dans la partition
italienne, le second acte se passait dans les Enfers, et nous montrait
Alceste, de même qu'autrefois Orphée, en présence des dieux infer-
naux, se vouant à la mort. Puis Alceste revenait sur la terre, pour
faire ses adieux à Admète. Le troisième acte, où ne paraissait pas
Hercule, se dénouait par l'intervention d'Apollon.

2. Remarquez la différence des titres donnés par Gluck à ses
œuvres: Les premiers opéras italiens gardent le nom, habituel alors,
de *dramma per musica*, et c'est encore le titre du *Paride ed Elena*.
L'*Orfeo* italien de 1765 se nomme *azione teatrale per musica*; l'*Alceste*
italienne de 1767, *tragedia messa in musica*; *Iphigénie en Aulide*, l'*Orphée*
français et l'*Alceste* française sont des « tragédies-opéras »; *Armide*,
un « drame héroïque mis en musique », Enfin *Iphigénie en Tauride*
est une « tragédie mise en musique ».

La révolution de Gluck — et c'est ce qui fit sa force — ne fut pas l'œuvre du seul génie de Gluck, mais de tout un siècle de pensée. Elle était préparée, annoncée, attendue depuis vingt ans par les Encyclopédistes.

On le sait mal en France. Les musiciens et les critiques en sont restés chez nous, pour la plupart, à la boutade de Berlioz sur les Encyclopédistes[1] :

O philosophes, prodigieux bouffons! O les bonshommes, les dignes hommes que les hommes d'esprit de ce siècle philosophique, écrivant sur l'art musical sans en avoir le moindre sentiment, sans en posséder les notions premières, sans savoir en quoi il consiste !!...

Il a fallu qu'un Allemand, M. Eugen Hirschberg, vînt nous rappeler récemment l'importance des « philosophes » dans l'histoire musicale[2].

Ils avaient l'amour de la musique, et plusieurs d'entre eux la connaissaient bien. Pour ne parler que de ceux qui prirent la part la plus active aux querelles musi-

1. *Les Grotesques de la Musique.* — Il est vrai que Berlioz ajoute : « Je ne dis pas cela pour Rousseau, qui en possédait, lui, les notions premières... » Mais c'est justement une erreur de prendre Rousseau comme type le plus complet de la science musicale des Encyclopédistes. D'Alembert et peut-être même Diderot étaient plus instruits que lui.

2. *Die Encyklopädisten und die französische Oper im 18. Jahrhundert* (1903, Breitkopf). — J'ai fait mon profit des indications de cette excellente étude.

cales, Grimm, Rousseau, Diderot et d'Alembert, tous quatre pratiquaient la musique. Le moins instruit était Grimm, qui pourtant ne manquait pas de goût. Il écrivait de petites mélodies, il apprécia finement Grétry, il découvrit le talent de Cherubini et de Méhul, il fut même un des premiers à deviner le génie de Mozart, quand celui-ci n'avait que sept ans. Ce n'est point là si mal juger.

Rousseau est assez connu comme musicien. On sait qu'il composa un opéra, *les Muses galantes*; un opéra-comique, le trop fameux *Devin du Village*; un recueil de romances, *les Consolations des Misères de ma Vie*; et un « monodrame », *Pygmalion*, qui fut le premier essai d'un genre que Mozart admirait, et que Beethoven, Weber, Schumann, Bizet pratiquèrent : « l'opéra sans chanteurs », le mélodrame [1]. Sans attacher grande importance à ces ouvrages aimables et médiocres, qui montrent, non seulement, comme a dit Grétry, « l'artiste peu expérimenté, auquel le sentiment révèle les règles de l'art », mais l'homme qui n'a pas l'habitude de penser en musique, et le mélodiste indigent, il faut bien reconnaître que Rousseau fut un novateur en musique. Il faut aussi lui savoir gré de son *Dictionnaire de Musique*, qui, malgré d'énormes erreurs, abonde en idées originales et profondes. Enfin, comment ne pas tenir compte de l'opinion qu'avaient de lui Grétry et Gluck? Grétry avait une confiance singulière dans son jugement musical, et Gluck a écrit de lui, en 1773 :

L'étude que j'ai faite des ouvrages de ce grand homme sur la musique, la lettre entre autres dans laquelle il fait l'analyse du monologue de l'*Armide* de Lully, prouvent la sublimité de ses connaissances et la sûreté de son goût, et m'ont pénétré d'admiration. Il m'en est demeuré la persuasion intime que, s'il avait voulu donner son application à l'exercice de cet art, il aurait pu réaliser les effets prodigieux que l'antiquité attribue à la musique [2].

1. On a repris dernièrement à Munich le *Pygmalion* de Rousseau. Voir sur ce mélodrame l'étude de M. Jules Combarieu (*Revue de Paris*, février 1901).

2. Je fais, bien entendu, la part, dans ces éloges, des exagérations calculées pour s'attirer la faveur du critique influent.

Diderot ne composait pas, mais il avait des connaissances musicales précises. Le célèbre historien anglais de la musique, Burney, qui vint le voir à Paris, estimait hautement sa science[1]. Grétry lui demandait conseil, et récrivait, jusqu'à trois fois, pour le satisfaire, une mélodie de *Zémire et Azor*. Ses œuvres littéraires, ses préfaces, son admirable *Neveu de Rameau*, font preuve d'un goût passionné et d'une intelligence lumineuse de la musique. Il s'intéressait aux recherches d'acoustique musicale[2], et les charmants dialogues intitulés *Leçons de Clavecin* et *Principes d'Harmonie*, bien que signés du professeur Bemetzrieder, portent visiblement sa marque, et témoignent en tout cas de son instruction.

De tous les Encyclopédistes, D'Alembert fut le plus musicien. Il écrivit sur la musique de nombreux ouvrages[3], dont le principal, *Eléments de Musique théorique et pratique suivant les Principes de M. Rameau* (1752), fut traduit en allemand, dès 1757, par Marpurg, et mérita d'être admiré par Rameau lui-même[4]; et, de notre temps, par Helmholtz. Non seulement il y donne plus de clarté et de relief aux pensées de Rameau, souvent confuses, mais il leur donne même parfois une profondeur qu'elles n'avaient pas. Nul n'était mieux fait pour comprendre Rameau, que plus tard il fut amené à combattre; il serait injuste de le considérer comme un « amateur », lui qui était l'ennemi des « ama-

---

1. Burney, *l'État présent de la Musique en France et en Italie* (1771). Burney, qui entendit jouer Mlle Diderot, dit qu' « elle était une des plus fortes clavecinistes de Paris, qui avait des connaissances extraordinaires sur la modulation »; et il ajoute cette curieuse remarque : « Quoique j'aie eu le plaisir de l'entendre pendant plusieurs heures, elle n'a pas joué un seul morceau français. Tout était italien ou allemand, d'où il n'est pas difficile de fonder son jugement sur l'opinion de M. Diderot dans la musique. »

2. *Principes généraux d'Acoustique* (1748).

3. *Fragments sur l'Opéra* (1752). — Articles : « Fondamental » et « Gamme » dans l'*Encyclopédie*. — *De la Liberté de la Musique* (1760). — *Fragments sur la Musique en général et sur la nôtre en particulier* (1773). — *Réflexions sur la Théorie de la Musique* (1777).

4. *Lettre au Mercure de France* (mai 1752).

teurs », et le premier à railler ceux qui parlent de la musique sans la savoir, comme la plupart des Français :

Chez eux, la musique qu'ils appellent chantante n'est autre chose que la musique commune, dont ils ont eu cent fois les oreilles rebattues; pour eux, un mauvais air est celui qu'ils ne peuvent fredonner, et un mauvais opéra celui dont ils ne peuvent rien retenir.

On peut être certain que D'Alembert devait être particulièrement attentif aux nouveautés harmoniques de Rameau, lui qui, dans ses *Réflexions sur la Théorie de la Musique*, lues à l'Académie des Sciences, met la musique sur la voie de nouvelles découvertes harmoniques, et, se plaignant de la pauvreté des modes employés par la musique moderne, demande qu'elle s'enrichisse de modes plus nombreux.

Il faut rappeler ces faits, pour montrer que les Encyclopédistes ne se sont pas mêlés à la légère, comme on se plaît à le dire, aux guerres musicales de leur temps. Au reste, quand ils n'auraient pas eu une compétence spéciale en musique, le jugement sincère d'hommes aussi intelligents et aussi artistes serait toujours d'un grand poids; ou, si on l'écartait, quel jugement mériterait d'être écouté? Ce serait une plaisanterie, si la musique récusait l'opinion de tous ceux qui ne sont pas du métier. En ce cas, qu'elle s'enferme dans un cénacle, et qu'il n'en soit plus question! Un art ne vaut d'être honoré et aimé des hommes que s'il est vraiment humain, s'il parle pour tous les hommes, et non pour quelques pédants.

Ce fut la grandeur de l'art de Gluck qu'il fut essentiellement humain, et même populaire, au sens le plus élevé du mot, comme le réclamaient les Encyclopédistes, par opposition à l'art trop aristocratique — d'ailleurs génial — de Rameau.

On sait que Rameau, qui avait cinquante ans quand il parvint à faire jouer son premier opéra, *Hippolyte et Aricie*, en 1733, fut discuté pendant les dix premières années de sa carrière dramatique. Enfin il réussit à vaincre, et, vers 1749, à l'époque de *Platée*, qui semble avoir réuni tous les

suffrages et désarmé ses ennemis même, il était regardé
par tous comme le plus grand musicien dramatique de
l'Europe. Mais il ne jouit pas longtemps de ce triomphe :
car, trois ans plus tard, son autorité était déjà ébranlée,
et, jusqu'à sa mort, en 1764 [1], son impopularité dans le
monde de la critique ne fit que croître. C'est là un fait
extraordinaire : car, s'il est malheureusement trop naturel
que tout génie novateur soit contraint d'acheter le succès
par des années, souvent par une vie entière de luttes, il
est beaucoup plus surprenant qu'un génie vainqueur ne
garde pas sa victoire, et, — sans qu'on puisse l'attribuer
à une nouvelle évolution de sa pensée et de son style, —
qu'il cesse d'être admiré presque aussitôt après l'avoir été.
A quoi attribuer ce changement d'opinion chez les hommes
les plus éclairés et les plus artistes de son temps?

Cette hostilité surprend d'autant plus que les Encyclopédistes avaient tous commencé par aimer l'opéra
français; certains même, passionnément. Chose curieuse :
celui d'entre eux qui l'avait le plus aimé, c'était peut-être
Rousseau, qui, avec l'emportement habituel de son tempérament, le combattit le plus âprement ensuite [2]. Les

1. Gluck n'est arrivé à Paris que neuf ans plus tard, en 1773 : il
n'est donc pour rien, comme on l'a dit parfois, dans le discrédit où
tomba l'œuvre de Rameau. C'était chose faite, bien avant que Gluck
fût connu en France.

La première mention qu'on ait d'une œuvre de Gluck jouée en
France, est de quatre ans après la mort de Rameau. Le 2 février 1768,
comme l'a montré M. Michel Brenet, on donna au Concert Spirituel
un « motet à voix seule de M. le chevalier Gluck, célèbre et savant
musicien de S. M. Impériale ». Jusque-là, on ne connaissait son nom
à Paris que pour avoir entendu quelques petits airs de ses opéras
italiens, « parodiés » sur des paroles françaises, et introduits par
Blaise, en 1765, dans l'opéra-comique : *Isabelle et Gertrude* (Michel
Brenet : *Les Concerts en France*).

2. Il le dit dans son *Dictionnaire de Musique*, en 1767 : « Les premières habitudes m'ont longtemps attaché à la musique française, et
j'en étais enthousiaste ouvertement. » Et une lettre écrite à Grimm,
en 1750, montre qu'il préférait encore, après son voyage à Venise, la
musique française à l'italienne. — Grimm, lui-même, commença par
admirer Rameau; il disait de lui, en 1752, qu'il était « grand très
souvent et toujours original dans le récitatif, toujours saisissant le

représentations des petits chefs-d'œuvre de Pergolèse et de l'école napolitaine par les Bouffons italiens, en 1752, furent pour lui et pour ses amis un coup de foudre [1]. Diderot dit, en propres termes, que l'affranchissement de notre musique est dû aux « misérables bouffons ». On peut être surpris qu'une si petite cause ait produit de si grands effets; et les purs musiciens auront peine à comprendre qu'une partitionnette comme la *Serva padrona*, — quarante pages de musique, cinq ou six airs à peine, un simple dialogue à deux personnages, un orchestre minuscule, — ait suffi à tenir en échec l'œuvre puissant de Rameau. Certes il est triste qu'un génie volontaire et réfléchi, comme Rameau, ait été supplanté en un jour par quelques *intermezzi* italiens, faciles et sans grandeur. Mais le secret de la fascination exercée par ces petites œuvres était dans leur naturel, dans leur facilité riante, où rien ne sent l'effort : ce fut un soulagement et un enivrement pour tous; et plus le triomphe des Bouffons fut disproportionné, plus il montre combien l'art de Rameau était en désaccord avec les aspirations intimes de son temps, que les Encyclopédistes traduisirent, en y mêlant l'exagération habituelle à tout combat [2]. Sans les suivre jusque dans

vrai et le sublime de chaque caractère ». — Quant à D'Alembert, il a toujours su rendre hommage à la grandeur de Rameau, même en le combattant.

1. Les *Nouvelles littéraires* (correspondance de 1753 à 1757), récemment retrouvées par M. J.-G. Prodhomme dans un manuscrit de la Bibliothèque de Munich, et publiées dans le *Recueil de la Société Internationale de Musique* (juillet-sept. 1905), montrent comment l'opéra français fut, en un instant, ruiné par les *intermezzi* italiens.

« La musique italienne a entièrement étouffé la nôtre; nous pourrons renoncer à tous nos opéras... » (Déc. 1754.)

« Le goût de la musique italienne a totalement étouffé la musique française. On quitte l'Opéra pour courir à tout concert, où l'on exécute des morceaux ultramontains. » (Mai 1755.)

« Notre opéra ne se relève pas du coup mortel qui lui a été porté par l'introduction de la musique italienne. » (Janvier 1756.)

2. Je ne veux pas revenir ici sur les incidents de cette lutte, souvent racontée. Je rappellerai seulement les faits principaux. Rousseau, ému par les représentations italiennes, ouvrit le combat, et, avec le

leurs injustices passionnées, je voudrais dégager les principes d'esthétique, au nom desquels ils menèrent campagne, et qui furent ceux de Gluck.

**

Le premier de ces principes est celui qu'exprime le cri de Rousseau : « Retournons à la nature! »

manque d'équilibre de sa nature, il tomba sur-le-champ dans une gallophobie exaspérée. Sa *Lettre sur la Musique française*, de 1753, qui fut le signal de la « guerre des bouffons », dépasse en violence tout ce qu'on a jamais pu écrire dans la suite contre la musique française. Il faut bien se garder de croire que cette lettre représentât l'état d'esprit des Encyclopédistes. Elle était trop paradoxale. Qui veut trop prouver ne prouve rien. Diderot et D'Alembert, malgré leur admiration pour les Italiens, continuèrent à rendre justice aux musiciens français. Grimm lui-même restait sceptique; et, dans son pamphlet: *le Petit Prophète de Boehmischbroda*, où il constate qu'aucun opéra de Rameau ne peut plus se maintenir, depuis la victoire des Bouffons, il ne s'en réjouit pas, comme on pourrait penser : « Qu'y avons-nous gagné? C'est qu'il ne nous restera ni opéra français, ni italien; ou, si nous avions celui-ci, nous perdrions encore au change, en convenant même de la supériorité de la musique; car, soyons de bonne foi, l'opéra italien fait un spectacle aussi imparfait que les chanteurs qui en sont l'ornement: tout y est sacrifié au plaisir de l'oreille. »

Si, pourtant, les Encyclopédistes ne tardèrent pas à prendre violemment parti pour Rousseau et pour l'opéra italien, c'est qu'ils furent exaspérés par la brutalité scandaleuse avec laquelle les partisans de l'opéra français les combattirent. D'Alembert dit, dans son *Essai de la Liberté de la Musique*, que Rousseau se fit plus d'ennemis, et en attira plus à l'Encyclopédie par sa *Lettre sur la Musique* que par tous ses écrits antérieurs. Ce fut une explosion de haine. Il semblait que l'admiration de la musique française dût être un article de foi. « Certaines gens, dit D'Alembert, tiennent pour synonyme bouffoniste et républicain, frondeur et athée. » Il y avait de quoi révolter tous les esprits indépendants. Il était inadmissible qu'on ne pût en France attaquer l'opéra sans être couvert d'injures et traité de mauvais citoyen. Et ce qui mit le comble à l'indignation des philosophes, ce fut la façon cavalière dont les ennemis des Italiens se débarrassèrent d'eux, par un arrêt du roi qui les expulsait de France, en 1754. Cette façon d'appliquer à l'art les procédés du protectionnisme le plus despotique souleva contre l'opéra français la conscience de tous les esprits libres. De là l'emportement de la lutte.

« Il faut faire rentrer l'opéra dans la nature », dit D'Alembert [1]. — Grimm écrit : « Le but de tous les beaux-arts est d'imiter la nature ». — Et Diderot : « Le genre lyrique ne peut être bon, si l'on ne s'y propose point l'imitation de la nature [2] ».

Mais quoi ! n'était-ce donc pas aussi le dessein de Rameau, qui, dès 1727, écrivait à Houdart de la Motte : « Il serait à souhaiter qu'il se trouvât pour le théâtre un musicien qui étudiât la nature avant que de la peindre », et qui, dans son *Traité de l'Harmonie réduite à ses Principes naturels* (1722), disait qu' « un bon musicien doit se livrer à tous les caractères qu'il veut dépeindre, et, comme un habile comédien, se mettre à la place de celui qui parle » ?

Il est vrai. Les Encyclopédistes étaient d'accord avec Rameau sur l'imitation de la nature. Mais ils ne l'entendaient pas de la même façon. Ils voulaient dire le *naturel*. Ils étaient les représentants du bon sens et de la simplicité contre les emphases de l'opéra français, de ses chanteurs, de ses exécutants, de ses librettistes et de ses musiciens.

Quand on lit leurs critiques, on est frappé d'abord d'un fait : c'est qu'elles s'adressent avant tout à l'exécution des œuvres. Rousseau dit quelque part [3] que Rameau avait « un peu dégourdi l'orchestre et l'opéra, attaqués de paralysie ». Mais il faut croire qu'il les avait fait tomber dans l'excès contraire : car l'unanimité des critiques déclare que l'Opéra était devenu vers 1760 une vocifération continue et un vacarme assourdissant. On connaît l'amusante satire qu'en fait Rousseau dans sa *Nouvelle Héloïse* :

On voit les actrices, presque en convulsion, arracher avec violence des gémissements de leurs poumons, les poings fermés contre la poitrine, la tête en arrière, le visage enflammé, les vaisseaux gonflés, l'estomac pantelant : on ne sait lequel est le plus désagréablement affecté de l'œil ou de

1. *Fragments sur la Musique en général et sur la nôtre en particulier* (1773).
2. *Troisième Entretien sur « le Fils naturel »* (1757).
3. Lettre à Grimm (1752).

l'oreille; leurs efforts font autant souffrir ceux qui les regardent que leurs chants ceux qui les écoutent; et ce qu'il y a de plus inconcevable est que ces hurlements sont presque la seule chose qu'applaudissent les spectateurs. A leurs battements de mains, on les prendrait pour des sourds charmés de saisir par ci, par là quelques sons perçants, et qui veulent engager les acteurs à les redoubler.

Quant à l'orchestre, c'est « un charivari sans fin d'instruments, qu'on ne peut supporter une demi-heure sans gagner un violent mal de tête ». Ce sabbat est conduit par un chef d'orchestre, que Rousseau appelle « le bûcheron », parce qu'il dépense autant de vigueur à marquer la mesure sur son pupitre, à coups de bâton, qu'il en faudrait pour abattre un arbre.

Je ne puis m'empêcher de rappeler ces impressions d'un contemporain de Rameau, quand je lis certaines appréciations de M. Claude Debussy (qui depuis, ont fait fortune), opposant à la façon pompeuse et à la lourdeur de Gluck la manière simple et nuancée de Rameau, « cette œuvre faite de tendresse délicate et charmante, d'accents justes », sans exagération, sans fracas, « cette clarté, ce précis, ce ramassé dans la forme [1] ». Je ne sais si M. Debussy a raison; mais, en ce cas, l'œuvre de Rameau telle qu'il la sent, telle qu'on la sent aujourd'hui, n'a plus aucun rapport avec celle qu'on entendait au XVIIIe siècle. Si caricaturale que soit la peinture de Rousseau, elle ne fait que grossir les traits saillants du spectacle; et jamais les partisans ou les ennemis de Rameau ne l'ont caractérisé, de son temps, par la douceur, par la discrétion du sentiment, par la demi-teinte, mais par la grandeur, vraie ou fausse, sincère ou emphatique. Il était entendu qu'il fallait pour ses plus beaux airs, — *Pâles flambeaux, Dieu du Tartare,* etc.; — comme dit Diderot, « des poumons, un grand organe, un volume d'air ». Aussi, je suis convaincu que ceux qui l'admirent le plus aujourd'hui eussent été des premiers à réclamer, avec les Encyclopédistes, une réforme de l'or-

1. *Gil Blas* (2 février 1903).

chestre, des chœurs, du chant, du jeu, de l'exécution musicale et dramatique.

Mais ce n'était rien encore, et il y avait une réforme bien plus urgente : celle du poème d'opéra. Ceux qui louent l'opéra de Rameau ont-ils eu le courage de lire les poèmes sur lesquels il s'évertua ? Connaissent-ils bien ce Zoroastre, « instituteur des mages », roucoulant en quatre pages de vocalises en triolets :

Aimez-vous, aimez-vous sans cesse, L'amour va lancer tous ses traits, l'amour va lancer, va lancer, l'amour va lancer, va lancer, va lancer, l'amour va lancer, va lancer tous ses traits...

Que dire des aventures romanesques de Dardanus pris pour Isménor, et de ces tragédies mythologiques, égayées si à propos par des rigaudons, des passe-pieds, des tambourins et des musettes, d'ailleurs charmants, mais qui justifient le mot de Grimm :

L'opéra français est un spectacle où tout le bonheur et tout le malheur des personnages consiste à voir danser autour d'eux...

ou le passage de Rousseau :

La manière d'amener les ballets est simple : si le prince est joyeux, on prend part à sa joie, et l'on danse ; s'il est triste, on veut l'égayer, et l'on danse. Mais il y a bien d'autres sujets de danses ; les plus graves actions de la vie se font en dansant. Les prêtres dansent, les soldats dansent, les dieux dansent, les diables dansent ; on danse jusque dans les enterrements ; et tout danse à propos de tout.

Le moyen de prendre au sérieux ces absurdités ! Et je ne ne parle point du style, de cette pléiade de poètes insipides, qui se nomment l'abbé Pellegrin, Autreau, Ballot de Sauvot, Le Clerc de La Bruère, Cahusac, De Mondorge, et — le plus grand — Gentil-Bernard !

Jamais les personnages de l'opéra ne disent ce qu'ils devraient dire. Les deux acteurs parlent ordinairement en maximes et en sentences, opposent madrigal à madrigal ; et,

quand ils ont dit chacun deux ou trois couplets, il faut que
la scène finisse et que la danse commence; sans quoi nous
péririons d'ennui [1].

Comment des gens de goût et de grands écrivains,
comme les Encyclopédistes, n'eussent-ils pas été révoltés
par la pompe stupide de ces poètes, dont la niaiserie, tout
récemment encore, à la reprise d'*Hippolyte et Aricie*, acca-
blait le public de notre grand Opéra? (Et Dieu sait pourtant qu'il n'est pas difficile en fait de poésie!)... Comment
n'eussent-ils pas poussé un soupir de soulagement, en
entendant les petites œuvres italiennes, dont les *libretti* ne
sont pas moins naturels que la musique [2]:

Quoi! ils ont cru qu'on nous accoutumerait à l'imitation
des accents de la passion, et que nous conserverions notre
goût pour les *vols*, les *lances*, les *gloires*, les *triomphes*, les *victoires!* Va-t'en voir s'ils viennent, Jean!... Ils ont imaginé
qu'après avoir mêlé ses larmes aux pleurs d'une mère qui se
désole sur la mort de son fils, on ne s'ennuyerait pas de leur
féerie, de leur insipide mythologie, de leurs petits madrigaux
doucereux, qui ne marquent pas moins le mauvais goût du
poète que la misère de l'art qui s'en accommode? Je t'en réponds,
tarare ponpon [3].

1. Grimm, *Correspondance littéraire* (sept. 1757).
2. Il faut bien dire que les livrets d'opéras français méritent, au
xviii° siècle, la palme de l'ennui. Il en est de plus saugrenus, il n'en
est pas de plus insipides, et de plus délibérément assommants. On
éprouve une impression rafraîchissante, quand on lit ensuite des
libretti de Métastase. Je parcourais dernièrement ceux que Hændel
mit en musique, et j'étais frappé de leur beauté, oui, même de leur
naturel, auprès des *libretti* français du même temps. Il y a là, sans
parler du charme de la langue, une force d'invention non seulement
romanesque, mais véritablement dramatique, qui légitime l'admiration des contemporains. Jamais Rameau n'a eu à sa disposition
des poèmes de la force de ceux que Hændel a traités. Je ne parle
pas des sujets des oratorios de Hændel, qui sont souvent admirables, mais même de tels de ses opéras italiens, comme l'*Ezio* et le
Siroe de Métastase, ou le *Tamerlano* de Haym. On y trouve des passions et des caractères qui sont vrais et vivants.
3. Diderot, *le Neveu de Rameau*.

On dira que ces critiques n'ont rien à voir avec la musique. Mais le musicien est toujours responsable des livrets qu'il accepte; et la réforme de l'opéra n'était possible que du jour où l'on aurait accompli la réforme poétique et dramatique. Pour cela, il fallait un musicien qui eût l'intelligence, non seulement de la musique, mais de la poésie. Rameau ne l'avait point. Dès lors, ses efforts pour « imiter la nature » étaient vains. Comment faire de la musique vraie sur des poèmes faux? On citera d'admirables musiques, écrites sur des livrets stupides, comme *la Flûte enchantée* de Mozart. Mais la seule ressource, en ce cas, est de faire comme Mozart : d'oublier le livret, et de s'abandonner au rêve musical. Les musiciens comme Rameau procèdent tout autrement : ils prétendent s'attacher scrupuleusement au texte. Qu'arrive-t-il? Plus ils s'efforcent de le traduire avec exactitude, plus ils partagent sa fortune, et se condamnent à être faux, lorsque le texte est faux. De là, tour à tour, chez Rameau, des pages sublimes, quand la situation prête à l'émotion tragique, et d'interminables scènes, ennuyeuses à périr, même si les récitatifs sont justes et intelligents, parce que les dialogues qu'ils expriment sont d'une niaiserie mortelle.

Enfin, si les Encyclopédistes étaient d'accord avec Rameau pour poser comme principe du drame musical l'expression de la nature, ils se séparaient de lui sur la façon d'appliquer ce principe. Il y avait dans le génie de Rameau un excès de science et de raison, qui les choquait eux-mêmes. Rameau possède à un degré supérieur les qualités et les défauts français : c'est un artiste profondément intellectuel; il a un goût marqué pour les théories et les généralisations; même dans ses études les plus pénétrantes des passions, c'est la passion *in abstracto* qu'il étudie beaucoup plus que les hommes vivants. Il opère à la manière classique du XVII{{e}} siècle [1]. Son besoin de classifications claires

1. Comme l'a montré M. Charles Lalo, dans une récente thèse de doctorat (*Esquisse d'une Esthétique Musicale scientifique*, 1908, p. 86), Rameau est un pur Cartésien, et sa *Démonstration du principe de*

l'entraîne à des catalogues d'accords et de modes expressifs, qui ressemblent aux catalogues d'expressions physionomiques dressés par Lebrun, au temps de Louis XIV. Il vous dira, par exemple :

Le mode majeur, pris dans l'octave des notes *ut, ré* ou *la*, convient aux chants d'allégresse et de réjouissance ; dans l'octave des notes *fa* ou *si bémol*, il convient aux tempêtes, aux furies et autres sujets de cette espèce. Dans l'octave des notes *sol* ou *mi*, il convient également aux chants tendres et gais ; le grand et le magnifique ont encore lieu dans l'octave des notes *ré, la* ou *mi*. — Le mode mineur, pris dans l'octave de *ré, sol, si* ou *mi*, convient à la douceur et à la tendresse ; dans l'octave de *ut* ou *fa*, à la tendresse et aux plaintes ; dans l'octave de *fa* ou *si bémol*, aux chants lugubres. Les autres tons ne sont pas d'un grand usage [1].

Et si ces remarques montrent une claire analyse des sons et des émotions, elles montrent aussi l'esprit abstrait et

---

l'Harmonie (1750) « présente un étrange pastiche des célèbres passages du *Discours* où Descartes retrace la genèse de sa méthode. Les premières pages de la *Démonstration* sont un *Discours de la Méthode pour bien conduire son oreille dans l'audition musicale*. » Rameau le dit lui-même : « Éclairé par la méthode de Descartes, que j'avais heureusement lue, et dont j'avais été frappé, je commençai par descendre en moi-même ; j'essayai des chants à peu près comme un enfant qui s'exercerait à chanter... Je me plaçai le plus exactement possible dans l'état d'un homme qui n'aurait ni chanté ni entendu du chant, me promettant bien de recourir à des expériences étrangères, toutes les fois que j'aurais le soupçon que l'habitude d'un état contraire à celui où je me supposais m'entraînerait malgré moi hors de la supposition... Le premier son qui frappa mon oreille fut un trait de lumière.., etc. »

« Tout y est, dit très bien M. Charles Lalo : le doute méthodique, et même hyperbolique ; la révélation d'un *cogito*, qui est ici un *audio*... »

Et Rameau, avec le terrible esprit de généralisation abstraite des grands Cartésiens, rêvait d'appliquer le principe qu'il croyait avoir découvert en musique, — « le principe de l'harmonie » — « à tous les arts du goût, à toutes les sciences soumises au calcul », — à la nature entière.

[Voir *Nouvelles Réflexions de M. Rameau*, 1752 ; et *Observations sur notre instinct pour la musique*, 1754.]

1. *Traité de l'Harmonie réduite à ses Principes naturels*, livre II, chapitre XXIV (1722).

généralisateur qui procède à ces observations. La nature,
qu'il veut soumettre et simplifier, lui donne constamment
le démenti. Il est trop évident que le premier morceau
de la *Symphonie pastorale*, qui est en *fa majeur*, ne présente
ni tempêtes, ni furies d'aucune sorte; et que le premier
morceau de la *Symphonie en ut mineur* de Beethoven est
insuffisamment caractérisé par la tendresse et par la
plainte. Mais ce ne sont pas ces erreurs de détail qui
importent. Le plus grave, c'est la tendance que marque
l'esprit de Rameau à substituer à l'observation directe et
sans cesse renouvelée de la nature vivante, qui change
constamment, des formules abstraites, assurément intelligentes, mais invariables, des sortes de canons auxquels la
nature doit se ramener. Il est dominé par ses idées et il
les impose à son observation et à son style. Il croit
trop à l'esprit, trop à l'art, trop à la musique en soi, à
l'instrument qu'il manie, à la forme extérieure. Il manque
souvent de naturel, et même il en fait bon marché. Sa juste
fierté des géniales découvertes qu'il a accomplies dans la
science de la musique l'entraîne à faire la part un peu trop
belle à la science aux dépens de la « sensibilité naturelle »,
— comme on disait alors, — et les Encyclopédistes ne
devaient pas laisser tomber sans réplique l'assertion que
« la mélodie provient de l'harmonie, qu'elle n'a qu'une
part subordonnée dans la musique, et ne donne à l'oreille
qu'un léger et stérile agrément, et que tandis qu'une belle
succession harmonique se rapporte directement à l'âme,
le chant ne passe pas le canal de l'oreille[1] ».

On entend assez ce que le mot « âme » signifie ici pour
Rameau : c'est-à-dire l'intelligence; et l'on doit admirer
ce haut intellectualisme, si français, et du grand siècle;
mais on doit comprendre aussi que les Encyclopédistes,
qui, sans être musiciens de profession, sentaient passionnément la musique et croyaient à la chanson populaire, à la mélodie spontanée, à « ces accents naturels

----

1. Voir la réponse de Rousseau à Rameau, et son *Examen de deux
Principes avancés par M. Rameau* (1755).

de la voix, qui passent jusqu'à l'âme », aient été prévenus
contre de telles doctrines, et qu'ils aient jugé avec une
sévérité excessive l'importance non moins excessive, à leur
sens, donnée aux harmonies compliquées, aux « accompagnements travaillés, confus, trop chargés », comme dit
Rousseau. Cette richesse d'harmonies est justement ce qui
séduit en Rameau les musiciens d'aujourd'hui. Mais, outre
que les musiciens — et je reviens là-dessus — ne sont pas
les seuls juges de la musique, qui doit s'adresser à tous les
hommes, il ne faut pas oublier les conditions de l'opéra
d'alors, et ce maladroit orchestre, incapable de rendre
les nuances, qui forçait les chanteurs à crier les phrases
de demi-teinte, et en faussait tout le caractère. Quand
Diderot et D'Alembert revenaient avec tant d'insistance
sur la nécessité d'accompagnements doux, « à demi-jeu »,
— « car la musique, disaient-ils, est un discours qu'on veut
écouter », — ils réagissaient contre les exécutions uniformément bruyantes de leur temps, où les *crescendo* et *decres-
cendo* étaient à peu près inconnus.

On voit que les Encyclopédistes réclamaient une triple
réforme :

Réforme du jeu, du chant, de l'exécution musicale.

Réforme des poèmes d'opéra.

Réforme du drame musical lui-même, que Rameau, tout
en accroissant prodigieusement la richesse expressive de
la musique, avait peu changé. Car, s'il nota avec grandeur
et avec vérité certaines émotions tragiques, il ne s'occupa
guère de ce qui est l'essence du drame : l'unité et la progression dramatique. Il n'y a pas un de ses opéras qui
vaille comme œuvre de théâtre l'*Armide* de Lully[1]. Or, c'est

1. Je ne suis pas bien sûr que Lully n'ait pas exercé sur Gluck
plus d'influence que Rameau. Gluck le disait lui-même. « L'étude
des partitions de Lully avait été pour lui un coup de lumière ; il y
avait aperçu le fond d'une musique pathétique et théâtrale, et le
vrai génie de l'opéra qui ne demandait qu'à être développé, perfectionné. Il espérait, en conservant le genre de Lully et la cantilène
française, en tirer la véritable tragédie lyrique. » (Comte d'Escherny,
Mélanges de littérature et d'histoire, 1811, Paris.) — Gluck rivalisa

toujours à ce point de vue que se placent ses adversaires; et, en ceci, ils ont raison : le réformateur du théâtre musical était encore à venir.

Ils l'attendaient. Ils le prophétisaient. Ils croyaient à une rénovation prochaine de l'opéra français. Ils y préludèrent par la création de l'opéra-comique, à laquelle ils ont contribué. Rousseau avait donné l'exemple, en 1753, avec son *Devin du Village*. Quelques années après, débutent Duni avec *le Peintre amoureux de son Modèle* (1757), Philidor avec *Blaise le Savetier* (1759), Monsigny avec *les Aveux indiscrets* (1759), enfin Grétry avec *le Huron* (1768), — Grétry, qui est vraiment l'homme des Encyclopédistes, leur ami à tous et leur disciple, « le Pergolèse français », comme l'appelait Grimm, le type du musicien dramatique opposé à Rameau : d'un art un peu sec, pauvre et menu, mais clair, d'une observation spirituelle, avec une déclamation calquée sur le parler naturel, et un mélange d'ironie et de fine émotion. La fondation de l'opéra-comique français fut le premier résultat de la polémique musicale des Encyclopédistes. — Mais il y a plus, et ils contribuèrent aussi à la révolution qui s'accomplit peu après dans l'opéra.

Jamais ils n'avaient eu l'idée, en combattant l'opéra français, de le détruire. Cette idée avait pu être celle de l'Allemand Grimm et du Suisse Rousseau. Mais Diderot et D'Alembert, si Français, ne songeaient qu'à préparer la victoire de notre opéra, en lui faisant prendre l'initiative d'une réforme mélodramatique. D'Alembert, qui professa toujours que les Français, « au génie mâle, hardi et fécond », pouvaient avoir une bonne musique, dit que « si l'opéra français fait les réformes nécessaires, il peut être le maître de l'Europe[1] ». Il était convaincu de l'imminence d'une

d'ailleurs ouvertement avec Lully, en écrivant *Armide*; et il eût voulu renouveler cette épreuve, en composant un *Roland*.

Mais, les vrais modèles de Gluck sont ailleurs : en Italie et en Allemagne. C'est Hændel, Graun, Traetta, et les maîtres du grand *Lied* dramatique, de l'Ode, ou du récit épique : Joh.-Philipp Sack, Herbing, — tant d'autres, que je me promets prochainement d'étudier.

1. *De la Liberté de la Musique* (1760).

révolution musicale, et de l'explosion d'un art nouveau.
En 1777, dans ses *Réflexions sur la Théorie de la Musique*, il
écrit :

Aucune nation peut-être n'est plus propre en cet instant
que la nôtre à faire et à recevoir ces nouveaux-essais d'harmonie. Nous renonçons à notre vieille musique pour en prendre une autre. Nos oreilles ne demandent qu'à s'ouvrir à des
impressions nouvelles ; elles en sont avides ; et la fermenta-
tion même s'y joint déjà dans plusieurs têtes. Pourquoi n'es-
pérerait-on pas de ces circonstances et de nouveaux plaisirs
et de nouvelles vérités ?

Mais bien avant ces lignes, contemporaines de l'arrivée
de Gluck à Paris, dès 1757, près de vingt ans avant cette
arrivée, et cinq ans avant que Gluck entreprît sa réforme,
avec l'*Orfeo*, joué à Vienne en 1762, Diderot l'annonçait déjà
dans ses pages prophétiques du *Troisième Entretien sur le
Fils naturel*. Il y appelle le réformateur de l'opéra :

Qu'il se montre, l'homme de génie qui doit placer la véritable tragédie, la véritable comédie sur le théâtre lyrique !

Il ne s'agit pas seulement d'une réforme de la musique ;
il s'agit d'une réforme du théâtre :

Ni les poètes, ni les musiciens, ni les décorateurs, ni les
danseurs n'ont encore une idée véritable de leur théâtre.

Il faut que tout, poème, musique et danse, concoure à
l'action dramatique. Il faut qu'un grand artiste, un grand
poète qui serait aussi un grand musicien, réalise l'unité de
l'œuvre d'art, produit de tant d'arts différents.
Et Diderot montre, par des exemples, comment un beau
texte dramatique pourrait être traduit par un musicien, —
« j'entends l'homme qui a le génie de son art ; c'est un
autre que celui qui ne sait qu'enfiler des modulations et
combiner des notes ». Or ces exemples sont précisément
choisis dans *Iphigénie en Aulide*, que Gluck prendra, quelques années plus tard, pour sujet de son premier opéra
français :

Clytemnestre, à qui l'on vient d'arracher sa fille pour l'immoler, voit le couteau du sacrificateur levé sur son sein, son sang qui coule, un prêtre qui consulte les dieux dans son cœur palpitant. Troublée de ces images, elle s'écrie :

     ... O mère infortunée !
De festons odieux ma fille couronnée
Tend la gorge aux couteaux par son père apprêtés !
Calchas va dans son sang... Barbares ! arrêtez !
C'est le pur sang du dieu qui lance le tonnerre...
J'entends gronder la foudre et sens trembler la terre.
Un dieu vengeur, un dieu fait retentir ces coups.

Je ne connais, ni dans Quinault, ni dans aucun poète, des vers plus lyriques, ni de situation plus propre à l'imitation musicale. L'état de Clytemnestre doit arracher de ses entrailles le cri de la nature ; et le musicien le portera à mes oreilles dans toutes ses nuances. S'il compose ce morceau dans le style simple, il se remplira de la douleur, du désespoir de Clytemnestre ; il ne commencera à travailler que quand il se sentira pressé par les images terribles qui obsédaient Clytemnestre. Le beau sujet pour un récitatif obligé, que les premiers vers ! Comme on en peut couper les différentes phrases par une ritournelle plaintive ! Quels caractères ne peut-on pas donner à cette symphonie ! Il me semble que je l'entends... Elle me peint la plainte, la douleur, l'effroi, l'horreur, la fureur. — L'air commence à : « Barbares, arrêtez ! » Que le musicien me déclame ce « Barbares », cet « Arrêtez ! » en tant de manières qu'il voudra ; il sera d'une stérilité bien surprenante, si ces mots ne sont pas pour lui une source inépuisable de mélodies[1]. Qu'on abandonne ces vers à Mlle Dumesnil. C'est sa déclamation que le musicien doit imaginer et écrire...

Voici un autre morceau, dans lequel le musicien ne montrera pas moins de génie, s'il en a, et où il n'y a ni lance, ni victoire, ni tonnerre, ni vol, ni gloire, ni aucune de ces expressions qui feront le tourment d'un poète, tant qu'elles seront l'unique et pauvre ressource du musicien.

     Récitatif obligé :
Un prêtre, environné d'une foule cruelle...
Portera sur ma fille... (*sur ma fille !*) une main criminelle...

1. « *Musices seminarium accentus*. L'accent est la pépinière de la mélodie », répète Diderot dans *le Neveu de Rameau*.

Air :

> Non, je ne l'aurai point amenée au supplice,
> Ou vous ferez aux Grecs un double sacrifice!... etc.

Ne croit-on pas entendre déjà une scène de Gluck?

Mais Diderot n'était pas le seul à indiquer au réformateur futur le sujet d'*Iphigénie en Aulide*. La même année, en mai 1757, le *Mercure de France* publiait une traduction française de l'*Essai sur l'Opéra*, du comte Algarotti[1], où ce grand seigneur artiste, en relations avec Voltaire et les Encyclopédistes, avait inséré un livret d'*Iphigénie en Aulide*, qu'il proposait comme exemple[2]; et son traité tout entier annonçait à chaque page, comme l'a remarqué M. Charles Malherbe[3], les principes exprimés par Gluck dans sa préface d'*Alceste*.

Il est plus que probable que Gluck connaissait le livre d'Algarotti. Il est possible qu'il ait connu aussi le passage que j'ai cité de Diderot. Les écrits des Encyclopédistes se répandaient par toute l'Europe, et Gluck s'y intéressait. Il lisait, en tout cas, l'esthéticien viennois J. von Sonnenfels, qui reproduisait leurs idées; il était nourri de leur esprit; il fut le poète-musicien que tous ils pressentaient. Tous les principes qu'ils posaient, il les appliqua. Toutes les réformes qu'ils réclamaient, il les exécuta. Il réalisa l'unité du drame musical, fondé sur l'observation de la nature, le récitatif calqué sur les inflexions de la parole tragique, la mélodie expressive qui parle directement à l'âme, le ballet dramatique, la réforme de l'orchestre et du jeu des acteurs. Il fut l'instrument de la révolution dramatique, que les philosophes préparaient depuis vingt ans.

---

1. Paru en 1755, sous le titre : *Saggio sopra l'Opera in Musica*.

2. Il publiait aussi un second livret : *Énée à Troie*, — le sujet même de Berlioz.

3. *Un Précurseur de Gluck* (*Revue Musicale*, sept. et oct. 1902).

II

La figure de Gluck nous est connue par de beaux portraits de l'époque : le buste de Houdon, une peinture de Duplessis, et par divers portraits écrits : notes prises en 1772, par Burney, à Vienne; en 1773, par Christian von Mannlich, à Paris; en 1782 ou 1783, par Reichardt, à Vienne.

Il était grand, gros, très fort, corpulent sans être obèse, de charpente ramassée et musculeuse. Une tête ronde. Un visage large, rouge, fortement marqué de la petite vérole. Des cheveux bruns, poudrés. Des yeux gris, petits, enfoncés, mais extrêmement brillants; le regard intelligent et dur. Il avait les sourcils relevés, le nez gros; les joues, le menton et le cou forts. Certains de ces traits rappellent un peu Beethoven et Hændel. Quand il chantait, il avait peu de voix, et rauque; mais très expressive. Au clavecin, il jouait d'une façon violente et rude, tapant sur l'instrument, mais lui faisant rendre des effets d'orchestre.

Dans la société, il prenait d'abord un ton guindé et solennel. Mais, tout de suite, il s'emportait. Burney, qui vit Hændel et Gluck, les rapproche pour le caractère : « Gluck, dit-il, est d'une humeur aussi sauvage que l'était Hændel, dont on sait que tout le monde avait peur ». Il était libre et irritable, et ne pouvait s'habituer aux règles de la société. Il appelait crûment les choses par leur nom, et, d'après Christ. von Mannlich, à son premier voyage à Paris, il scandalisait vingt fois par jour ceux qui l'approchaient. Il était insensible aux flatteries, mais il admirait ses propres œuvres avec enthousiasme. Cela ne l'empêchait point de se juger exactement. Il aimait un petit nombre

de gens : sa femme, sa nièce, ses amis, mais sans démonstrations de tendresse, sans rien de la sensiblerie du
temps ; il avait toute exagération en horreur, et ne flattait
pas les siens. Il était jovial, bonhomme, joyeux après boire.
Au reste, grand buveur et robuste mangeur ; il le fut
jusqu'à l'apoplexie finale. Il ne jouait pas l'idéaliste. Il ne se
faisait d'illusion ni sur les hommes ni sur les choses. Il
aimait l'argent, et ne s'en cachait pas. Il avait une forte
dose d'égoïsme, « surtout à table, dit Christ. von Mannlich,
où il croyait avoir un droit naturel aux meilleurs morceaux ».

En somme, un rude homme, nullement homme du
monde, sentimental en rien, voyant la vie comme elle est,
et fait pour y lutter, pour foncer sur les obstacles, comme
un sanglier, à coups de boutoir.

Si l'on ajoute qu'il avait une intelligence peu commune
en dehors de son art, qu'il aurait pu être en littérature un
artiste non médiocre, s'il l'avait voulu [1], et qu'il se servait
de sa plume avec une verve ironique et âpre, qui écrasa
les critiques de Paris et pulvérisa La Harpe, on sent
combien il était fait pour un rôle de combat et de révolution. Et, vraiment, il y avait en lui du Révolutionnaire
avant la lettre, de l'esprit républicain, qui n'admet aucune
supériorité, hors celle de l'esprit. A peine arrivé à Paris,
il traita la cour et la société parisienne, comme jamais
artiste n'avait encore eu le courage de le faire. Lors de la
première de son *Iphigénie en Aulide*, au dernier moment,
quand le roi, la reine, toute la cour, étaient invités, il
déclara que la représentation n'aurait pas lieu, et la fit
remettre, en dépit des usages et des observations, parce
qu'il ne trouvait pas les chanteurs assez prêts. Il s'attira
une affaire avec le prince d'Hénin, qu'il avait rencontré
dans un salon, et qu'il ne s'était pas donné la peine de
saluer, parce que, dit-il, « l'usage en Allemagne est de ne

---

1. Burney disait de lui : « Il n'est pas seulement un ami de la
poésie, mais un poète. Il eût été aussi grand comme poète, s'il avait
eu une autre langue à son service. »

se lever que pour les gens qu'on estime ». Et — signe des temps — rien ne put le faire céder : bien plus, ce fut le prince d'Hénin qui dut aller faire visite à Gluck... Il se laissait faire la cour par les courtisans. A ses répétitions, où il se mettait à l'aise, en bonnet de nuit, et sans perruque, il se faisait rhabiller par les grands seigneurs : c'était à qui lui présenterait son surtout, sa perruque. Il appréciait la duchesse de Kingston, parce qu'elle avait dit que «le génie annonçait ordinairement une âme forte et libre».

A tous ces traits, on reconnaît l'homme des Encyclopédistes, l'artiste ombrageux, jaloux de sa liberté, le révolutionnaire à la Rousseau, le génie plébéien.

Où cet homme avait-il puisé cette vigoureuse indépendance morale? D'où sortait-il? — Du peuple, et de la misère, d'une lutte acharnée, prolongée, contre la misère.

Il était fils d'un garde-chasse de Franconie [1]. Né au milieu des bois, il y passa son enfance à vagabonder librement, pieds nus, en plein hiver; dans les immenses forêts du prince Kinsky et du prince Lobkowitz, il se pénétra de ces impressions de nature dont tout son œuvre a gardé le parfum [2]. Sa jeunesse fut difficile; il gagna péniblement sa vie. A vingt ans, lorsqu'il allait étudier à Prague, il devait chanter dans les villages, le long de sa route, pour payer son écot, ou bien il faisait danser les paysans, au son de son violon. Malgré la protection de quelques grands seigneurs, sa vie resta incertaine et gênée, jusqu'après trente-cinq ans, jusqu'à son riche mariage, en 1750. On le voit, avant cette date, errer sans poste fixe, sans situation, à travers l'Europe. A trente-cinq ans, lorsqu'il a déjà écrit quatorze opéras, il s'exhibe en Danemark, comme virtuose, et donne des concerts... d'harmonica [3].

1. Son père signait *Klukh*. Le nom de Gluck est souvent orthographié, dans quelques-uns de ses ouvrages italiens (dans l'*Ippolito* de 1745), *Kluck* ou *Cluch*.

2. Ainsi se vérifie curieusement l'exactitude de la métaphore de Victor Hugo, qui sans doute en eût été bien surpris lui-même :

    « *Gluck est une forêt*, Mozart est une source ».

3. Il avait déjà fait de même à Londres, en 1746. Une note du

A cette vie errante et difficile, il dut deux choses : son
énergie populaire, cette volonté rudement trempée, qui
frappe d'abord en lui, — et aussi, grâce à ses voyages de
Londres à Naples, et de Dresde à Paris, une connaissance
de la pensée et de l'art de toute l'Europe, un esprit largement encyclopédique.

Voilà notre homme. Voilà la formidable machine de
guerre qui allait se trouver lancée contre toutes les rou-
tines de l'opéra français du XVIIIe siècle. A quel point il
était le musicien souhaité par les Encyclopédistes, on en
jugera par un triple fait. Les préférences des Encyclopédistes en musique s'adressaient, comme on l'a vu, à l'opéra
italien, dont le charme avait détaché la France de Rameau ;
— à la mélodie, à la romance chère à Rousseau ; — et à
l'opéra-comique français, qu'ils avaient contribué à fonder.
Or, c'est précisément à cette triple école de l'opéra italien,
de la romance ou du *Lied*, et de l'opéra-comique français,
que Gluck s'était formé ; c'est d'elle qu'il sortait, quand il
vint commencer sa révolution à Paris. On ne peut rien
voir de plus opposé à l'art de Rameau.

*
* *

C'est peu de dire que Gluck était rompu à l'art musical
italien, qu'il était un italianisant. Il fut, pendant la
première moitié de sa vie, un musicien italien. Le fond
musical est chez lui tout italien. A vingt-deux ans, *Kam-*

Daily Advertiser du 31 mars 1746, signalée par M. A. Wotquenne,
annonce : « Dans la grande salle de M. Hickford, Brewer's Street, le
mardi 14 avril, M. Gluck, compositeur d'opéras, donnera un concert
de musique, avec les meilleurs acteurs de l'Opéra ; particulièrement
il exécutera, accompagné par l'orchestre, un concerto pour vingt-six
verres à boire accordés par l'eau de source ; c'est un nouvel instrument de sa propre invention, sur lequel on peut exécuter ce qui peut
être joué par le violon ou le clavecin. Il espère ainsi satisfaire les
curieux et les amateurs de musique. » Ce concert eut grand succès,
sans doute ; car il fut redonné, le 19 avril, au Hay-Market. — Une
annonce pareille fut publiée par Gluck, trois ans plus tard, pour un
concert pareil, donné le 19 avril 1749, au château de Charlottenborg,
en Danemark.

mermusicus du prince lombard Melzi, il le suit à Milan, où, pendant quatre ans, il étudie sous la direction de G.-B. Sammartini, un des créateurs de la symphonie d'orchestre. Son premier opéra, *Artaserse*, sur un poème de Métastase, est joué à Milan en 1741. Dès lors se déroule une suite de trente-cinq cantates dramatiques, ballets et opéras italiens [1]; italiens, avec tous les caractères de l'italianisme musical, avec des airs *da capo*, des vocalises, et toutes les concessions que les compositeurs d'alors devaient faire aux virtuoses. Dans une pièce de circonstance, jouée à Dresde en 1747, *Le Nozze d'Ercole e d'Ebe*, le rôle d'Hercule était écrit pour un soprano, et fut chanté par une femme. Impossible d'être plus italien, italien jusqu'à l'absurde.

On ne peut dire que cet italianisme de Gluck ait été une erreur de jeunesse, qu'il répudia ensuite. Certains des plus beaux airs de ses opéras français sont des airs de cette période italienne, qu'il a repris sans y rien changer. M. Alfred Wotquenne a publié un *Catalogue thématique des œuvres de Gluck* [2], où l'on peut suivre exactement tous ces emprunts. Dès son cinquième opéra, *Sofonisba* (1744), nous voyons poindre le duo fameux d'Armide et d'Hidraot. Dès *Ezio* (1750) s'épanouit l'air délicieux d'Orphée aux Champs-Élysées. L'admirable chant d'*Iphigénie en Tauride* : *O malheureuse Iphigénie!* n'est autre qu'un air de *la Clemenza di Tito* (1752). Un air de *la Danza* (1755) reparaît textuellement, avec d'autres paroles, dans le dernier opéra de Gluck : *Écho et Narcisse*. Le ballet des Furies, au second acte d'*Orphée*, avait déjà figuré dans le très beau ballet de *Don Juan*, écrit par Gluck en 1761. *Telemacco* (1765), le meilleur de ces opéras italiens, a fourni l'air magnifique d'Agamemnon, au début d'*Iphigénie en Aulide*, et une quantité d'airs de *Pâris et Hélène*, d'*Armide* et d'*Iphigénie en Tauride*. Enfin, la célèbre scène de la Haine, dans *Armide*, est entièrement bâtie sur des fragments de huit opéras

---

1. On connaît de Gluck cinquante œuvres dramatiques, un *De Profundis*, un recueil de *Lieder*, six sonates pour deux violons et basse, neuf ouvertures pour divers instruments, et des airs détachés.
2. 1904, Breitkopf, à Leipzig.

italiens différents ! — Il est donc évident que la personnalité de Gluck était déjà pleinement formée dans ses œuvres italiennes, et qu'il n'y a pas à établir de distinction tranchée entre sa période italienne et sa période française. Celle-ci est la suite naturelle de l'autre : elle ne la renie en rien.

Il ne faudrait même pas croire que la révolution du drame lyrique, qui a immortalisé son nom, date de son arrivée à Paris. Il la prépare dès 1750, dès cette époque heureuse où un nouveau voyage en Italie, et peut-être son amour pour Marianne Pergin, qu'il épouse cette année-là, produisent en lui une floraison nouvelle de musique. Déjà il conçoit le projet d'essayer sur l'opéra italien ses idées naissantes de réforme dramatique; il s'efforce de lier et de développer l'action, d'y mettre de l'unité, de rendre le récitatif dramatique et vrai, d'imiter la nature. On ne doit pas oublier que l'*Orfeo ed Euridice* de 1762 et l'*Alceste* de 1767 sont des opéras italiens, — « le nouveau genre d'opéra italien », comme dit Gluck [1], — et que le principal mérite de cette invention appartient, de son aveu même, à un Italien, Raniero da Calsabigi, de Livourne, l'auteur des poèmes, qui avait plus clairement que lui-même l'idée de la réforme dramatique à accomplir [2]. Même après *Orfeo*, il revient encore au pur opéra italien selon l'ancienne mode, avec *Il Trionfo di Clelia*, en 1763, *Telemacco*, en 1765, et deux cantates sur des paroles de Métastase. A la veille de son arrivée à Paris, avant, après *Alceste*, il écrit toujours de la

---

1. » Je me ferais un reproche encore plus sensible, si je consentais à me laisser attribuer l'invention du *nouveau genre d'opéra italien*, dont le succès a justifié la tentative. *C'est à M. Calzabigi qu'en appartient le principal mérite.* » (Gluck, lettre de février 1773 au *Mercure de France*.) Dans la préface de *Pâris et Hélène*, en 1770, après *Alceste*, Gluck ne parle que de « détruire les abus qui se sont introduits dans l'*opéra italien*, et qui le déshonorent ».

2. Calsabigi, dans une très intéressante lettre du 25 juin 1784, au *Mercure*, a protesté que Gluck lui devait tout, et il a longuement raconté comment il lui fit composer sa musique d'*Orphée*, en marquant sur le manuscrit toutes les nuances d'expression, et jusqu'aux moindres accents.

musique italienne. Quand il réforme l'opéra, ce n'est pas un opéra français ou allemand qu'il réforme, c'est l'opéra italien. La matière sur laquelle il travaille est et reste, jusqu'à la fin, purement italienne.

***

Gluck se prépare de plus à l'opéra français par la romance, le *Lied*.

Nous avons de lui un recueil de *Lieder*, écrits en 1770 sur des odes de Klopstock : *Klopstock's Oden und Lieder beym Clavier zu singen in Musik gesetzt von Herrn Ritter Gluck.* Gluck admirait Klopstock; il fit sa connaissance à Rastadt, en 1775, et il lui chanta, avec sa nièce Marianne, quelques-uns de ces *Lieder*, ainsi que des morceaux de *la Messiade*, qu'il avait mis en musique. Ce petit recueil de chants est mince, et n'a qu'une médiocre valeur artistique [1]. Mais l'importance historique en est assez grande : car il offre un des premiers exemples de *Lieder*, tels que les concevront Mozart et Beethoven : — des mélodies très simples, qui ne sont et ne veulent être qu'une expression renforcée de la poésie.

Il faut remarquer que Gluck s'appliquait à ce genre d'œuvres, entre la composition d'*Alceste* et celle d'*Iphigénie en Aulide*, au moment où il se disposait à venir à Paris. D'ailleurs, si l'on parcourt la partition d'*Orphée* ou d'*Iphigénie en Aulide*, on verra que plusieurs airs sont de véritables *Lieder*. Ainsi la plainte, trois fois répétée, d'Orphée au premier acte : « *Objet de mon amour...* [2] » Ainsi surtout nombre de petits airs d'*Iphigénie en Aulide* : celui de Clytemnestre, au premier acte : « *Que j'aime à voir ces hommages flatteurs...* », qui rappelle de très près un des *Lieder* de Beethoven *à la Bien-Aimée lointaine*, et presque

1. Il en est un ou deux prouvant, — surtout *Die frühen Gräber*, — d'une poésie sobre et pénétrante. Mais la valeur en est, pour ainsi dire, plus morale que musicale.

2. N° 7, 9 et 11 de la partition française, 5, 7 et 9 de la partition italienne (édition Peters).

tous ceux d'Iphigénie, au premier acte (« *Les vœux dont ce peuple m'honore...* ») ou au troisième (« *Il faut de mon destin...* » « *Adieu, conservez dans votre âme...* »). Ce sont là, soit de petites pensées musicales, comme chez Beethoven, soit des romances, conçues dans l'esprit de Rousseau, des mélodies spontanées, qui parlent simplement au cœur. Le style de ces œuvres est en somme plus près de l'opéra-comique que de l'opéra français.

****

Il n'y a rien là qui puisse surprendre, si l'on songe que Gluck s'était longuement exercé au genre de l'opéra-comique français. De 1758 à 1764, il écrit une dizaine d'opéras-comiques français sur des paroles françaises. Ce n'était pas une tâche aisée pour un Allemand. Il y fallait beaucoup de grâce, de légèreté, d'entrain, une veine mélodique facile, et une connaissance très juste de la langue française. Ce fut pour Gluck un excellent exercice : ainsi apprit-il, pendant une dizaine d'années, à pénétrer l'esprit de notre langue et à se rendre un compte exact de ses ressources lyriques. Il fit preuve dans ces travaux d'une habileté singulière. De ces opéras-comiques, qui se nomment *l'Ile de Merlin* (1758), *la Fausse Esclave* (1758), *l'Arbre enchanté* (1759), *Cythère assiégée* (1759), *l'Ivrogne corrigé* (1760), *le Cadi dupé* (1761), *la Rencontre imprévue, ou les Pèlerins de la Mecque* (1764)[1], le plus célèbre fut *la Rencontre imprévue*, écrit sur un livret de Dancourt, d'après Lesage[2].

1. Il est curieux que certaines des pages les plus célèbres d'*Armide* et d'*Iphigénie en Tauride* soient empruntées à ces opéras-comiques. L'ouverture d'*Iphigénie en Tauride* n'est autre que l'ouverture de l'*Ile de Merlin*; plusieurs morceaux de la scène de la Haine, dans *Armide*, proviennent plus ou moins directement de l'*Ivrogne corrigé*; l'ouverture de celui-ci est devenue la Bacchanale de celle-là; et M. Wotquenne a même voulu montrer que l'air : « *Sors du sein d'Armide!* » se dessine déjà dans le duo : « *Ah! si j'empoigne ce maître ivrogne...* »; — mais je crois qu'ici la ressemblance est fortuite.

2. M. Weckerlin en a publié une réédition. Nous avons fait entendre l'œuvre, en 1904, à l'École des Hautes Études Sociales.

C'est une œuvre facile, un peu trop facile parfois, mais comme il convient à ce genre aimable et sans prétention. A côté de morceaux un peu vides, il en est de charmants : tel d'entre eux annonce le Mozart de *l'Enlèvement au Sérail.* Et, en vérité, c'est bien de là que Mozart est sorti[1]. On retrouve dans *les Pèlerins de la Mecque* son rire bon enfant, sa jovialité saine, et jusqu'à sa sensibilité émue et souriante. On trouve mieux encore : des pages d'une poésie sereine, comme l'air : « *Un ruisselet...* », pareil à une rêverie de printemps; telles autres, d'un style plus large, comme l'air d'Ali au second acte : « *Tout ce que j'aime est au tombeau...* », où retentit l'écho des lamentations d'Orphée. — Et partout une clarté, une justesse, une sobriété parfaites, des qualités toutes françaises.

On voit combien Gluck devait plaire aux Encyclopédistes, patrons de l'opéra-comique, du chant clair, de la musique non savante, du théâtre musical populaire, accessible à tous. Gluck le savait si bien que, sur le point de venir à Paris, il appuya ses idées de réforme sur les théories de Rousseau, et qu'aussitôt arrivé il se mit en relations avec lui, uniquement attentif à lui plaire, et indifférent aux jugements du reste du public.

*
* *

Les principes de la réforme de Gluck sont connus. Il les a exposés dans sa célèbre préface d'*Alceste* de 1769, et dans son épître dédicatoire, moins connue, mais non moins intéressante, de *Pâris et Hélène,* en 1770. Je n'insisterai pas sur des pages cent fois reproduites. Je voudrais seulement en dégager les passages qui montrent combien

Tout dernièrement, M. Tiersot a donné des fragments des principaux opéras-comiques de Gluck; et, en rapprochant de telle de ces pages la musique écrite par Monsigny sur le même sujet, il a fait voir la supériorité de Gluck.

1. Mozart a d'ailleurs composé, quelques mois après la première des *Pèlerins de la Mecque,* des variations pour piano sur un des airs de cet opéra-comique.

l'opéra de Gluck répondait aux vœux des penseurs de son temps.

En premier lieu, Gluck ne cherche pas à donner l'idée qu'il crée une musique nouvelle, mais un drame musical nouveau; et il en reporte le principal honneur à Calsabigi, qui « conçut un nouveau plan de drame lyrique, où il substitua aux descriptions fleuries, aux comparaisons inutiles, aux froides et sentencieuses moralités, des passions fortes, des situations intéressantes, le langage du cœur, et un spectacle toujours varié ». Il s'agit donc d'une réforme dramatique, et non d'une réforme musicale.

Le but unique étant le drame, tout doit s'y ramener.

La voix, les instruments, tous les sons, les silences mêmes, doivent tendre à un seul but qui est l'expression; et l'union doit être si étroite entre les paroles et le chant que le poème ne semble pas moins fait sur la musique que la musique sur le poème... [1].

En conséquence, Gluck prend, comme il dit, « une nouvelle méthode » (il ne dit pas une nouvelle musique) :

Je me suis occupé de la scène, j'ai cherché la grande et forte expression, et *j'ai voulu surtout que toutes les parties de mes ouvrages fussent liées entre elles* [2].

Ce souci constant de l'unité et de la liaison de toute l'œuvre, qui manquait trop à Rameau, était d'autant plus fort chez Gluck que — chose curieuse — il ne croyait pas beaucoup au pouvoir expressif de la mélodie, ni même de l'harmonie.

On chercherait en vain [dit-il à Corancez] dans la combinaison des notes qui composent le chant un caractère propre à certaines passions : il n'en existe point. Le compositeur a la ressource de l'harmonie, mais souvent elle-même est insuffisante.

Ce qui importe surtout, c'est la place du morceau dans l'œuvre; c'est son contraste ou sa liaison avec les chants

1. Lettre de Gluck à La Harpe (*Journal de Paris*, 12 octobre 1777).
2. Lettre de Gluck à Suard (*Ibid.*).

qui précèdent et qui suivent. C'est par là, et par le choix des instruments qui l'accompagnent, que l'on peut principalement, d'après Gluck, produire une émotion dramatique précise. De là cette trame serrée de ses principales œuvres, du premier et du second acte d'*Alceste*, du second acte d'*Orphée*, d'*Iphigénie en Tauride*, où, malgré quelques raccords et pièces rajoutées, « on peut difficilement séparer un des airs de la place où il est : le tout forme une chaîne indissoluble ».

Gluck procède en homme de théâtre. Il limite son rôle de musicien à celui de « seconder la poésie, pour fortifier l'expression des sentiments et l'intérêt des situations, sans interrompre l'action et la refroidir par des ornements superflus ». On connaît le fameux passage, où il dit que « la musique doit ajouter à la poésie ce qu'ajoute à un dessin correct et bien composé la vivacité des couleurs et l'accord heureux des lumières et des ombres, qui servent à animer les figures sans en altérer les contours ». Il y a là un bel exemple de désintéressement de la part du musicien, qui met tout son génie au service de l'action dramatique. Ce désintéressement semblera sans doute excessif aux musiciens, et admirable aux hommes de théâtre. Il s'oppose à l'esprit de l'opéra français d'alors, tel que le décrit Rousseau, avec sa musique trop touffue et ses accompagnements trop chargés.

Mais ne sera-ce pas appauvrir l'art? — Non, répond Gluck; c'est, au contraire, le ramener au principe même du beau, qui n'est pas seulement *la vérité*, comme disait Rameau, mais qui est aussi *la simplicité* :

La simplicité, la vérité et le naturel sont les grands principes du beau dans toutes les productions des arts[1].

Le modèle suprême est, pour Gluck, comme pour Diderot, la tragédie grecque. Il ne s'agit pas, dit Gluck, de juger ma musique au clavecin, dans un appartement!

1. Ailleurs : « J'avais cru que la plus grande partie de mon travail devait se réduire à chercher une belle simplicité. » (Lettre au grand-duc de Toscane, 1769.)

Ce n'est pas de la musique de salon. C'est de la musique pour de larges espaces comme les théâtres grecs :

Les délicats amateurs, qui ont mis toute leur âme dans leurs oreilles, trouveront peut-être un air trop âpre, un passage trop ressenti, ou mal préparé, sans songer que, dans la situation, cet air, ce passage est le sublime de l'expression.

C'est de la peinture à fresque : il faut la voir de loin. Si l'on fait à Gluck une critique sur quelque passage, il demande :

Cela vous a-t-il déplu au théâtre? — Non? Eh bien, cela me suffit. Quand j'ai réussi au théâtre, j'ai remporté le prix que je me propose; et je vous jure qu'il m'importe peu d'être trouvé agréable dans un salon, ou dans un concert. Votre question ressemble à celle d'un homme qui serait placé dans la galerie haute du dôme des Invalides, et qui crierait au peintre qui serait en bas : « Monsieur, qu'avez-vous prétendu faire en cet endroit? Est-ce un nez? Est-ce un bras? Cela ne ressemble ni à l'un ni à l'autre. » — Le peintre lui crierait de son côté avec beaucoup plus de raison : « Eh! monsieur, descendez, regardez, et jugez vous-même [1]! »

Grétry, qui posséda à un haut degré l'intelligence de cet art, dit :

Ici, tout doit être volumineux; c'est un tableau fait pour être vu à une grande distance. Le musicien ne travaillera qu'en grosses notes. Point de roulades. Presque toujours un chant syllabique. L'harmonie, la mélodie doivent être larges; tous les détails des genres finis sont exclus de l'orchestre. Il faut en quelque sorte peindre avec un balai. Si les paroles ne renferment qu'un sentiment, si le morceau doit conserver une unité de sentiment, le musicien aura le droit et le devoir de prendre un mètre ou un rythme qu'il conservera sans interruption dans chaque morceau de musique. Gluck n'a été vraiment grand que lorsqu'il a *contraint* son orchestre ou le chant par un même trait [2].

1. Conversation avec Corancez (*Journal de Paris*, 21 août 1788).
2. *Essais sur la Musique*, liv. IV, ch. IV.

On connaît, en effet, cette vigueur de rythmes insistants et répétés, où se marque si puissamment l'énergique volonté de Gluck. Bernhard Marx dit [1] qu'aucun musicien ne l'égale en cela, même pas Hændel. Seul, peut-être, Beethoven. Toutes ses règles d'art sont d'un art monumental, fait pour être vu en sa place, et d'une place déterminée. Et « il n'y a aucune règle, dit Gluck, que je n'aie cru devoir sacrifier de bonne grâce en faveur de l'effet ».

L'effet dramatique est donc en dernier lieu, comme en premier, l'objet essentiel de cette musique. A tel point que, de l'aveu du compositeur, elle perd presque tout son sens, non seulement à être entendue hors du théâtre, mais à être entendue, même au théâtre, sans la direction du compositeur. Car il suffit de la plus légère altération dans un mouvement, ou dans l'expression, il suffit d'un détail hors de sa place, pour que l'effet d'une scène entière soit détruit, et que — c'est Gluck qui parle — l'air : « *J'ai perdu mon Eurydice* » devienne « un air de marionnettes ».

En tout cela, on sent l'homme de théâtre, pour qui la plus belle pièce écrite n'est rien, pour qui le théâtre n'existe que réalisé, sur la scène, par les acteurs, et non pas dans les livres ou les concerts. En certains cas, pour le *Trionfo di Clelia* (1763), par exemple, nous savons que Gluck se contenta de préparer son opéra dans sa tête, et qu'il ne consentit à l'écrire qu'après avoir vu les acteurs et étudié leur façon de chanter. Alors il lui suffisait de quelques semaines pour achever son travail. Ainsi procéda parfois Mozart. Cette théorie était poussée si loin chez Gluck qu'il en arrivait à ne plus s'intéresser à ses partitions écrites ou publiées. Ses manuscrits sont d'une incroyable incurie. Il fallait le contraindre pour qu'il corrigeât ses éditions. — Qu'il y ait en tout ceci des exagérations évidentes, je ne le nie point; mais comme ces exagérations mêmes sont intéressantes! Elles sont, à coup sûr, le fait d'une violente réaction contre l'opéra d'alors, qui était du théâtre musical de concert, de l'opéra en chambre.

1. *Gluck und die Oper*, 2 vol. in-8° (Berlin, 1863).

Il va sans dire qu'avec de pareilles pensées, Gluck devait être conduit à accomplir cette réforme de l'orchestre et du chant de l'opéra, qu'appelaient tous les gens de goût de son temps. Ce fut son premier acte, en arrivant à Paris. Il s'attaqua à ces incroyables chœurs, qui chantaient avec des masques, sans un geste, rangés, les hommes d'un côté, les bras croisés, les femmes de l'autre, un éventail à la main. Il s'attaqua à cet orchestre plus incroyable encore, qui jouait avec des gants pour ne pas se refroidir ou se salir les mains, qui passait son temps à s'accorder bruyamment, et dont les instrumentistes venaient ou partaient tranquillement, au milieu d'un morceau, quand il leur en prenait fantaisie. Le plus difficile à réduire, c'étaient les chanteurs, orgueilleux et intraitables. Rousseau disait plaisamment :

L'Opéra n'est point ici, comme ailleurs, une troupe de gens payés pour se donner en spectacle au public ; ce sont, il est vrai, des gens que le public paye, et qui se donnent en spectacle ; mais tout cela change de nature, attendu que c'est une Académie Royale de musique, une espèce de cour souveraine, qui juge sans appel dans sa propre cause, et ne se pique pas autrement de justice ni de fidélité.

Gluck imposa à ces « Académiciens » six mois de répétitions sans pitié, ne leur passant rien, et menaçant, à chaque révolte, d'aller trouver la reine et de repartir pour Vienne. C'était une chose tellement inouïe — un compositeur réussissant à se faire obéir des musiciens de l'Opéra ! — qu'on venait assister à ces belliqueuses répétitions, comme à un spectacle.

La danse était encore à part de l'action ; et, dans l'anarchie de l'opéra avant Gluck, elle semblait le pivot de l'œuvre, autour duquel tout le reste venait tant bien que mal s'accrocher. Gluck brisa son orgueil : il osa tenir tête à Vestris, qui tyrannisait l'opéra français ; il ne craignit point de lui dire que, dans ses œuvres, il n'y avait point de place pour les « gambades », et qu' « un artiste qui portait toute sa science dans ses talons n'avait pas le droit

de donner des coups de pied dans un opéra tel qu'*Armide* ».
Il réduisit la danse à faire, autant que possible, partie
intégrante de l'action : voyez les ballets des Furies ou des
ombres bienheureuses dans *Orphée*. Certes, la danse n'a
plus avec Gluck l'exubérance ravissante qu'elle avait dans
l'opéra de Rameau, mais ce qu'elle perd en originalité et
en richesse, elle le gagne en simplicité et en pureté. Les
airs de danse d'*Orphée* sont des bas-reliefs antiques, une
frise de temple grec.

Partout les mêmes principes de simplicité, de clarté, de
vérité, la subordination de tous les détails de l'œuvre à
l'unité du drame, un art monumental et populaire, anti-
savant : — l'art rêvé par les Encyclopédistes.

*
* *

Mais le génie de Gluck les dépasse. Chose remarquable,
plus qu'eux, il représente en musique le libre esprit du
xviiie siècle, la raison dégagée de toutes les petites questions de rivalités de races, de nationalisme musical. Avant
Gluck, le problème était réduit à une lutte entre l'art italien et l'art français. Chez les uns et les autres, la question posée était : « Qui l'emportera, de Pergolèse ou de
Rameau ? »... Gluck arrive. Que fait-il triompher ? Est-ce
l'art français ? Est-ce l'art italien ? Est-ce l'art allemand [1] ?
C'est bien autre chose encore ! C'est un art *international*, et
Gluck le dit, en propres termes :

Je cherche, avec une mélodie noble, sensible et naturelle,
avec une déclamation exacte selon la prosodie de chaque langue et le caractère de chaque peuple, à fixer le moyen de

1. Les Français sont tout désorientés d'abord en entendant sa
musique. Ils cherchent, suivant leur habitude, à la faire rentrer dans
une catégorie connue. Les uns y voient de la musique italienne, les
autres une modification tudesque de l'opéra français. Le plus intelligent est Rousseau, qui se déclare d'abord franchement pour Gluck,
et a le courage d'avouer qu'il s'est trompé, en prétendant qu'on ne
pouvait écrire de bonne musique sur des paroles françaises. — Mais
cette franchise dure peu.

produire *une musique propre à toutes les nations, et à faire dis-*
paraître la ridicule distinction des musiques nationales [1].

Admirons la grandeur de cette pensée, qui s'élève au-
dessus des luttes éphémères des partis, et qui est une conclusion logique à la pensée philosophique du siècle, —
conclusion que les philosophes eux-mêmes n'avaient peut-
être pas eu la hardiesse de tirer [2]. — Oui, l'art de Gluck est
un art *Européen.* Et c'est en cela qu'il surpasse, à mon sens,
l'art de Rameau, qui est exclusivement français. Quand
Gluck écrit pour les Français, il ne s'asservit pas à leurs
caprices. Il ne prend que les traits les plus généraux,
les plus essentiels du style et de l'esprit français. Ainsi
échappe-t-il à la plupart des mièvreries du temps. Il est
classique. Pourquoi Rameau, qui est un si grand musicien,
n'a-t-il pas dans l'histoire de l'art une place égale à celle
de Gluck? Parce qu'il n'a pas su dominer assez la mode de
son époque. Parce qu'on ne trouve pas en lui cette rigueur
de la volonté et cette clarté de la raison, qui caractérisent
l'art de Gluck. Comme on l'a dit, Gluck est Corneille. Il y
a eu de grands poètes dramatiques en France avant Corneille; mais ils n'avaient point l'éternité de son style : « Je
fais la musique, disait Gluck, de manière qu'elle ne vieil-
lisse pas de sitôt. » Un tel art, se privant volontairement, —
autant du moins qu'il est possible, — des agréments de la
mode, est naturellement moins séduisant que celui qui y a
recours, comme l'art de Rameau. Mais cette liberté souveraine de l'esprit, qui le tient en dehors du siècle et du
pays où il a surgi, fait qu'il est de tous les siècles et de
tous les pays.

Bon gré mal gré, Gluck s'est imposé à l'art de son époque. Il a mis fin aux luttes de l'italianisme et de l'opéra
français. Si grand que fût Rameau, il n'était pas assez fort

1. Lettre au *Mercure de France* (février 1773).
2. Il est juste, pourtant, de rappeler que Rousseau a écrit dans son
Dictionnaire de musique, en 1767, qu'après avoir été enthousiaste de la
musique française, puis après s'être livré avec la même bonne foi à
la musique italienne, « maintenant il ne connaît qu'*une Musique qui,
n'étant d'aucun pays, est celle de tous* ».

pour tenir tête aux Italiens. Il n'était pas assez éternel, pas assez universel; il était trop uniquement Français. Un art ne triomphe pas d'un autre en s'opposant à lui, mais en l'absorbant et le dépassant. Gluck brise l'italianisme, en s'en servant. Il brise l'ancien opéra français, en l'élargissant. Grimm, cet italianisant impénitent, forcé de s'incliner devant le génie de Gluck, qu'il n'aima jamais, doit convenir, en 1783, que « la révolution lyrique, depuis huit ans, est prodigieuse, et qu'on ne peut refuser à Gluck la gloire de l'avoir commencée » ;

C'est lui qui, de sa massue lourde et noueuse, a renversé l'ancienne idole de l'opéra français et chassé de ce théâtre la monotonie, l'inaction et toutes ces longueurs fastidieuses qui y régnaient. C'est à lui que nous devons peut-être les chefs-d'œuvre de Piccinni et de Sacchini.

Rien de plus sûr. Piccinni, que les italianisants opposèrent à Gluck, ne réussit à lutter contre lui qu'en profitant de ses exemples et en s'inspirant de ses modèles de déclamation et de style. Gluck lui a frayé le chemin. Il l'a préparé aussi à Grétry [1], à Méhul, à Gossec, à tous les maîtres de la musique française; et l'on peut dire que c'est son souffle affaibli qui anime une bonne partie des chants de la Révolution [2]. Il n'a pas eu moins d'influence en Allemagne, où Mozart, qu'il connut personnellement [3], et dont il admira les premières œuvres, l'*Enlèvement au Sérail*, la *Symphonie Parisienne*, a fait triompher, avec une bien autre ampleur

1. Telle pièce de Grétry, comme *la Caravane*, en 1785, fut soutenue par les Gluckistes, comme appartenant à leur parti.

2. Les scènes religieuses de Gluck ont surtout été imitées. Certains fragments de ses opéras (entre autres, le chœur d'*Armide* : *Poursuivons jusqu'au trépas*) furent souvent exécutés dans les fêtes de la Révolution, et « républicanisés ».

3. Mozart, âgé de sept ans, arriva à Vienne, au moment des représentations d'*Orfeo*; et son père assista à la seconde représentation, en octobre 1762. — Voir, dans les *Lettres de Mozart* (trad. H. de Curzon, p. 502), le récit d'un concert donné par Mozart, en 1783; Gluck y assistait. « Il avait sa loge à côté de celle où se trouvait ma femme; il ne pouvait assez louer ma musique; et il nous a invités à dîner, pour dimanche prochain. » (12 mars 1783.)

musicale, l'opéra italien réformé, européanisé, de Gluck et de Piccinni[1]. Beethoven lui-même a été profondément imprégné des mélodies de Gluck[2].

Ainsi Gluck a eu ce privilège à peu près unique d'agir directement, à la fois, sur les trois grandes écoles musicales de l'Europe, et de les marquer de son empreinte. C'est qu'il était de toutes les trois, sans être enfermé dans les limites d'aucune d'elles. C'est qu'il avait employé au service de son œuvre d'art européen les éléments artistiques de toutes les nations : la mélodie italienne, la déclamation française, le *Lied* allemand[3], la clarté du style latin, le naturel de l'opéra-comique, — cet « article de Paris », de fabrique récente, — la gravité souveraine de la pensée germanique, surtout de celle de Hændel, qu'on a tort d'oublier : car Hændel, qui, dit-on, n'aimait point Gluck, fut pourtant son maître préféré, pour la merveilleuse beauté de sa mélodie, pour son style colossal et ses rythmes d'armées en marche[4]. Par son éducation, par sa

1. La fin d'*Armide* a certainement été un modèle pour la fin de *Don Juan*. L'influence de Gluck est aussi très sensible dans *Idomeneo*.

2. J'ai signalé tout à l'heure la ressemblance de certains petits airs d'*Iphigénie en Aulide* avec des *Lieder* de Beethoven. — Cf. aussi dans *Orfeo*, acte III, le prélude et la conclusion de l'air : « *Che fiero momento* », ou dans l'*Orphée* français, « *Fortune ennemie* » avec la phrase initiale du premier *Molto Allegro* de la *Sonate Pathétique*. — Ou, remarquer dans *Alceste*, acte III, l'air « *Ah! divinités implacables!* », avec sa phrase, si beethovenienne : « *La mort a pour moi trop d'appas* », — ou le *lied* d'Iphigénie : « *Adieu, conservez dans votre âme* » (acte III, d'*Iphigénie en Aulide*), dont la conclusion est du plus pur esprit beethovenien.

Il est même permis de croire que Weber, dans le *Freyschütz*, s'est souvenu de l'air d'Alceste : « *Grands Dieux, soutenez mon courage* » (acte III), et de l'accompagnement instrumental qui soutient et illustre les paroles : « *Le bruit lugubre et sourd de l'onde qui murmure...* »

3. Burney ajoute l'influence des ballades anglaises, que, d'après lui, Gluck aurait étudiées pendant son voyage en Angleterre, et qui lui auraient, les premières, révélé le naturel.

4. Gluck assistait à la première exécution de *Judas Macchabée*, en 1746, à Londres. Il eut toujours un culte pour Hændel : le portrait de Hændel était placé dans sa chambre, au-dessus de son lit.

Il est surprenant qu'on n'ait pas remarqué davantage combien Gluck s'est inspiré de Hændel; et cela ne peut guère s'expliquer que

vie qui se partagea entre tous les pays d'Europe, Gluck était fait pour ce grand rôle de maître européen, — le premier, si je ne me trompe, qui ait imposé à l'Europe, par la domination de son génie, une sorte d'unité musicale. Son cosmopolitisme artistique résume les efforts de trois ou quatre races et de deux siècles d'opéra, en une poignée d'œuvres qui en expriment l'essence d'une façon supérieure — et économique.

D'une façon trop économique peut-être. Il faut bien reconnaître que si la veine mélodique de Gluck est exquise, elle est peu abondante, et que s'il a écrit quelques-uns des airs les plus parfaits de la musique, le bouquet de ces airs pourrait tenir dans la main. Ce maître élyséen vaut par la qualité unique de ses œuvres, non par la quantité; il était pauvre d'invention musicale, non seulement dans la polyphonie, le développement des grands ensembles, le travail thématique et organique, qui est souvent misérable, mais dans la mélodie même, puisqu'il est contraint de reprendre constamment des airs de ses anciens opéras pour ses œuvres nouvelles [1]. Cet homme,

par l'oubli quasi-total où est tombé, de nos jours, l'œuvre immense de Hændel (à part quelques oratorios, absolument insuffisants à donner une idée de son génie dramatique). On trouve dans ses opéras et ses cantates la double inspiration pastorale et héroïque (démoniaque, par instants), qui est la marque de Gluck. Les modèles du *Sommeil de Renaud* et des scènes Elyséennes abondent chez Hændel, comme ceux des danses de Furies et des scènes du Tartare. On peut croire que c'est à travers Hændel que Gluck a retrouvé la tradition directe de Cavalli, dont la *Médée* est le prototype de toutes ces figures et de ces scènes infernales, dessinées d'un style lapidaire.

Il est à remarquer, d'ailleurs, que Gluck a repris certains des sujets traités par Hændel : *Alceste*, *Armide*, et il n'a pas dû ignorer les opéras et les cantates de son précurseur.

Je compte reprendre, prochainement, d'une façon plus complète, cette question des rapports de Gluck avec Hændel.

1. Il ne faut cependant pas exagérer, comme on le fait aujourd'hui, et accuser Gluck, à la légère, de se copier lui-même, au mépris de ses théories dramatiques. A examiner de plus près ses œuvres, on reconnaîtra ceci :

1° Les drames qui lui tiennent le plus au cœur, comme l'*Alceste* à qui ses admirateurs parisiens élevaient en 1778 un buste, avec l'inscription : « *Musas præposuit sirenis* », a en effet sacrifié les sirènes aux muses; il était plus poète que musicien, et l'on a pu regretter que chez lui la puissance musicale n'égalât point la puissance poétique.

Mais si Mozart, avec un génie musical unique, et peut-être même Piccinni, avec plus de dons mélodiques, l'ont surpassé comme musicien, si Mozart l'a même surpassé comme poète, il serait juste de lui faire hommage d'une partie de leur génie, puisqu'ils ont repris ses principes et suivi ses exemples. Et, par une chose au moins, Gluck reste le plus grand : — non pas simplement parce qu'il fut le premier et leur ouvrit la voie, mais parce qu'il fut le plus noble[1]. Il a été le poète de ce qu'il y a de plus haut dans la vie. Non pourtant qu'il se soit élevé à ces hauteurs,

italienne de 1767, n'ont fait aucun emprunt aux œuvres antérieures.

2° Dans *Orphée*, *Iphigénie en Aulide* et l'*Alceste* française, ces emprunts se réduisent, — à peu de choses près, — à des airs de danse.

Restent *Armide* et *Iphigénie en Tauride*, qui sont tout à fait de la fin de la carrière de Gluck, et où les emprunts sont nombreux. Encore y a-t-il lieu d'observer que Gluck n'y recourt, d'une façon paresseuse et passive, que dans *Iphigénie en Tauride*, le dernier de ces grands drames, qui est d'une époque où la fatigue de l'âge pèse décidément sur lui. Dans *Armide*, rien n'est plus intéressant que d'observer comment il a refondu une quantité d'éléments anciens, de façon à en faire un tout entièrement nouveau et original. Nul exemple plus frappant de cette façon de travailler que la scène de la Haine, bâtie sur des fragments d'*Artamene*, de l'*Innocenza giustificata*, d'*Ippolito*, des *Feste d'Apollo*, de *Don Juan*, de *Telemacco*, de l'*Ivrogne corrigé*, de *Paride ed Elena*. M. Gevaërt n'a point tort de dire, à ce sujet, que Gluck considère ses œuvres anciennes comme « des ébauches, des études d'atelier », qu'il a le droit de reprendre, en les transformant, pour un tableau plus achevé.

1. Un sonnet de Friedrich Strauss, écrit à l'occasion du monument élevé à Gluck, en 1848, à Munich, dit avec justice qu'il fut « le Lessing de l'opéra, qui, par la faveur des dieux, trouva bientôt son Gœthe dans Mozart. Il ne fut pas le plus grand, mais il fut le plus noble ».

> *Lessing der Oper, die durch Göttergunst*
> *Bald auch in Mozart ihren Gœthe fand :*
> *Der grösste nicht, doch ehrenwert vor allen.*

presque inaccessibles et irrespirables, du rêve métaphysique et de la foi, où se plaît l'art d'un Wagner. L'art de Gluck est profondément humain. Par opposition aux tragédies mythologiques de Rameau, il reste sur la terre : ses héros sont des hommes; leurs joies et leurs douleurs lui suffisent. Il a chanté les passions les plus pures : l'amour conjugal dans *Orphée* et dans *Alceste*, l'amour paternel et l'amour filial dans *Iphigénie en Aulide*, l'amour fraternel et l'amitié dans *Iphigénie en Tauride*, l'amour désintéressé, le sacrifice, le don de soi-même à ceux qu'on aime. Et il l'a fait avec une sincérité et une simplicité de cœur admirables. Celui qui faisait mettre sur sa tombe l'inscription : « *Hier ruht ein rechtschaffener deutscher Mann. Ein eifriger Christ. Ein treuer Gatte...* » (« Ici repose un honnête homme allemand. Un ardent chrétien. Un fidèle époux... »), — reléguant à la dernière ligne la mention de son talent musical, — montrait qu'il plaçait sa grandeur dans son cœur, plus encore que dans son art. Et il avait raison : car un des secrets de la fascination irrésistible de cet art, c'est qu'il se dégage de lui un parfum de noblesse morale, de loyauté, d'honnêteté, de vertu. Oui, c'est ce mot de vertu qui me semble le mieux caractériser la musique d'*Alceste*, ou d'*Orphée*, ou de la chaste *Iphigénie*. C'est par là surtout que l'auteur en sera cher aux hommes; c'est par là qu'il est, comme Beethoven, bien plus qu'un grand musicien : un grand homme au cœur pur.

GRÉTRY

Il n'est pas de musicien qui nous soit aussi bien connu. Il s'est décrit, dans le dernier détail, suivant la mode du temps, — la mode indiscrète des *Confessions* de son ami Jean-Jacques. — Il s'est décrit dans ses charmants *Mémoires, ou Essais sur la musique*, en trois volumes, imprimés en 1797 [1], par arrêté du Comité d'Instruction publique, sur une demande signée de Méhul, Dalayrac, Cherubini, Lesueur, Gossec, et appuyée par Lakanal. Car Grétry était alors le citoyen Grétry, inspecteur du Conservatoire de musique ; et son œuvre prétendait avoir un objet d'utilité civique. Peu de livres sur la musique sont aussi débordants d'idées, et en suggèrent autant ; la lecture en est facile, et même agréable, — ce qui n'est pas un petit mérite dans un ouvrage intelligent. — En prose, comme en musique, Grétry écrit pour tout le monde, « même pour les gens du monde », dit-il. A la vérité, son style n'est pas des plus corrects ; il ne faut pas le regarder de trop près ; on y trouve des phrases comme celles-ci : « Mes larmes avaient le droit de sécher celles du plus malheureux », ou : « Ses yeux cristallisés de noir ne réfléchissent que des vapeurs infernales ».

1. Le premier volume avait déjà paru en 1789.

Il use de periphrases. Il appelle ses parents : « les auteurs de mes jours », — un chirurgien : « le suppôt d'Esculape »; — et les femmes sont, naturellement, « le sexe qui reçut la sensibilité en partage ». Il est un homme sensible : — « Cherchons, cherchons, dit-il, les sensations délicieuses, mais honnêtes et pures; nous ne sommes heureux que par elles : et jamais l'homme sensible, qui aime l'attendrissement, ne fut redoutable pour ses semblables ».

(Et sans doute cette phrase, écrite en 1789, a dû avoir l'approbation du sensible Robespierre, qui aimait la musique de Grétry.)

Enfin la composition du livre est des plus décousues, en dépit — ou en raison — du luxe de divisions, subdivisions, livres, chapitres, etc. Grétry entremêle ses récits de digressions métaphysiques. Il parle de l'unité du monde, des anges, de la vie, de la mort, de l'infini; il apostrophe les femmes, l'Amour, l'Amour maternel, la Pudeur : « O sexe aimable!... O source de tous les biens!... O doux repos de la vie!... Être enchanteur!... »

Il apostrophe l'Illusion, et la tutoie pendant sept pages. Il tutoie aussi la Noblesse Héréditaire [1].

Et, malgré tout, il est charmant, parce que tout est chez lui naturel, spontané; et il a tant d'esprit! — « Vous êtes musicien, et vous avez de l'esprit! » lui disait Voltaire, étonné et narquois [2].

*
* *

Il y a dans ses *Mémoires* deux choses principales, — aussi intéressantes l'une que l'autre : ses souvenirs, et ses idées.

Dans ses souvenirs, il se décrit minutieusement, et il ne nous fait grâce de rien : son tempérament physique, ses rêves, ses indispositions, son régime de nourriture, certains détails inattendus de sa toilette intime. C'est un des documents les plus précieux pour connaître la formation d'un

1. *Essais sur la Musique*, III, 134.
2. *Ibid.*, I, 133.

artiste, — une des rares autobiographies de musiciens, où l'on trouve réuhies deux conditions qui ne vont pas souvent ensemble : un artiste qui sache se décrire, et un artiste qui vaille la peine d'être décrit.

Modeste Grétry, de Liège, était fils d'un pauvre violoniste[1]. Il avait du sang germanique. Sa grand'mère paternelle était Allemande; un de ses oncles était prélat autrichien.

Ses premières impressions musicales, il les dut à un pot de fer qui bouillait sur le feu : il avait quatre ans, et il dansait au chant de la marmite. Il voulut se rendre compte du bruit, et, en renversant le pot, il provoqua une explosion qui lui brûla les yeux et lui rendit la vue faible pour toujours. Sa grand'mère l'emmena se rétablir chez elle, à la campagne, et là encore, c'est un bruit d'eau, un doux murmure de source, qui se fixe dans sa mémoire jusqu'à la fin de sa vie : — « Je vois, j'entends cette fontaine limpide qui bornait d'un côté la demeure de ma grand'mère[2]... »

A six ans, il fut amoureux : — « sentiment vague, à la vérité, et qui s'étendait en même temps à plusieurs personnes; mais déjà j'aimais trop pour oser le dire à aucune d'elles : je gardais le silence par timidité[3] ».

Il avait un tempérament délicat, mais résistant. Il souffrit cruellement, et sans se plaindre, — par orgueil, — des brutalités d'un maître. Le jour de sa première communion, il demanda à Dieu de le faire mourir, s'il ne devait pas devenir « honnête homme et homme distingué dans son art ». Il faillit être exaucé : le jour même, une solive lui tomba sur la tête, et enfonça un morceau du crâne. Son premier mot, en revenant à lui, fut :

— Je serai donc honnête homme et bon musicien.

Il était alors mystique et superstitieux. Il avait « une dévotion à la Vierge, qui allait jusqu'à l'idolâtrie ». — Il est assez embarrassé pour l'expliquer, dans son livre, aux

1. Il naquit à Liège le 11 février 1741.
2. *Essais*, III, 136.
3. *Ibid.*, I, 5.

Conventionnels qui l'éditent ; cependant il ne l'a point cachée : gage de sa sincérité. — Il était vaniteux, susceptible, et n'oubliait jamais les injustices qu'on lui avait faites. Longtemps après, il pensait encore avec amertume aux humiliations qu'il avait subies de son premier maître, quand il était enfant.

Une troupe de chanteurs italiens décida de sa vocation. Elle vint chanter à Liège les opéras de Pergolèse et de Buranello. Le petit avait ses entrées au théâtre ; il assista pendant un an à toutes les représentations, et souvent même aux répétitions : « C'est là, dit-il, où je pris un goût passionné pour la musique [1] ». Il apprit et réussit à chanter « aussi purement dans le goût italien que les meilleures chanteuses de l'Opéra ». Toute la troupe italienne vint l'entendre à l'église, où il eut un triomphe. « Chacun d'eux le regardait comme son élève ». — Ainsi, ce petit Wallon a été, dès l'enfance, formé dans le pur style italien.

Au sortir d'un concert, où, vers quinze ou seize ans, il avait chanté un air fort haut de Galuppi, il fut pris de vomissements de sang. Cet accident se renouvela depuis, à chaque ouvrage qu'il écrivait. — « J'ai vomi, dit-il, jusqu'à six ou huit palettes de sang en différents accès qui revenaient périodiquement, deux fois par jour et deux fois par nuit ». Ces hémorragies ne disparurent tout à fait qu'aux approches de la vieillesse. Mais il resta toujours très délicat de la poitrine, et il dut observer, toute sa vie, un régime sévère, soupant d'un verre d'eau et d'une livre de figues sèches [2]. — Il était fiévreux, et il eut, à diverses reprises, de graves accès de « fièvre tierce ou putride », avec délire [3]. Ajoutez des obsessions musicales qui l'affolaient, comme celle du chœur des Janissaires, dans *les Deux Avares*, qu'il eut pendant quatre jours et quatre nuits de suite, sans discontinuer : — « Mon cerveau était comme

1. *Essais*, I, 15.
2. *Ibid.*, I, 107.
3. *Ibid.*, I, 215-217.

le point central, autour duquel tournait sans cesse ce
morceau de musique, sans que je pusse l'arrêter [1] ». —
Enfin des rêves continuels, auxquels il voulait attribuer
un caractère prophétique, et où son cerveau continuait de
créer : — « L'artiste, souvent occupé d'un grand objet,
croit se livrer au repos de la nuit ; et, malgré lui, soit en
dormant, soit à moitié endormi, sa tête combine.... En
entrant dans son cabinet, il est étonné de trouver toutes
les difficultés vaincues. C'est l'homme de la nuit qui a
tout fait ; celui du matin n'est souvent qu'un scribe [2]. »

Je groupe ces petits faits, pour montrer, en passant, ce
qu'il y avait d'anormal, même chez cet artiste, un des
mieux pondérés qui aient jamais été. — On serait presque
tenté de lui reprocher l'excès de son bon sens.

*
* *

Après ses succès de petit chanteur italien, il ne rêvait
plus que d'aller en Italie. Il y fut, en effet, envoyé, en
1759, à dix-huit ans. Il y avait alors à Rome un Collège de
Liège, fondé par un riche Liégeois, et où tout enfant du
pays, âgé de moins de trente ans, pouvait être admis pour
cinq ans, nourri, logé, entretenu [3]. Grétry y obtint une
place.

Il raconte longuement son voyage d'Italie, pittoresque et
fort pénible : car il le fit à pied, sous la conduite d'un
honnête contrebandier qui, sous prétexte de guider les étu-
diants de Liège à Rome, et *vice versa*, portait en Italie les
dentelles de Flandre, et en rapportait des reliques. Il entra
à Rome, un dimanche de printemps très doux, « qui invi-
tait à la mélancolie ». Et alors commencèrent sept années
d'enchantement, qu'il aurait voulu plus tard procurer à
tout artiste : car personne ne fut plus que lui partisan du
séjour des musiciens français ou allemands à Rome [4].

1. *Essais*, I, 215-217.
2. *Ibid.*, III, 183 ; III, 132.
3. *Ibid.*, I, 125-126.
4. *Ibid.*, I, 69-70, 411-412.

A ce moment, le roi de la musique italienne était Piccinni. Grétry alla le voir ; Piccinni fit peu attention à lui.

Et c'est, à dire vrai, ce que je méritais... Mais que le moindre encouragement de sa part m'eût fait de plaisir ! Je contemplais ses traits avec un sentiment de respect qui aurait dû le flatter, si ma timidité naturelle avait pu lui laisser voir ce qui se passait au fond de mon cœur. Piccinni se remit au travail, qu'il avait quitté un instant pour nous recevoir. J'osai lui demander ce qu'il composait ; il me répondit : « Un oratorio ». Nous demeurâmes une heure auprès de lui. Mon ami me fit signe, et nous partîmes sans être aperçus [1].

A peine rentré chez lui, Grétry voulut faire tout ce qu'il avait vu faire à Piccinni : prendre du grand papier, tracer des barres de mesures, et écrire un oratorio. Mais aux barres de mesures s'arrêta la ressemblance. — Il fit aussi la connaissance, à Bologne, du père Martini, qui l'aida à être reçu à l'Académie philharmonique, en lui faisant son morceau de concours [2]. C'était une spécialité du bon père, qui devait, un peu plus tard, rendre le même service au petit Mozart.

Mais le vrai maître de Grétry, ce fut le gentil Pergolèse, mort depuis trente-cinq ans. — « La musique de Pergolèse, dit-il, m'a toujours plus vivement affecté que toute autre musique [3]. » « Pergolèse naquit, a-t-il écrit ailleurs, et la vérité fut connue [4]. » — Ce qu'il admirait surtout en lui, ce qu'il devait s'appliquer, toute sa vie, à transporter d'une façon raisonnée dans la musique française, c'était la vérité de sa déclamation, « indestructible comme la nature ». Dans son amour pour lui, non seulement il réussit à lui ressembler musicalement, mais encore physiquement :

Ce ne fut pas sans un plaisir extrême que, pendant mon séjour à Rome, j'appris de plusieurs musiciens âgés que ma taille, ma physionomie leur rappelaient Pergolèse ; ils m'apprirent que la même maladie menaçait aussi ses jours, chaque

1. *Essais*, I, 88-89.
2. *Ibid.*, I, 91-92.
3. *Ibid.*, I, 169-172.
4. *Ibid.*, I, 424-425.

fois qu'il se livrait au travail. Vernet, qui avait connu et aimé
Pergolèse, me confirma la même chose à Paris[1].

Les débuts de Grétry dans la musique dramatique
eurent lieu à Rome, où il fit jouer avec succès des *Inter-
medi*, — ce genre de petites pièces auquel appartenait la
Serva padrona. Malgré les offres qu'on lui faisait pour
rester en Italie, il quitta Rome en 1767. Paris l'attirait,
depuis qu'il avait lu la partition d'un opéra-comique de
Monsigny : *Rose et Colas*. En route, à Genève, où il s'attarda
six mois, il vit jouer cette pièce : c'était la première fois
qu'il entendait des opéras-comiques français; son plaisir
ne fut pas sans mélange : il lui fallut quelque temps avant
de s'habituer à « entendre chanter le français, ce qui lui
avait paru d'abord désagréable[2] ». — Il ne manqua pas
d'aller rendre ses dévotions à Ferney, où Voltaire fit fête
à ce phénix des musiciens qui, même en dehors de son art,
n'était pas un sot.

Le voici à Paris.

Je n'entrai pas dans cette ville sans une émotion dont je
ne me rendis pas compte; elle était une suite naturelle du
plan que j'avais formé de n'en pas sortir sans avoir vaincu
tous les obstacles qui s'opposeraient au désir que j'avais d'y
établir ma réputation[3].

La lutte fut dure, mais assez courte. Deux ans de combat. Les directeurs et les acteurs opposaient à Grétry les
romances de Monsigny, comme un modèle inimitable.
Cependant il n'eut pas à se plaindre de ses rivaux. Philidor
et Duni étaient pleins d'obligeance pour lui; et, surtout,
il eut la bonne fortune de trouver des amis, des conseillers
et des partisans, tels que Diderot, Suard, l'abbé Arnaud,
le peintre Vernet, tous passionnés mélomanes.

C'était la première fois, dit Grétry, que j'entendais parler
de mon art avec infiniment d'esprit[4]. Diderot, l'abbé Arnaud,

1. *Essais*, I, 125.
2. *Ibid.*, I, 130.
3. *Ibid.*, I, 144.
4. *Ibid.*, I, 151.

lançaient la foudre au milieu des festins, et, par la force de leur éloquence, communiquaient à chacun la noble envie d'écrire, de peindre, ou de composer de la musique... Il était impossible de résister à la flamme qui sortait de la réunion de ces hommes célèbres[1].

Il devait même avoir la rare et presque unique fortune, pour un musicien français, de désarmer la malveillance de l'ennemi de la musique française, — le grand pontife de la musique en France : Jean-Jacques Rousseau. Il est vrai que leur amitié ne dura pas plus d'une heure. L'indépendance ombrageuse de Rousseau s'offensa des avances trop empressées, trop obséquieuses peut-être, de celui que, l'instant d'avant, il appelait son ami : il rompit avec lui, et ne le revit jamais[2].

En somme, à part les difficultés inévitables à tout début, Grétry fut favorisé par le sort. Son talent fut vite reconnu. Il note lui-même que « sa musique s'établit doucement en

1. *Essais*, II, 134-135.
2. La scène vaut d'être rappelée. C'était à une représentation de *la Fausse Magie*. Rousseau y assistait. On dit à Grétry qu'il désirait le voir.

« Je volai auprès de lui, je le considérai avec attendrissement.

— Que je suis aise de vous voir! me dit-il; depuis longtemps, je croyais que mon cœur s'était fermé aux douces sensations que votre musique me fait encore éprouver. Je veux vous connaître, monsieur, ou, pour mieux dire, je vous connais déjà par vos ouvrages; mais je veux être votre ami.

— Ah! monsieur, lui dis-je, ma plus douce récompense est de vous plaire par mes talents.

— Êtes-vous marié?

— Oui.

— Avez-vous épousé ce qu'on appelle une femme d'esprit?

— Non.

— Je m'en doutais!

— C'est une fille d'artiste; elle ne dit jamais que ce qu'elle sent, et la simple nature est son guide.

— Je m'en doutais : oh! j'aime les artistes, ils sont enfants de la nature. Je veux connaître votre femme, et je veux vous voir souvent.

Je ne quittai pas Rousseau pendant le spectacle : il me serra deux ou trois fois la main pendant *la Fausse Magie*; nous sortîmes ensemble. J'étais loin de penser que c'était là la dernière fois que je lui parlais! En passant par la rue Française, il voulut franchir des

France, sans lui faire des partisans enthousiastes, et sans exciter de disputes puériles... » C'est qu'il n'était « d'aucun des partis exagérés qui se disputaient alors à Paris ». — « Je me demandais à moi-même : n'est-il point de moyen pour contenter à peu près tout le monde [1] ? »

Tout Grétry est dans cet aveu naïf.

Il avait naturellement assisté à quelques représentations de l'Opéra, mais sans grand intérêt. C'était pendant l'interrègne entre Rameau et Gluck. Le premier était mort, et l'autre n'était pas encore venu en France. Grétry ne comprenait rien à Rameau. Il mourait d'ennui, en entendant ses œuvres. Il comparait ses airs à « certains airs italiens qui avaient vieilli [2] ». Il avait pratiqué les théâtres de musique, à Paris, surtout pour apprendre à bien connaître les acteurs, l'étendue et la qualité de leurs voix, afin d'en tirer le plus juste parti. Mais ce qu'il suivait assidûment, c'étaient les représentations du Théâtre-Français. Il ne se lassait point d'entendre de grands acteurs; il tâchait de graver leur déclamation dans sa mémoire : « Elle me semblait, dit-il, le seul guide qui me convînt, le seul qui pût me conduire au but que je m'étais proposé [3]... » Et, bien qu'il n'en dise rien, il y a tout lieu de croire qu'il suivait en cela les inspirations de Diderot, qui a, toute sa vie, énoncé et soutenu ces principes. En tout cas, il eut le mérite de les comprendre et de les appliquer, mieux que personne ne fit jamais.

pierres que les paveurs avaient laissées dans la rue; je pris son bras, et lui dis :

— Prenez garde, monsieur Rousseau!

Il le retira brusquement, en disant :

— Laissez-moi me servir de mes propres forces.

Je fus anéanti par ces paroles; les voitures nous séparèrent; il prit son chemin, moi, le mien, et jamais depuis je ne lui ai parlé. » (*Essais*, I, 271.)

Voir encore sur Rousseau : *Ibid.*, I, 272-278; II, 205-207.

1. *Essais*, I, 169.

2. *Ibid.*, I, 145. — Si étrange que paraisse cette opinion, qui était partagée par d'autres musiciens, en Allemagne et en France, elle n'était pas sans un fonds de vérité.

3. *Essais*, I, 146-147.

C'est au Théâtre-Français, c'est dans la bouche des grands acteurs que le musicien apprend à interroger les passions, à scruter le cœur humain, à se rendre compte de tous les mouvements de l'âme. C'est à cette école qu'il apprend à connaître et à rendre leurs véritables accents, à marquer leurs nuances et leurs limites [1].

Et, on le voit, dans la suite, fidèle à ses principes, noter les modulations d'une page d'*Andromaque* [2], consulter Mlle Clairon pour le duo de *Sylvain*, et copier en musique « ses intonations, ses intervalles et ses accents [3] ». Si les poëtes, — c'est Grétry qui fait lui-même cette remarque, — si les poëtes disent qu'ils « chantent » lorsqu'ils « parlent », Grétry dit qu'il « parle » lorsqu'il « chante » [4]. Jamais il ne manquait de déclamer les vers, avant de les mettre en musique [5]. Ainsi remarquait-il « les syllabes essentielles qui doivent être appuyées par le chant », et il était conduit « au véritable chant que doit recevoir la parole ». Bref, la musique, pour lui, était « un discours » qu'il fallait noter [6].

1. Telle avait été aussi la pensée de Lully. (Voir, p. 143.) Je n'ai pas à juger ici cette conception du récitatif musical. Elle n'est pas sans dangers. La déclamation des grands acteurs n'est pas souvent un modèle de naturel. Même quand elle est belle et pathétique, elle emprunte au théâtre un caractère conventionnel et assez éloigné du parler ordinaire. Il se peut que ce soit justement parce que Lully et Grétry étaient des étrangers que, comme les étrangers sont portés à le faire, ils aient pris comme type du parler français la déclamation du théâtre (ou de la chaire). S'ils avaient été Français d'origine, ils eussent peut-être trouvé un modèle plus vrai en s'écoutant parler eux-mêmes et en entendant parler autour d'eux.

2. *Essais*, III, 288-289.

3. *Ibid.*, I, 201.

4. *Ibid.*, II, 366.

5. Grétry avait déjà fait et refait deux fois le célèbre trio de *Zémire et Azor* : « Ah ! laissez-moi la pleurer ! » et il n'en était pas satisfait. Diderot vint, entendit le morceau, et, sans approuver ni blâmer, déclama les paroles. « Je substituai, dit Grétry, des sons au bruit déclamé de ce début, et le reste du morceau alla de suite. Il ne fallait pas toujours écouter ni Diderot, ni l'abbé Arnaud, lorsqu'ils donnaient carrière à leur imagination ; mais le premier élan de ces hommes brûlants était d'inspiration divine. » (*Essais*, I, 225-226.)

6. « La musique, dit-il encore, est en quelque sorte la pantomime

Tels furent les principes qu'il appliqua de plus en plus clairement, dans la suite de ses opéras et de ses opéras-comiques, dont le premier fut *le Huron*, en 1768 [1], et qu'il n'entre pas dans mon dessein d'étudier ici [2].

**

La Révolution vint, et amoindrit un peu sa fortune, mais non sa renommée; elle le combla d'honneurs, imprimant ses ouvrages aux frais de la nation, et inscrivant l'auteur « dans la liste des citoyens qui ont droit à la munificence nationale, par les services qu'ils ont rendus aux arts utiles à la société », comme dit Lakanal, dans son rapport à la Convention. Grétry fut membre de l'Institut national de France, et inspecteur du Conservatoire. Sa muse avait coiffé le bonnet phrygien, et, après avoir dicté les airs de *Richard Cœur de Lion*, dont le souvenir reste associé aux dernières manifestations royalistes de Versailles, elle dictait *Barra*, *Denys le Tyran*, *la Rosière républicaine*, *la Fête de la Raison*, et des hymnes pour les fêtes nationales [3]. Mais les titres seuls changeaient, la musique restait la même : c'était toujours l'aimable sentimentalité, chère aux gens de la Terreur, parce qu'ils y trouvaient un refuge contre leurs inquiétudes, et le repos dont leur fièvre avait tant besoin.

Les souvenirs sur la Révolution sont rares dans les *Mémoires* de Grétry : l'homme prudent n'aimait pas à se

de l'accent des paroles. » (*Essais*, III, 279.) — Voir (*Ibid.*, I, 239 et suiv.) sa fine notation des nuances musicales de la déclamation parlée.

1. Je ne compte pas *les Mariages Samnites*, qui n'allèrent pas au delà de la répétition générale.

2. Je renvoie aux excellents petits livres de M. Michel Brenet, *Grétry, sa vie et ses œuvres* (1884), et de M. Henri de Curzon, *Grétry* (1907). — Le gouvernement belge a entrepris une grande édition des œuvres de Grétry, qui est en cours de publication, depuis 1884, chez Breitkopf et Haertel, à Leipzig, sous le contrôle d'un comité présidé par M. Gevaërt. Trente-sept volumes ont déjà paru.

3. Grétry a plus tard affirmé son républicanisme « de vieille date », dans un ouvrage publié en 1801 : *la Vérité ou ce que nous fûmes, ce que nous sommes, ce que nous devrions être*.

compromettre. En voici pourtant deux ou trois, disséminés à travers l'ouvrage, qui, malgré leur caractère tout musical, font revivre d'une façon saisissante ces terribles années. Je me contente de les transcrire, sèchement. Il y a là des traits dignes de Shakespeare. On peut être tranquille : ce n'est pas Grétry qui les a inventés.

Depuis quatre ans que dure la Révolution, j'ai la nuit (lorsque mes nerfs sont en mouvement) un son de cloche, un son de tocsin dans la tête, et ce son est toujours le même. Pour m'assurer si ce n'est pas le tocsin véritable, je bouche mes oreilles; si alors je l'entends encore, et même plus fort, je conclus qu'il n'est que dans ma tête[1].

Le cortège militaire qui conduisit Louis XVI à l'échafaud passa sous mes fenêtres, et la marche en 6/8, dont les tambours marquaient le rythme sautillant, en opposition au lugubre de l'événement, m'affecta par son contraste et me fit frémir[2].

Dans ce temps[3]..., je revenais vers le soir d'un jardin situé dans les Champs-Élysées. On m'y avait invité pour jouir de l'aspect du plus bel arbre de lilas en fleurs qu'on pût voir. Je revenais seul. J'approchais de la place de la Révolution, lorsque mon oreille fut frappée par le son des instruments; j'avançai quelques pas : c'étaient des violons, une flûte, un tambourin, et je distinguai les cris de joie des danseurs. Un homme qui passait à côté de moi me fit regarder la guillotine; je lève les yeux, et je vois de loin le fatal couteau se baisser et se relever douze ou quinze fois de suite. Des danses champêtres d'un côté, le parfum des fleurs, la douce influence du printemps, les derniers rayons de ce soleil couchant qui ne se relèvera jamais pour ces malheureuses victimes..., ces images laissent des traces ineffaçables. Pour éviter de passer sur la place, je précipitai mes pas par la rue des Champs-Élysées; mais la fatale charrette m'y atteignit... « Paix, silence, citoyens, ils dorment », disait en riant le conducteur de cette voiture de carnage[4].

1. *Essais*, III, 132.
2. *Ibid.*, II, 142.
3. Le temps de la Terreur.
4. *Ibid.*, II, 140.

Mais d'autres événements occupaient plus Grétry que les tragédies de la patrie. Le cœur de Grétry, quoique bienveillant pour tous, était un peu étroit; et je ne crois pas, en dépit de ses protestations humanitaires, qu'il se soit beaucoup tourmenté des questions sociales. Ce cœur était fait surtout pour « la sensibilité domestique, si naturelle à l'homme né dans le pays des bonnes gens ». Cette sensibilité affectueuse, qui fait le charme bourgeois de tant de pages de ses œuvres [1], s'était tout entière reportée sur ses trois filles, qu'il adorait. Il les perdit toutes trois. Il a raconté leur mort dans des pages qui sont les plus belles de ses *Mémoires*. Je les résume ici.

Le malheureux homme s'accusait de leur mort. Les fatigues de l'artiste sont, dit-il, la mort de ses enfants : « Le père a violé la nature pour atteindre vers la perfection; ses veilles, ses fatigues ont desséché les sources de la vie; il a tué d'avance sa postérité [2]... »

Elles se nommaient Jenni, Lucile et Antoinette. — Jenni, l'aînée, était douce et candide. Elle était faible de santé : « il eût fallu la laisser végéter dans une douce paresse. » On la força à travailler. Grétry se le reprochait amèrement; il croyait que ce travail l'avait tuée :

A quinze ans, elle ne savait qu'imparfaitement lire, écrire, la géographie, le clavecin, le solfège, l'italien; mais elle chantait avec les accents d'un ange; et le goût du chant était la seule chose qu'on ne lui eût pas enseignée... A seize ans, elle s'éteignit doucement, croyant que sa faiblesse annonçait sa prompte guérison.

Le jour de sa mort, elle dit d'écrire à une amie qu'elle irait à son prochain bal.

Elle s'endormit pour jamais, assise sur mes genoux... Je la serrai encore contre mon cœur désespéré, pendant un quart

1. Voir sa *Lucile*, et ce qu'il en raconte dans ses *Essais*, I, 173.
2. *Essais*, II, 396.

d'heure... J'ai arrosé de mon sang chaque ouvrage que j'ai produit ; je voulais de la gloire, je voulais faire vivre des parents pauvres, une mère qui m'était chère : la nature m'a accordé ce que je sollicitais avec tant de peines ; mais c'était pour se venger sur mes enfants [1].

La seconde, Lucile, tout au contraire de Jenni, était dévorée d'activité : « C'était la tuer que l'empêcher d'agir... Elle avait un caractère extrême, rebelle, irascible... » Elle composait de la musique. Elle fit deux petites pièces : *le Mariage d'Antonio*, écrit à treize ans et joué aux Italiens en 1786, et *Louis et Toinette*. « Pergolèse, dit Grétry, ne désavouerait pas le petit air de bravoure du *Mariage d'Antonio* ». En composant, « elle pleurait, chantait, pinçait sa harpe avec une énergie incroyable. Je pleurais de joie et d'étonnement, en voyant ce petit être transporté d'un si beau zèle et d'un si noble enthousiasme pour les arts. » Elle s'irritait, quand l'inspiration était rebelle : « Tant mieux ! lui criait Grétry, c'est une preuve que tu ne veux rien faire de médiocre ». Elle tremblait, quand son père examinait son œuvre. Il ne lui indiquait ses défauts qu'avec beaucoup de douceur. Elle s'occupait peu de parure : « Tout son bonheur était dans la lecture, les vers surtout, et la musique qu'elle aimait passionnément ». On crut bon de la marier tôt. Elle fit un mauvais mariage ; son mari la fit souffrir. Elle mourut, après deux ans de chagrins.

Antoinette restait seule. Grétry et sa femme tremblaient de perdre leur dernier bonheur. La moindre indisposition d'Antoinette les bouleversait. « Souvent elle en souriait, et faisait exprès quelque espièglerie, un faux pas, pour nous engager à mettre des bornes à notre tendresse excessive. » Grétry s'était juré de la laisser entièrement maîtresse d'elle-même. Elle était belle, gaie et spirituelle ; elle ne voulut pas se marier. Elle pensait constamment à ses sœurs, sans le dire. Toutes trois avaient l'une pour l'autre un profond amour. Dans sa maladie, la seconde disait souvent : « Ma pauvre Jenni ! » A son lit de mort, la troi-

1. *Essais*, II, 404.

sième disait : « Ah! ma pauvre Lucile!... » — Grétry et sa
femme firent avec Antoinette quelques petits voyages hors
de Paris. Une fois, en allant à Lyon, elle faillit se noyer
dans la Saône, et son père avec elle, en voulant la sauver.
Vers l'automne de 1790, à Lyon, elle perdit son appétit et
sa gaieté. Ses pauvres parents le remarquèrent avec terreur, et ils se cachaient pour pleurer. Ils lui proposèrent
de revenir à Paris. « Oui, dit-elle, retournons à Paris, j'y
rejoindrai bien des personnes que j'aime. » Ce mot fit
frémir Grétry, qui crut qu'elle pensait à ses sœurs. Elle se
sentit mourir, et chercha à le cacher aux siens; elle leur
parlait de son avenir, des enfants qu'elle aurait plus tard ;
elle feignait de vouloir danser, mettre de belles toilettes.

Un soir, un de mes amis, Rouget de Lisle, qui était chez
moi, me dit que j'étais bien heureux d'être le père de cette
belle enfant. — « Oui, lui dis-je à l'oreille, elle est belle, elle
va au bal; et dans quelques semaines, elle sera dans la
tombe[1]. »

Elle eut quelques jours de fièvre, un délire aimable : elle
se croyait au bal, à la promenade, avec ses sœurs; elle
était sereine, elle s'apitoyait sur ses parents.

Elle était assise sur son lit, en nous parlant ainsi pour la
dernière fois; elle se coucha, ferma ses beaux yeux, et fut
rejoindre ses sœurs...
Par pitié pour moi, ma femme eut la force de supporter la
vie, et me força à l'imiter. Elle se remit à la peinture, qu'elle
avait cultivée, fit les portraits de ses filles, puis continua de
peindre, pour s'occuper, pour vivre...
Il y a trois ans de cela... Vingt fois, j'ai jeté la plume en
écrivant ceci; mais, soit faiblesse paternelle, soit le désir irrésistible de vous faire répandre, ô mes amis! une larme sur la
tombe chérie de mes filles, j'ai esquissé ce tableau douloureux que j'aurais dû n'entreprendre que dans quelques
années... — Voilà la gloire!
L'immortalité chimérique est payée par le deuil réel. Le
bonheur factice est acheté par la perte du bonheur réel. Vis

1. *Essais*, II, 413.

quelques jours dans la mémoire des hommes; mais sois mort dans ta postérité [1]...

Qu'on me pardonne d'avoir cité ces pages. Peut-être l'histoire de la musique n'a-t-elle rien à voir à cela. Mais ce ne sont pas seulement des questions de technique musicale qui nous intéressent à la musique. Si la musique nous est si chère, c'est qu'elle est la parole la plus profonde de l'âme, le cri harmonieux de sa joie et de sa douleur. Je ne sais pas choisir entre la plus belle sonate de Beethoven et le tragique *Testament d'Heiligenstadt*. L'un et l'autre se valent. Et il se trouve ici que les pages de Grétry que je viens de résumer sont les plus belles qu'il ait jamais écrites, plus belles que toute sa musique : car le malheureux homme s'y est mis lui-même. Il ne s'y préoccupe plus de noter la déclamation des comédiens. — (Imiter les comédiens! quel aveu de faiblesse pour un poète musical! Ne peut-il donc simplement laisser parler son cœur?) — Il le laisse parler ici. Et c'est la valeur unique de ces pages dans son œuvre tout entier.

Sur le reste de la vie de Grétry, il n'y a plus que peu de chose à ajouter. Lui-même fait cet aveu si honorable pour son cœur, — car il est bien pénible pour l'amour-propre de l'artiste :

Après ce coup terrible, la fièvre qui me brûlait s'est ralentie; mon goût pour la musique a diminué, le chagrin a éteint presque entièrement mon imagination; j'ai écrit ces volumes [2], qui sont plutôt un ouvrage de raisonnement que d'imagination [3].

1. *Essais*, II, 417.
2. Le second et le troisième volume des *Mémoires*.
3. *Essais*, II, xvii-xviii. — Il écrivit pourtant encore quelques petits opéras, dont le meilleur fut *Anacréon*, joué en 1797. Mais il sut « quitter le public avant que le public ne le quittât », comme dit son élève, Mme de Bawr.
Il se désintéressait de la musique, et presque toute son activité intellectuelle s'était tournée vers la littérature. Il rêvassait interminablement sur la philosophie, la morale, la politique; et il entassait, au jour le jour, ses pensées dans de volumineux ouvrages, sans

Malgré tout, cet homme qui, d'instinct, plutôt que par calcul, plaisait à tous, — comme il s'en vantait naïvement, — eut en effet la rare fortune, après avoir plu au roi, et à la Révolution, de plaire à Napoléon, qui pourtant n'était pas tendre pour la musique française. Il reçut de lui une pension considérable, et la croix de la Légion d'honneur, dès la fondation de l'ordre. Il vit son nom donné à une rue de Paris, et sa statue élevée à l'Opéra-Comique. Enfin il eut le bonheur d'acheter l'Ermitage de son cher Jean-Jacques et d'y mourir, le 24 septembre 1813.

*
* *

Il faudrait tout un livre pour examiner, comme elles le mériteraient, toutes les idées ingénieuses, géniales, ou saugrenues, qui pullulaient dans ce petit cerveau, toujours en ébullition. Sa fécondité d'invention est incroyable. Que n'a-t-il pas imaginé, et que ne trouve-t-on pas, tout le long de ses livres ! — Des inventions de physique amusante ou de mécanique musicale. Un « rhythmomètre » pour fixer les mouvements [1]. Un baromètre musical, « fait d'une seule corde à boyau, qui, selon le temps, s'étendant où se raccourcissant, ferait partir deux ressorts, correspondant à un cylindre et à un jeu de flûtes, jouant deux airs, l'un vif et en majeur pour le beau temps, l'autre lent et en mineur pour la pluie [2] ». Des théories sur l'occultisme et la télépathie [3]; sur l'emploi de la musique en médecine, particuliè-

ordre, sans suite, et non sans naïveté, mais non plus sans esprit. Ainsi, les trois volumes de *la Vérité ou ce que nous fûmes, ce que nous sommes, ce que nous devrions être*, publiés en 1801, et huit volumes manuscrits de *Réflexions d'un Solitaire*, dont nous n'avons conservé qu'une partie. M. Charles Malherbe vient d'avoir l'heureuse fortune de retrouver le quatrième volume des *Réflexions*, perdu jusqu'à ce jour, et il en a publié des extraits dans le *Bulletin de la Société de l'Histoire du Théâtre* (1907-1908).

1. *Essais*, I, 316-317.
2. *Ibid.*, III, 335.
3. *Ibid.*, III, 95-96.

rement dans les maladies de nerfs [1] et dans la folie [2]; sur l'hérédité [3]; sur le régime de nourriture, auquel Grétry attribue une influence énorme sur le caractère :

On serait à peu près sûr de faire un homme colère, pacifique, imbécile, ou homme d'esprit, si l'on portait une attention suivie sur son régime et son éducation [4].

Il a une conception du bonheur qui annonce celle de Tolstoy :

Les plus sages d'entre les hommes voient enfin que c'est en faisant des sacrifices aux autres que nous méritons qu'ils en fassent pour nous. — Mais, de cette manière, nous ne vivons donc que de sacrifices ? — Oui. — C'est donc là le bonheur général? — Il n'en est point d'autre [5].

Tenons-nous-en à ses pensées sur la musique. Aussi bien, c'est un monde : — simples esquisses pour la plupart, et jetées en passant, mais fécondes, profondes, divinatrices souvent.

La première, celle qui ouvre et ferme les *Mémoires*, celle qu'il considérait comme sa principale découverte, nous l'exposions tout à l'heure, c'est cette idée que le principe de la musique est la vérité de la déclamation [6], que la musique est une langue expressive, d'une précision parfaite [7], et que la psychologie, l'étude des caractères et des passions, est la base de cet art [8].

1. *Essais*, III, 111.
2. *Ibid.*, III, 126.
3. « Si, dans une longue course maritime, votre père a vécu loin de la société des femmes...
« S'il s'est nourri constamment d'aliments salés... » (*Ibid.*, III, 66).
4. Il préconise le régime lacté (*Ibid.*, III, 68).
5. *Ibid.*, III, 365.
6. *Ibid.*, I, 240; — préface du volume II. — Voir aussi : I, v, 76, 78, 96, 98, 141, 204, 239, 240; — II, 319-320; — III, 279, 433, etc.
7. *Ibid.*, I, 382, 407; — II, 317; — III, 266.
Il finit pourtant par ne plus s'en satisfaire. Son esprit, toujours plus épris de précision, chercha d'autres moyens d'expression :
« Je le dis franchement, aujourd'hui le langage musical a pour moi trop de vague; arrivé presque à la vieillesse, il me faut quelque chose de plus positif. » (*La Vérité ou ce que nous fûmes*, 1801.)
8. *Essais*, II, 267; — III, 375.

C'est ensuite l'invention de l'ouverture à programme[1], de l'entr'acte psychologique et dramatique, qui résume ce qui vient de se passer, ou annonce ce qui va suivre[2]. C'est la notation des passions en musique : ce qui l'amène à exposer, en deux ou trois cents pages de son second volume, la façon dont le musicien peut traduire l'Amitié, l'Amour maternel, la Pudeur, la Fureur, l'Avarice, la Vivacité, l'Indolence, le Jaloux, le Scélérat, le Glorieux, le Distrait, l'Hypocrite, l'Hypocondre, le Flatteur, le Caustique, le Gobe-mouches, l'Optimiste, le Pessimiste, etc., bref, toutes les nuances de la comédie humaine[3], — traçant ainsi la voie au Molière musical, que nous attendons encore, qui doit venir, qui peut venir : car tout est prêt, la langue est faite; il ne manque plus que le génie.

Et c'est aussi l'analyse expressive de tous les matériaux, dont dispose la musique : la psychologie des tons[4]; la

1. Dans *le Magnifique* et dans *Panurge* (*Essais*, I, 248-249, 378-379).

2. Dans *les Événements imprévus*, et dans *l'Amitié à l'épreuve* (*Ibid.*, III, 320).

3. Grétry se préoccupe même de rendre en musique les nuances des diverses races humaines; mais, les connaissant mal, il ne fait qu'effleurer la question (*Ibid.*, II, 19).

4. « La gamme d'*ut majeur* est noble et franche, celle d'*ut mineur* est pathétique. La gamme de *ré majeur* est brillante; celle de *ré mineur* est mélancolique. La gamme majeure de *mi bémol* est noble et pathétique. La gamme de *mi majeur* est aussi éclatante que la gamme précédente était noble et rembrunie. La gamme de *mi mineur* est peu mélancolique. Celle de *fa majeur* est mixte; celle de *fa tierce mineure* est la plus pathétique de toutes. La gamme majeure de *fa dièze* est dure, parce qu'elle est surchargée d'accidents; la même gamme *mineure* conserve encore un peu de dureté. Celle de *sol* est guerrière, et n'a pas la noblesse de celle d'*ut majeur*; la gamme de *sol mineur* est la plus pathétique après celle de *fa tierce mineure*. La gamme de *la majeur* est brillante; en *mineur*, elle est la plus naïve de toutes. Celle de *si bémol* est noble, mais moins que celle d'*ut majeur*, et plus pathétique que celle de *fa tierce majeure*. Celle de *si naturel* est brillante et folâtre; celle de *si tierce mineure* est ingénue... » (*Essais*, II, 356-358.)

Si l'on compare cette échelle psychologique des tons à celle de Rameau (voir p. 219), on remarque qu'elles ne concordent pas exactement, et que par conséquent leur intérêt, tout subjectif, est de

psychologie des timbres instrumentaux [1]; l'orchestration représentative des caractères [2]; le pouvoir indiscret et profond, que la pure musique, la symphonie de l'orchestre, a de pénétrer les cœurs et de dévoiler ce que les paroles et le chant ne disent pas, ne veulent pas dire [3]; les analogies décadentes des couleurs avec les sons [4]... Tout

donner l'échelle de la sensibilité de chaque musicien, et de ses réactions auditives. S'il est permis, dans de telles conditions, d'avancer une remarque générale, il semble que l'échelle psychologique des tons dressée par Grétry se rapproche plus de notre sensibilité actuelle que l'échelle dressée par Rameau.

1. « ... La clarinette convient à la douleur; lorsqu'elle exécute des airs gais, elle y mêle encore une teinte de tristesse. Si l'on dansait dans une prison, je voudrais que ce fût au son de la clarinette. Le hautbois, champêtre et gai, indique aussi un rayon d'espoir au milieu des tourments. La flûte traversière est tendre et amoureuse..., etc. »

Il y a aussi là des remarques qui montrent les variations de la sensibilité musicale. Ainsi, celles relatives au basson :

« Le basson est lugubre, et doit être employé dans le pathétique, lors même qu'on n'en veut faire sentir qu'une nuance délicate ; il me paraît un contresens dans tout ce qui est de pure gaieté. » (*Essais*, I, 237-238.) — Voir encore : III, 424.

On sait quel emploi nos compositeurs modernes ont fait de cet instrument, dans le comique et le burlesque, et avec quel succès.

2. « Lorsque Andromaque récite (dans l'opéra du même nom), elle est presque toujours accompagnée de trois flûtes traversières qui forment harmonie... C'est, je crois, la première fois qu'on a eu l'idée d'adopter les mêmes instruments pour accompagner partout le récitatif d'un rôle qu'on veut distinguer. » (*Ibid.*, I, 356.)

Grétry ignorait les essais du même genre tentés par les maîtres italiens du xviie siècle.

3. « Une fille, par exemple, assure à sa mère qu'elle ne connaît point l'amour; mais, pendant qu'elle affecte l'indifférence par un chant simple et monotone, l'orchestre exprime le tourment de son cœur amoureux. Un nigaud veut-il exprimer son amour, ou son courage ? S'il est vraiment animé, il doit avoir les accents de sa passion; mais l'orchestre, par sa monotonie, nous montrera le petit bout d'oreille. En général, le sentiment doit être dans le chant; l'esprit, les gestes, les mines doivent être dans les accompagnements. » (*Ibid.*, I, 169-172.)

4. A propos du clavecin des couleurs, inventé par le père Castel, jésuite. (*Ibid.*, III, 234-237.)

« Le musicien bien organisé trouve toutes les couleurs dans l'harmonie des sons. Les sons graves ou bémolisés font à son oreille le

ceci est encore du domaine propre à Grétry, du ressort de
cet opéra-comique perfectionné, où il trouve un si excellent
emploi de ses qualités personnelles, de sa finesse psychologique, qui parfois pèche par excès de clarté [1], mais qui
l'amenait à lire dans la musique des autres et dans leurs
moindres inflexions de voix, comme dans un livre [2] : « La
musique, a-t-il dit, est un thermomètre, qui fait apprécier
le degré de sensibilité de chaque peuple et de chaque
individu [3]. »

Mais voici d'autres idées, qui dépassent les bornes de
son art propre. En même temps que Mozart, et sans
qu'ils aient connaissance des pensées l'un de l'autre, il
rêve d'un *duodrama*, « d'une tragédie musicale, où le
dialogue serait parlé [4] », — une sorte de mélodrame de
génie. — Il a l'idée de l'orchestre caché, et du théâtre de
Bayreuth [5]. — Il a l'idée des grands théâtres du peuple,
que nous commençons à peine à réaliser, et des jeux
nationaux, de ces grandes fêtes populaires, que nous nous
efforçons d'instituer, à l'exemple de la Grèce antique et
de la Suisse d'aujourd'hui [6]. — Il a l'idée de petits théâtres-
écoles où l'on formerait des acteurs et des auteurs [7], et de
lectures musicales publiques, où l'on soumettrait au jugement de l'assistance des scènes inédites, des fragments

même effet que les couleurs rembrunies font à ses yeux; les sons
aigus ou diésés font au contraire un effet semblable à celui des couleurs vives et tranchantes. Entre ces deux extrêmes, l'on trouve
toutes les couleurs qui sont en musique, de même qu'en peinture,
propres à désigner différentes passions et différents caractères. »

L'échelle commune aux couleurs et aux sons est, pour Grétry, celle
des passions, dont les manifestations diverses colorent diversement
le visage humain. « Le rouge pourpre indique la colère; le rouge
tendre sied à la pudeur... etc. » (*Essais*, III, 237-239.) Voir encore : III,
318, note 2.

1. *Ibid.*, III, 450-451; I, 336-371; 375-378.
2. *Ibid.*, I, 236-239; III, 290, 315, 455-456.
3. *Ibid.*, II, 127.
4. *Ibid.*, I, 131, 350-355.
5. *Ibid.*, III, 32-33, 249-250.
6. *Ibid.*, III, 22 et suiv.
7. *Ibid.*, III, 30 et suiv.

d'œuvres nouvelles, composées par de jeunes musiciens encore inconnus, qui se destinent à l'art dramatique [1]. — Il travaille à faire rendre à la musique la place qui lui revient dans l'instruction, et insiste sur l'importance du chant dans l'enseignement primaire [2]. — Il voudrait que l'on fondât un Opéra historique, où l'on jouerait les chefs-d'œuvre du passé disparu [3]. — Il est, comme on pouvait l'attendre d'un homme aussi « sensible », il est féministe en art, et il encourage vivement les femmes à se livrer à la composition musicale [4].

Voici qui est plus remarquable encore :

Ce musicien d'esprit clair et net jusqu'à l'excès, qui était fait uniquement pour écrire de la musique sur des paroles précises, — de tous les musiciens celui qui semble avoir été le plus loin de l'esprit de la symphonie, et qui en parle quelquefois avec un dédain amusant [5], ce faiseur d'opéras qui mettait les « symphonistes » bien au-dessous des compositeurs dramatiques [6], et qui était assez disposé à croire que si Haydn avait rencontré Diderot, il eût écrit des opéras, et non des symphonies [7], — ce Grétry sentait pourtant fort bien la beauté de la musique symphonique, dont il dit :

La douce inquiétude que donne la bonne musique instrumentale, cette répétition vague des accents de nos sentiments, ce voyage aérien qui nous balance dans le vide, sans fatiguer nos organes, ce langage mystérieux qui parle à nos sens, sans employer le raisonnement, et qui équi-

---

1. *Essais*, III, 41.
2. *Ibid.*, III, 21.
3. *Ibid.*, III, 14-15.
4. *Ibid.*, I, 384; II, 183.
5. « Il reste à celui qui est doué d'une tournure d'esprit originale, mais qui n'a pas le goût, le tact nécessaires pour bien classer des pensées neuves et piquantes, en s'astreignant partout à l'expression et à la prosodie de la langue, il lui reste, dis-je, le talent de faire la symphonie. » (*Ibid.*, I, 78.) — Voir encore : *Ibid.*, I, p. v; III, 260-261.
6. *Ibid.*, I, 297-298.
7. *Ibid.*, III, 377-378. — Voir aussi : III, 381, 387.

vaut à la raison, puisqu'il nous charme, sont un plaisir bien pur [1].

Et il cite, à ce propos, le fameux passage du *Marchand de Venise* sur le pouvoir de la musique [2]. — Car, pour le dire en passant, il adore Shakespeare, et s'extasie sur son *Richard III* [3]. — Il a pour Haydn une profonde admiration; il voit dans ses symphonies un dictionnaire d'expressions musicales, d'une valeur inappréciable pour le compositeur d'opéras [4].

Ce n'est pas tout. Quoiqu'il n'écrive pas de symphonies, ni de musique de chambre, il en parle avec l'intelligence d'un génie novateur. Il réclame l'affranchissement des formes instrumentales, la liberté de la Sonate :

Une Sonate est un discours. Que penserions-nous d'un homme qui, coupant son discours en deux, répéterait deux fois chaque moitié?... Voilà à peu près l'effet que me font les reprises en musique.

Et il montre comment on peut arriver à rompre la symétrie archaïque de ces formes, et à y faire entrer plus de vie. Il prévoit les efforts de Beethoven dans ce sens. Il prévoit la *Symphonie pathétique* de Tschaikowski, qui se termine par le mouvement lent [5]. Il n'est pas éloigné de

---

1. *Essais*, III, 272.
Grétry a dit encore : « La musique d'une expression vague a un charme plus magique peut-être que la musique déclamée ». (I, 75.)
Et ailleurs :
« Quoi qu'en ait dit Fontenelle, nous savons ce que nous veut une bonne sonate, et surtout une symphonie de Haydn ou de Gossec. » (I, 78.)
2. *Essais*, III, 276.
3. *Ibid.*, II, 143.
4. « Il me semble que le compositeur dramatique peut regarder les œuvres innombrables de Haydn comme un vaste dictionnaire, où il peut sans scrupule puiser des matériaux, qu'il ne doit reproduire cependant qu'accompagnés de l'expression intime des paroles. Le compositeur de la symphonie est, dans ce cas, comme le botaniste qui fait la découverte d'une plante en attendant que le médecin en découvre la propriété. » (*Ibid.*, I, 244.) — Voir encore : I, 206.
5. *Ibid.*, III, 357.

prévoir la *Symphonie avec orgue* de M. Saint-Saëns[1]. Bien plus : il prophétise la symphonie dramatique de Berlioz, de Liszt et de Richard Strauss, — cet art qui se trouve aux antipodes du sien :

Ce que je vais proposer promet encore une révolution dramatique... Ne pourrait-on pas donner à la musique la liberté de marcher d'un plein essor, de faire des tableaux achevés, où, jouissant de tous ses avantages, elle ne serait plus contrainte de suivre la poésie dans ses nuances diverses?... Quel amateur de musique n'a été saisi d'admiration, en écoutant les belles symphonies de Haydn? Cent fois je leur ai prêté les paroles qu'elles semblent demander... Pourquoi faut-il que le musicien toujours captif ne se voie pas une fois libre dans sa création?... Envoyez un canevas dramatique à Haydn, sa verve s'échauffera sur chaque morceau; il n'en suivra que le sentiment général, et sera libre dans sa composition... Le musicien, ayant fait sa partition,... fera exécuter son ouvrage à grand orchestre... Le poète lira le sens des paroles après chaque morceau, et souvent les auditeurs doivent se dire : « Je l'avais deviné », ou : « Je l'avais senti... » Un tel travail réussira, et au delà de ce qu'on imagine... J'indique aux compositeurs de musique instrumentale le moyen de nous égaler et de nous surpasser peut-être, dans l'art dramatique [2].

Sans doute, Grétry a vicié sa conception, en greffant après coup de nouveaux opéras sur ces symphonies dramatiques, et en demandant que le poète adaptât des paroles à ces œuvres de musique pure, qui sont des poèmes à eux seuls. Il n'en a pas moins entrevu, dans un éclair de génie, l'étonnant développement — accompli depuis trois quarts de siècle — des poèmes et des peintures de sons, de la *Tondichtung* et de la *Tonmalerei*.

Si le pouvoir de création personnelle avait égalé chez Grétry sa divination d'intelligence, il eût été un des premiers génies musicaux du monde; une partie de l'évolution musicale du XIXe siècle se reflète dans cet esprit de

1. Il préconise du moins l'emploi de l'orgue dans l'orchestre. (*Essais*, III, 424; I, 41-42.)
2. *Ibid.*, I, 347-355.

l'ancienne France, et par lui s'opère la jonction de l'art de Pergolèse avec l'art de Wagner, de Liszt et de Richard Strauss.

**

A la fin de sa vie, le doux musicien de style Louis XVI s'effara pourtant des nouveaux courants qui se dessinaient dans la musique de son temps. De même que ses rivaux, Méhul, Cherubini, Lesueur, il s'effraya du romantisme naissant, du débordement de passions et de bruit, des harmonies chargées, des rythmes heurtés, de l'orchestration violente, de « la fièvre continue », du « chaos », comme il dit, de la musique à coups de canon [1]. Il crut à une réaction prochaine vers la simplicité. Et cependant la fièvre, loin de tomber, augmenta; et le monde ne s'en est pas plus mal porté. Du chaos, Beethoven allait surgir, et Lesueur devait avoir pour élève Berlioz.

Grétry ne prévoyait pas Beethoven [2]. Tout son espoir allait vers un autre génie; et je cite, en terminant, la touchante prédiction, l'acte de foi passionné, avec lequel il annonçait et appelait ce génie :

Que viendra-t-il après nous? Je vois en idée un être charmant, qui, doué d'un instinct mélodieux, la tête, et l'âme surtout, remplies d'idées musicales, n'osant enfreindre les règles dramatiques qui sont aujourd'hui connues de tous les musiciens, joindra au plus beau naturel une partie des richesses harmoniques de nos jeunes athlètes. Avec plus de certitude que l'enfant d'Abraham, soupirant après l'arrivée de son

---

1. « Mes confrères Méhul, Lemoine, Cherubini, Lesueur conviennent tous (avec moi) que l'harmonie est aujourd'hui compliquée au dernier point, que les chanteurs et les instruments ont franchi leur diapason naturel, que plus de rapidité dans l'exécution rendrait notre musique inappréciable pour l'oreille, et qu'enfin un pas de plus nous jetterait dans le chaos. » (*Essais*, II, 58-59.) — Voir aussi : I, 339; II, 61.

2. Bien que M. F. de Lacerda ait pu retrouver, dans l'ouverture de *la Rosière de Salency*, le thème de l'Ode à la Joie de *la Neuvième Symphonie*, et un des dessins instrumentaux les plus caractéristiques de *la Symphonie pastorale*.

Messie régénérateur, déjà je tends les bras vers cet être désiré, dont les accents aussi vrais qu'énergiques réchaufferont mes vieux ans [1].

Ce Messie musical, nous le reconnaissons : Grétry, qui l'appelait de ses vœux, ne se doutait pas qu'il était déjà venu. Il avait vécu, il venait de mourir, non loin de lui. C'était Mozart, dont le nom ne paraît pas une fois dans les *Essais* de Grétry. Il ne faut pas nous en étonner. Hélas! il en est presque toujours ainsi, dans l'histoire de l'art. On vit, les uns à côté des autres, sans se connaître; et c'est quand il n'est plus temps qu'on découvre, morts, ceux qu'on eût tant aimé à connaître vivants.

1. *Essais*, III, 432.

MOZART

D'APRÈS SES LETTRES [1]

Je viens de relire ses lettres, que M. Henri de Curzon a traduites en français [2], et qui devraient être dans toutes les bibliothèques : car elles n'ont pas seulement un intérêt pour les artistes ; elles sont bienfaisantes pour tous. Quand une fois on les a lues, Mozart reste votre ami pour toute la durée de votre vie ; et sa chère figure se représente à vous, d'elle-même, aux heures de peine ; on entend son bon rire, enfantin et héroïque, et, si triste que l'on soit, on rougit de s'abandonner, en pensant à cette misère si gaiement supportée. Cherchons à ranimer cette belle ombre effacée.

1. Je prie qu'on veuille bien ne considérer ces pages, déjà anciennes, que comme une simple silhouette, un croquis analogue à celui que Dora Stock dessina de Mozart, en 1789. En attendant de pouvoir lui consacrer, comme j'espère le faire plus tard, une étude plus digne de lui, j'ai voulu seulement que cette figure sereine vînt terminer ce livre, consacré aux maîtres de l'opéra ancien.

2. *Mozarts Briefe*, publiées par Ludwig Nohl, 1865, 3e édition, 1877. — *Lettres de W.-A. Mozart*, traduction complète, avec une introduction et des notes, par Henri de Curzon, 1888, Hachette. — M. de Curzon a complété ce recueil par un nouveau volume : *Nouvelles lettres des dernières années de la vie de Mozart*, 1898, Fischbacher.

*
* *

La première chose qui frappe en lui, c'est sa merveilleuse santé morale. D'autant plus surprenante, quand on songe à son corps miné par la maladie. — C'est un équilibre presque unique de toutes les facultés : une âme capable de tout sentir et de tout dominer; une raison calme, dont la froideur étonne au milieu des sentiments les plus profonds (la mort de sa mère, son amour pour Constance Weber) : une intelligence claire du goût du public et des moyens de succès, qui sait, sans le plier, adapter son orgueilleux génie à la conquête du monde.

Cette santé morale est rarement le don des natures très passionnées, toute passion étant l'excès d'un sentiment. Aussi Mozart a-t-il tous les sentiments; il n'a point de passion : — sauf une; mais elle est terrible : l'orgueil, le sentiment puissant de son génie.

« L'archevêque de Salzbourg vous tient pour un homme pétri d'orgueil », lui dit un ami. (2 juin 1781.)

Il ne cherche point à s'en cacher. A ceux qui osent toucher à cet orgueil, il répond avec la hauteur républicaine d'un contemporain de Rousseau : « C'est le cœur qui ennoblit l'homme; et si je ne suis pas comte, j'ai peut-être plus d'honneur dans l'âme que bien des comtes; valet ou comte, du moment qu'il m'insulte, c'est une canaille[1]. »

« Ce qui est curieux tout de même, — dit-il à deux plaisantins d'Augsbourg qui veulent se moquer de sa croix de l'Éperon d'or, — c'est qu'il m'est plus facile d'obtenir toutes les décorations que vous pouvez recevoir, qu'à vous de devenir ce que je suis[2], même si vous mouriez ou ressuscitiez deux fois.... J'avais chaud de rage et de colère... » (16 octobre 1777.)

Il recueille et rapporte avec un soin tranquille toutes les paroles flatteuses qu'il entend sur son compte.

1. « *Das Herz adelt den Menschen; und wenn ich schon kein Graf bin, so habe ich vielleicht mehr Ehre im Leib als mancher Graf. Und, Hausknecht oder Graf, sobald er mich beschimpft, so ist er ein Hundsfott* ». (20 juin 1781.)
2. *N. B.* Il avait alors vingt et un ans.

« Le prince Kaunitz a dit de moi à l'archiduc que de tels hommes ne venaient au monde qu'une fois en cent ans. » (12 août 1782.)

Aussi hait-il furieusement, quand son orgueil est atteint. Il souffre d'être au service d'un prince. « Cette pensée m'est intolérable », dit-il. (15 octobre 1778.) Après les injures de l'archevêque de Salzbourg, « il tremble de tout son corps, il chancelle dans la rue comme un homme ivre, il doit rentrer chez lui et se mettre au lit ; il en est encore malade, toute la matinée du lendemain ». (12 mai 1781.) — « Je hais l'archevêque jusqu'à la frénésie. » (9 mai 1781.) — « Lorsque quelqu'un m'offense, *il faut que je me venge ; et si je ne lui en faisais pas plus qu'il ne m'en a fait, ce ne serait qu'un rendu et non une correction.* » (20 juin 1781.)

Quand son orgueil est en jeu, ou, simplement, quand sa volonté a parlé, ce fils respectueux et soumis ne connaît plus d'autre autorité que sa volonté même.

« Je ne reconnais mon père dans aucune ligne de votre lettre. C'est bien un père ; mais ce n'est pas *mon* père. » (19 mai 1781.)

Il se marie, avant d'avoir reçu le consentement de son père. (7 août 1782.)

*
* *

Dépouillez cette grande et unique passion, l'orgueil, vous trouvez l'âme la plus aimable et la plus souriante. Une vive et continuelle tendresse, toute féminine, — ou mieux, enfantine, — qui se plaît aux petites larmes, aux petits rires, aux badinages, à mille petites folies de baby affectueux.

Il s'y mêle d'habitude une gaieté intarissable, qui s'amuse d'un rien, est toujours en mouvement, chante, sautille, rit follement de choses drôles, et plus souvent point drôles, de plaisanteries bonnes ou mauvaises, surtout mauvaises, et quelquefois grossières, mais sans malice et sans arrière-pensée, de mots qui n'ont pas de sens :

« *Stru! Stri!... Knaller paller... Schnip... Schnap... Schnur... Schnepeperl!... Snai!...* » (6 juillet 1791.)

« Mon cœur est tout ravi de joie, parce que je m'amuse tant à ce voyage!... parce qu'il fait si chaud dans la voiture!... et parce que notre cocher est un brave garçon qui nous conduit bien vite dès que la route le permet un peu! » (1769.)

Mille exemples de cette gaieté sans cause, de ce rire de bonne santé. C'est le mouvement d'un sang abondant et sain. Sa sensibilité n'a rien de nerveux.

« J'ai vu pendre aujourd'hui quatre coquins sur la place de la cathédrale. *On pend ici comme à Lyon.* » (30 novembre 1770.)

Il n'a point la compassion universelle, l'« humanité » de nos artistes modernes. Il n'aime que ceux qu'il aime, c'est-à-dire son père, sa femme, ses amis; mais il les aime très tendrement; il parle d'eux avec une émotion douce et vive, qui attendrit amoureusement le cœur, comme fait sa musique [1].

« Quand on nous maria, ma femme et moi, nous fondîmes en larmes, ce qui toucha tout le monde. Tous pleuraient en voyant l'émotion de nos cœurs. » (7 août 1782.)

Il fut un ami exquis, comme seuls les pauvres peuvent l'être, — ainsi qu'il disait lui-même.

« Les meilleurs et les plus vrais amis sont les pauvres. Les riches ne savent rien de l'amitié. » (7 août 1778.)

« Ami!... dit-il encore. J'appelle seulement ami, celui qui, en quelque situation que ce soit, nuit et jour ne pense à rien qu'au bien de son ami, et fait tout pour le rendre heureux. » (18 décembre 1778.)

Ses lettres à sa femme, surtout de 1789 à 1791, débordent de tendresse amoureuse et d'une gaieté folle, dont ne peuvent avoir raison la maladie, une misère effroyable, et tous les soucis, qui font de cette époque la plus cruelle de sa vie :

---

1. Voir les lettres sur la mort de sa mère, surtout celle du 9 juillet 1778 : « O mes deux bien-aimés... »

« *Immer zwischen Angst und Hoffnung* » (Toujours entre l'angoisse et l'espérance) [1]. Ce n'est pas, comme on pourrait le croire, une attitude vaillante pour rassurer sa femme et lui faire illusion sur la situation présente; c'est cet irrésistible besoin de rire, dont Mozart n'est pas maître, et qui veut se satisfaire, même au milieu de ses plus poignantes tristesses [2]. Mais aussi, le rire de Mozart est toujours tout près des larmes, des bienheureuses larmes dont sont pleins les cœurs aimants.

***

Il fut heureux, et pourtant nulle existence ne fut plus dure que la sienne. Ce fut une lutte sans répit contre la misère et la maladie. La mort seule y mit un terme, — à trente-cinq ans. — D'où vient donc son bonheur?

Avant tout, de sa foi, intelligente et pure de superstition, mais forte, ferme, et que le doute n'a jamais — non pas même atteinte, — mais effleurée. Elle est calme, paisible, sans passion, sans mysticisme : *Credo quia verum* [3]. Il écrit à son père mourant :

« Je compte sur de bonnes nouvelles, *bien que je me sois fait une habitude de me représenter, en toutes choses, le pire*. Comme la mort est le vrai but final de notre vie, je me suis, depuis quelques années, tellement familiarisé avec cette vraie, cette meilleure amie de l'homme, que son image non seulement n'a plus rien d'effrayant pour moi, mais est même au con-

1. 17 juillet 1788. — Voir ses lettres à Puchberg, ses continuelles demandes d'argent. Il est malade. Sa femme est malade. Ils ont des enfants. Pas d'argent à la maison. Des recettes de concerts dérisoires. Une liste de souscription circule depuis quinze jours pour ces concerts, et il n'y a qu'un seul nom inscrit. L'orgueil de Mozart souffre cruellement de tendre la main. Mais il le faut, il faut mendier. « Si vous m'abandonnez, nous sommes perdus. » (12 et 14 juillet 1789.)

2. Dans la lettre même où il apprend à son père, — avec quelle douleur! — la mort de sa mère survenue à Paris, il rit, et de tout son cœur, en racontant une plaisanterie. (9 juillet 1778.)

3. Voir les lettres du 21 août 1770, juillet 1778, 13 juin 1781, 4 novembre 1787, septembre 1791.

traire très calmante et très consolante. Et je remercie mon
Dieu de m'avoir accordé le bonheur... Je ne me mets jamais
au lit sans penser que le lendemain peut-être je ne serai
plus; et pourtant aucun de ceux qui me connaissent ne
pourra dire que je sois chagrin ou triste dans ma manière
d'être. Je rends grâces à mon Créateur de cette félicité, et je
la souhaite de tout mon cœur à mon prochain. » (4 avril 1787.)

Voilà le bonheur dans l'éternité. Quant au bonheur dans
cette vie, il le trouve d'abord dans l'amour des siens, et
surtout dans son amour pour eux.

« Si je suis seulement assuré que rien ne te manque, écrit-il
à sa femme, toute ma peine m'est chère et agréable. Oui! la
situation la plus pénible et la plus embrouillée, où je puisse
me trouver jamais, ne me sera plus qu'une bagatelle, si je
sais que tu es en bonne santé, que tu es gaie. » (6 juillet 1791.)

Mais la grande joie pour lui, c'est de créer.

Chez les génies inquiets et maladifs, la création peut
devenir une torture, — l'âpre recherche d'un idéal qui fuit.
Chez les génies bien portants, comme Mozart, elle est la
joie parfaite, si naturelle, qu'elle semble presque être pour
eux une jouissance physique. Pour Mozart, composer et
jouer est une fonction aussi indispensable à son hygiène
que manger, boire, ou dormir. C'est un besoin, une nécessité — bienheureuse, puisqu'elle se satisfait sans cesse.

C'est ce qu'il faut bien voir, si l'on veut comprendre les
passages des lettres relatifs à l'argent.

« Soyez certain que mon seul but est de gagner autant d'argent que possible; car, après la santé, c'est ce qu'il y a de
meilleur. » (4 avril 1781.)

Cette déclaration semblera grossière aux délicats. Mais
il ne faut pas oublier que l'argent ayant toujours fait
défaut à Mozart jusqu'à la fin de sa vie, — sa libre création,
et, par suite, sa santé, en furent toujours gênées; et toujours
il songea, il dut songer, au succès et à l'argent qui déli-
vrent. Rien de plus naturel. Si Beethoven agit autrement,
c'est que son idéalisme lui créa un autre monde où vivre,
un monde irréel (sans parler des riches protecteurs qui

lui assuraient le pain quotidien). Mais Mozart croyait à la
vie, au monde, à la réalité des choses. Il voulait vivre et
vaincre; et il réussit : du moins à vaincre. — Vivre ne
dépendait pas de lui.

Le merveilleux, justement, c'est que son art soit toujours
orienté vers le succès, sans jamais rien sacrifier de soi. Sa
musique est toujours écrite en vue de l'effet sur le public.
Et pourtant, elle ne déroge jamais; elle ne dit que ce
qu'elle veut dire. En cela, Mozart était servi par son tact,
sa finesse, son esprit ironique. Il méprise le public; mais
il s'estime immensément lui-même. Aussi ne fait-il jamais
de concession dont il puisse rougir; il dupe son public, et
le mène [1]. Il donne à ses auditeurs l'illusion qu'ils comprennent sa pensée, tandis que les applaudissements qui
accueillent ses œuvres ne s'adressent qu'aux passages
faits uniquement et précisément pour être applaudis.
Qu'importe qu'ils comprennent? Il suffit qu'ils applaudissent, et que le succès de l'œuvre assure à l'auteur la
liberté d'en produire de nouvelles.

*
* *

« Composer, dit Mozart, est mon unique joie et ma seule
passion. » (10 octobre 1777.)

[1] « Ne prenez aucun souci de ce que vous appelez le populaire :
il y a dans mon opéra de la musique pour toutes les catégories de
personnes, excepté pour les longues oreilles. » (16 déc. 1780.)
« Il y a çà et là des passages dont les connaisseurs seuls auront de
la satisfaction ; mais ils sont cependant faits pour que les non-con-
naisseurs en doivent nécessairement être contents, sans savoir pourquoi. » (28 déc. 1782.)
« Ce qui est déjà terminé de mon opéra a obtenu partout un
succès extraordinaire, car je connais mon public. » (19 sept. 1781.)
« Le chœur des janissaires est tout à fait *écrit pour* les Viennois. »
(29 sept. 1781.)
« Puis vient (à la fin du premier acte de l'*Enlèvement au Sérail*), le *pia-
nissimo*, qui doit aller très vite, et la conclusion qui doit faire beaucoup
de bruit. — Et c'est tout ce qui convient pour terminer un acte : plus
il y a de bruit, mieux cela vaut; plus c'est court, mieux cela vaut,
afin que les gens ne se refroidissent pas dans leurs applaudissements. » (26 sept. 1781.)

Ce bienheureux génie semblait né uniquement pour créer. On trouvera peu d'exemples d'une aussi parfaite santé artistique. Car il ne faut pas confondre cette puissante facilité avec la verve paresseuse d'un Rossini. — Bach travailla obstinément; il disait à ses amis : « J'ai été obligé de travailler; quiconque travaillera autant que moi réussira aussi bien que moi ». — Beethoven lutta constamment, corps à corps, avec son génie. Quand ses amis le surprenaient au milieu du travail de la composition, ils le trouvaient souvent dans un état d'abattement inexprimable : « ses traits étaient décomposés, la sueur lui ruisselait du visage, et il semblait, dit Schindler, qu'il venait de livrer bataille à une armée de contrepointistes ». Il est vrai qu'il s'agit ici du *Credo* de la *Messe en Ré*. Mais toujours, il esquisse, médite, rature, corrige, surcharge, recommence, et, quand tout est fini, recommence encore, ajoute deux notes au début d'un adagio de sonate, terminé depuis longtemps et gravé. — Mozart ne connaît point ces tourments [1]. Il peut tout ce qu'il veut, et ne veut que ce qu'il peut. Son œuvre est comme le parfum de sa vie : telle, une belle fleur, qui n'a que la peine de vivre [2]. Si facile est en lui la création, qu'elle se double ou se triple parfois, se complique de tours de force invraisemblables, qu'il fait sans y penser. — Il compose un prélude en écrivant une fugue. (20 avril 1782.) La veille d'un concert où il doit jouer une sonate pour piano et violon, il la compose entre onze heures et minuit, écrit hâtivement la partie de violon, sans avoir le temps d'écrire celle de piano, ni de répéter avec son partenaire; et le lendemain, il la joue de mémoire, telle qu'il l'avait composée dans sa tête. (8 avril 1781.) — Ces exemples, entre cent.

---

1. Je suis bien loin de prétendre qu'il n'ait pas travaillé. Il disait lui-même à Kucharz, en 1787, qu' « il n'y avait pas un maître célèbre dans la musique qu'il n'eût étudié à fond, et relu constamment. » — « Personne, ajoutait-il, n'a dépensé tant de peine à l'étude de la composition. » — Mais la création musicale ne fut jamais un travail pour lui : c'était une floraison.

2. Il est vrai que cette peine est réelle, nous l'avons vu.

Un tel génie devait s'étendre dans tout le domaine de son art, et le remplir avec une égale perfection. Mais il était fait surtout pour le drame musical. Rappelons les traits essentiels de son caractère : Une âme parfaitement saine et pondérée, où domine une volonté supérieure dans un cœur apaisé, sans orages de passions, mais très sensible et très souple. — Un tel homme, s'il est créateur, est plus capable qu'un autre d'exprimer la vie, d'une façon objective. Il ne sera point gêné par les fortes exigences des âmes passionnées qui ont besoin de tout remplir d'elles-mêmes. Beethoven reste Beethoven à toutes les pages de son œuvre ; et c'est tant mieux : car nul héros ne pouvait nous intéresser, à son égal. Mais Mozart, grâce au mélange harmonieux de ses qualités, — sensibilité, finesse d'intelligence, tendresse, maîtrise sur soi-même, — était naturellement bien doué pour saisir les mille nuances des âmes étrangères à la sienne, pour s'intéresser au spectacle du monde aristocratique de son temps, et pour le faire revivre dans ses œuvres musicales, avec une poétique vérité. Son cœur était en repos, nulle voix impérieuse ne criait en lui. Il aimait la vie, et il la voyait bien ; il n'avait nul effort à faire pour la retracer dans son art, comme il la voyait.

Le meilleur de sa gloire est resté attaché à ses œuvres dramatiques, et il le savait d'avance. Ses lettres nous attestent ses préférences pour la musique de théâtre :

« D'entendre seulement parler d'un opéra, d'être seulement au théâtre, et d'entendre chanter, me voilà hors de moi ! » (11 octobre 1777.)

« J'ai un désir inexprimable d'écrire un opéra. » (*Id.*)

« ...Je suis jaloux de tous ceux qui écrivent des opéras. J'en pleurerais, quand j'entends un air d'opéra... Le désir d'écrire des opéras est mon idée fixe. » (2 et 7 février 1778.)

« Avant tout, pour moi, est l'opéra. » (17 août 1782)..

* *

Voyons comment il conçoit cet opéra.

Mozart est exclusivement un musicien. On trouve peu de traces en lui d'une éducation littéraire, ni surtout de préoccupations littéraires, comme chez Beethoven, qui s'instruisit lui-même, et excellemment [1]. On ne peut même pas dire de Mozart qu'il soit *avant tout* musicien. Il *n'est que* musicien. — Aussi ne s'arrête-t-il pas longtemps à la difficile question de la poésie et de la musique, associées dans l'œuvre dramatique. Il tranche net. Où est la musique ne peut être de rivale.

« Dans un opéra, il faut absolument que la poésie soit la fille obéissante de la musique. » (13 octobre 1781.)

Et plus loin :

« La musique règne en souveraine, et fait oublier tout le reste. »

Il faut se garder de conclure que Mozart se désintéressait du libretto, et que la musique n'était pour lui qu'une volupté, à laquelle le sujet poétique servait uniquement de prétexte. Tout au contraire. Mozart était convaincu que l'opéra devait exprimer, avec vérité, des sentiments et des caractères ; mais c'était la musique qu'il chargeait de ce rôle, et non la poésie, parce qu'il était musicien, et non poète ; et parce que son génie répugnait au partage de son œuvre avec un autre artiste.

« Je ne puis pas exprimer mes sentiments et mes pensées en vers, ou en couleurs, car je ne suis ni poète, ni peintre. Mais je puis le faire avec des sons, car je suis musicien. » (8 novembre 1777.)

La poésie doit donc fournir « un plan bien composé », des situations dramatiques, et des paroles « *obéissantes* »,

---

1. Il ne laissait pas d'avoir une culture très soignée. Il savait un peu de latin, et il avait appris le français, l'italien et l'anglais. Nous le voyons lire *Télémaque*, et faire une allusion à l'*Hamlet* de Shakespeare. Il avait dans sa bibliothèque le théâtre de Molière et de Métastase, les poésies d'Ovide, de Wieland et d'Ewald von Kleist, le *Phédon* de Moïse Mendelssohn, et les œuvres de Frédéric II, — sans parler des ouvrages de mathématiques et d'algèbre, qui exerçaient sur lui un attrait spécial. Mais s'il avait une curiosité plus universelle que Beethoven, et s'il savait plus de choses, il n'avait pas sa géniale intuition littéraire et son grand goût poétique.

des « paroles écrites uniquement pour la musique »
(13 octobre 1781). Le reste est l'affaire du compositeur qui,
d'après Mozart, a à sa disposition une langue aussi précise,
et bien autrement profonde que la poésie[1].

Nul doute à avoir sur les intentions de Mozart, quand il
écrit un opéra. Il a pris soin de commenter lui-même plusieurs passages d'*Idoménée* et de l'*Enlèvement au sérail*. Son
intelligente recherche d'analyse psychologique s'y montre
nettement :

« Comme la colère d'Osmin[2] augmente toujours, et qu'on
s'imagine que l'air est déjà près de finir, l'*Allegro assai* qui,
est d'un tout autre rythme et dans un ton différent, doit faire
le meilleur effet ; car un homme emporté par une aussi violente colère dépasse toute règle, toute mesure et toutes bornes ;
il ne se connaît plus ; et, de même, il faut que la musique, elle
aussi, ne se connaisse plus. » (26 septembre 1781.)

A propos de l'air : « *O wie ängstlich* » du même opéra :

« Le cœur qui bat est annoncé d'avance par les violons
en octave. On y voit le tremblement, l'irrésolution, on voit se
soulever le cœur gonflé, ce qui est exprimé par un *crescendo*,
on entend les chuchotements et les soupirs rendus par les
premiers violons en sourdine, et une flûte à l'unisson. »
(26 septembre 1781.)

Où s'arrêtera cette recherche de la vérité d'expression ? —
Ou bien ne s'arrêtera-t-elle jamais ? La musique sera-t-elle
toujours, pour conserver l'expression de Mozart, comme
« les battements du cœur qui se soulève » ? — Oui, pourvu
que ces palpitations restent toujours harmonieuses.

Parce qu'il est uniquement musicien, Mozart défend à
la poésie de commander à la musique, et la fait obéir.
Parce qu'il est uniquement musicien, il commande à la
situation dramatique elle-même d'obéir à la musique,
quand elle menace d'outre-passer les limites que le bon
goût lui impose[3].

1. Cf. Mendelssohn : « Les notes ont un sens au moins aussi
déterminé que les mots, bien qu'intraduisible par eux. »
2. Air n° 3 de *l'Enlèvement au Sérail.*
3. Toujours parce qu'il est uniquement musicien, et que les derniers

« Comme les passions, qu'elles soient violentes ou non, ne doivent jamais être exprimées jusqu'au dégoût, la musique, même dans la situation la plus terrible, ne doit jamais offenser l'oreille, mais là encore, la charmer, et enfin rester toujours la Musique. » (26 septembre 1781).

La musique est donc la peinture de la vie, mais d'une vie épurée. Il faut que ses chants, où se reflètent les âmes, charment l'âme, mais sans blesser la chair, sans « offenser l'oreille ». La musique est l'expression harmonieuse de la vie [1].

Cela n'est pas seulement vrai des opéras de Mozart, mais de toutes ses œuvres [2]. Sa musique, quoi qu'il semble, ne s'adresse pas aux sens, mais au cœur. Elle exprime toujours un sentiment ou une passion.

Et le plus remarquable, c'est que les sentiments que peint Mozart, souvent ne sont pas les siens, mais ceux d'étrangers qu'il observe. Il ne les sent pas en lui; il les

liens qui rattachent la poésie à la musique gênent encore sa liberté, Mozart pense à briser la forme de l'opéra, et il a l'idée de le remplacer, comme avait essayé de le faire Rousseau, dès 1773, par une sorte de mélodrame, qu'il appelle *Duodrama*, où la musique et la poésie, fraternellement unies, mais sans se donner la main, iraient, libres l'une et l'autre, par deux chemins parallèles :

« J'ai toujours désiré écrire pour un *duodrama*. Vous savez qu'on n'y chante pas : on y déclame, et la musique est comme un récitatif obligé. De temps en temps, on parle aussi avec accompagnement de musique, ce qui fait toujours la plus magnifique impression. » (12 nov. 1778.)

1. Il ne faut jamais oublier, quand on juge Mozart, de toujours dégager sa pure mélodie de la gaine des formules, toujours d'assez bon goût, mais parfois un peu banales, où elle est enchâssée ; leur rôle est de faire accepter d'un public, seulement épris du clinquant, une beauté trop fine pour qu'il puisse la goûter. Mozart nous le dit lui-même, dans ses lettres. Que quelques expressions banales, plaquées à la fin d'un morceau, ne fassent donc pas méconnaître la sincérité de ce morceau. Mozart ne fait de concessions que sur des points secondaires; mais du fond de son âme et de ce qui lui est cher, il ne cède jamais rien.

2. Sauf, hélas, quand il lui fallait écrire une sonate pour quelques florins, ou un adagio pour une horloge à musique. (3 oct. 1790.)

voit chez un autre. — On ne le croirait pas, s'il n'avait pris
la peine de le dire lui-même en quelques passages :

« J'ai voulu composer un andante, tout à fait d'après le
caractère de Mlle Rose. C'est la vérité : tel est l'andante, telle
est Mlle Cannabich. » (6 décembre 1777.)

Ainsi telle est la force de l'esprit dramatique chez Mozart,
qu'il se fait jour jusque dans les œuvres qui comportent le
moins son emploi, celles où le musicien met le plus de sa
personnalité et de ses rêves.

*
* *

Fermons ses lettres, abandonnons-nous au flot de sa
musique. C'est ici qu'est son âme tout entière. Nous y
retrouvons, dès le premier instant, la tendresse et l'esprit
qui sont son essence même.

Ils sont partout mêlés, à tous ses sentiments et à toutes
ses pensées; ils les enveloppent, les pénètrent, les baignent
d'un doux rayonnement. C'est pourquoi il n'a jamais
réussi — ni cherché — à tracer des caractères antipathi-
ques. Il suffit de penser au tyran de *Léonore*, aux personnages sataniques du *Freyschütz* et d'*Euryanthe*, aux héros
monstrueux du *Ring*, pour se convaincre par l'exemple de
Beethoven, de Weber et de Wagner, que la musique est
très capable d'exprimer et d'inspirer la haine et le mépris.
Mais, comme dit le duc du *Soir des Rois*, elle est surtout
« l'aliment de l'amour »; et l'amour est son aliment. Telle
est la musique de Mozart. C'est pour cela qu'il est si
cher à ceux qui l'aiment. Il le leur rend si bien! — C'est
comme un retour perpétuel de tendresse, un flot ininter-
rompu d'amour, qui coule de cette âme affectueuse à celles
de ses amis. — Tout enfant, il avait un besoin maladif de
tendresse. On conte qu'un jour il demanda brusquement
à une princesse d'Autriche : « Madame, est-ce que vous
m'aimez? » et qu'elle, pour le taquiner, ayant répondu non,
l'enfant eut le cœur gros, et se mit à pleurer. — Le
cœur est toujours resté enfant. La naïve prière se répète

constamment sous cette tendre musique : « Je vous aime.
Aimez-moi » [1].

Aussi a-t-il constamment chanté l'amour. Réchauffés par
son cœur, les personnages conventionnels de la tragédie
lyrique, sous la fadeur des paroles et la galanterie monotone des situations, ont trouvé des accents personnels,
dont le charme dure encore pour tous ceux qui aiment. —
Cet amour n'a rien d'emporté, ni de romantique; ce n'est
que la douceur ou la tristesse d'aimer. La passion, dont
Mozart ne souffrit point durant sa vie, n'a déchiré le cœur
d'aucun de ses héros. La douleur de dona Anna, ou même
la jalousie de l'Elektra d'*Idomeneo* n'ont aucun rapport
véritable avec le démon de Beethoven et de Wagner. De
toutes les passions, il ne connut bien que la colère et
l'orgueil. La passion par excellence, « la Vénus tout
entière… », n'apparaît point chez lui. Mais c'est ce qui
imprime à l'ensemble de son œuvre son caractère d'inef-
fable sérénité : et pour nous, qui vivons à une époque où
les artistes tendent à ne nous plus faire connaître l'amour
que par les ardeurs brutales de la chair, ou par l'hypocrite
« mysticisme » d'un cerveau hystérique, la musique de
Mozart ne nous charme pas moins par ce qu'elle ignore de
l'amour que par ce qu'elle en sait.

Il y a pourtant chez lui un fonds de sensualité. Moins
passionné, il est plus voluptueux que Gluck et que
Beethoven. Il n'est pas un idéaliste d'Allemagne; il est de
Salzbourg, sur la route de Venise à Vienne, et semblerait

1. Il lui est presque impossible de composer, sans la présence d'un
être aimé :

« Tu ne peux croire combien le temps m'a duré sans toi. Je ne
puis bien t'expliquer mon impression : c'est une espèce de vide, qui
me fait très mal, une certaine aspiration, qui, n'étant jamais satis-
faite, ne cesse jamais, dure toujours, et croît de jour en jour. Même
mon travail ne me charme plus, parce que je suis habitué à me
lever de temps en temps, pour échanger deux mots avec toi, et que
cette satisfaction m'est, hélas! à présent une impossibilité. — Si je
vais au piano et si je chante quelque chose, il faut tout de suite que
je m'arrête : cela me fait trop d'impression. » (7 juillet 1791 — à sa
femme.)

plutôt à demi Italien. Son art rappelle parfois les expressions alanguies des beaux archanges et des androgynes célestes de Pérugin, dont la bouche est faite pour tout autre chose que pour la prière. Mozart est d'une plus large envergure que le peintre de Pérouse, et il a su trouver des accents autrement émouvants pour le monde de la foi. Ce n'est pourtant qu'en Ombrie qu'on peut trouver un terme de comparaison avec cette musique pure et sensuelle. Pensez à ces charmants rêveurs d'amour : à Tamino, cette fraîcheur virginale d'une âme où l'amour vient d'éclore ; — à Zerline ; — à Constance ; — à la comtesse des *Nozze*, à sa tendre mélancolie ; — à la rêverie poétique et voluptueuse de Suzanne ; — au *Quintetto*, qui pleure et rit, et à la langoureuse béatitude du *Terzetto* (*Soave sia il vento*) de *Cosi fan tutte*, semblable « au suave Zéphyr, qui souffle sur un banc de violettes, dérobant et apportant son parfum [1] » : — à tant de grâce et de *morbidezza*. — Mais le cœur reste toujours — presque toujours — ingénu, chez Mozart ; sa poésie transfigure tout ce qu'il touche, et l'on aurait peine à reconnaître, sous la musique des *Nozze*, les brillants personnages, mais secs et corrompus, de la pièce française. Le brio sans profondeur de Rossini est bien plus près du sentiment de Beaumarchais. C'est presque une nouvelle création que cet admirable Chérubin, qui dit l'inquiétude et le ravissement d'une âme enveloppée par le souffle mystérieux de l'amour. L'innocence saine de Mozart a passé sur les situations équivoques (Chérubin chez la comtesse, etc.), sans y voir qu'un sujet à de gais dialogues. En réalité, il y a un abîme entre les *don Juan* et les *Figaro* de Mozart, et ceux de nos auteurs français. L'esprit français a chez Molière quelque chose d'âpre, quand il n'est pas précieux, rude ou bouffon. Chez Beaumarchais, il est sec et *scintillant*. L'esprit de Mozart n'a aucun rapport avec eux ; il ne laisse aucun arrière-goût d'amertume ; il est sans malignité ; c'est le plaisir de vivre, d'agir, d'être en mouvement, de dire et de faire des folies, de jouir du monde,

1. *Le Soir des Rois.*

de la vie; il est imprégné d'amour. Ce sont d'aimables créatures qui se grisent de rires, de mots dits à tort et à travers, pour cacher l'émotion amoureuse qui est au fond de leur cœur. Elles font penser aux folles lettres, que Mozart écrivait à sa femme :

« Petite femme chérie, si je voulais te raconter tout ce que je fais avec ton cher portrait, tu rirais bien souvent ! Par exemple, quand je le tire de sa prison, je lui dis : Dieu te bénisse, petite Constance !... Dieu te bénisse, friponne !... tête ébouriffée,... nez pointu ! — Et puis, quand je le remets en place, je le fais glisser peu à peu, en disant tout le temps : Allons !... allons !... allons !... mais avec l'énergie particulière que demande ce mot qui dit tant de choses !... Et pour finir, je dis bien vite : Bonne nuit, petite souris, dors bien. — Je crois bien que je viens d'écrire là quelque chose de fort stupide (du moins pour le monde)... mais voilà le sixième jour que je suis loin de toi, et vraiment il me semble qu'il y a déjà un an... Ah ! si les gens pouvaient voir dans mon cœur, je rougirais presque... » (13 avril, 30 sept. 1790.)

*
* *

L'abondance de gaieté produit la bouffonnerie. Il s'en mêle une forte dose à l'esprit de Mozart. La double influence de la comédie bouffe italienne et du goût viennois devaient y contribuer. C'est la partie la moins intéressante de son œuvre, et nous nous en passerions volontiers ; mais elle se comprend. Il est bien naturel que le corps ait ses exigences à côté de l'esprit ; et quand il déborde de joie, la bouffonnerie jaillit d'elle-même. Mozart s'amuse comme un enfant. On sent que ses Leporello, ses Osmin et ses Papageno le divertissent prodigieusement.

La bouffonnerie chez lui atteint quelquefois au sublime. Que l'on pense au caractère de don Juan, et à tout cet opéra qualifié par l'auteur d'*opera buffa*[1]. La bouffonnerie

---

1. Ces titres répondaient chez Mozart à des distinctions réelles. « Croyez-vous donc que j'écrirai un opéra-comique de la même façon qu'une *opera seria* ? Autant il faut, dans une *opera seria*, d'érudition et

pénètre ici l'action tragique; elle se joue autour de la
statue du commandeur et des douleurs d'Elvire. La scène
de la sérénade est une situation bouffe; mais l'esprit avec
lequel Mozart l'a traitée en fait une scène de haute comédie.
Le caractère tout entier de don Juan est tracé avec une
souplesse de main surprenante. A vrai dire, il est excep-
tionnel dans l'œuvre de Mozart; et il l'est peut-être aussi
dans l'art musical du xviiie siècle [1]. Il faut aller jusqu'à
Wagner pour trouver, dans le théâtre de musique, des
personnages d'une vie aussi vraie, aussi pleine et aussi
logique, d'un bout à l'autre de l'œuvre. S'il est une chose,
au premier instant, qui surprenne, c'est que Mozart ait
pu tracer avec cette assurance le caractère d'un grand
seigneur sceptique et libertin. Mais si l'on étudie d'un
peu plus près l'égoïsme brillant, railleur, orgueilleux,
sensuel et colère de ce don Giovanni (qui est un Italien
du xviiie siècle, et non plus le hautain Espagnol de la
légende, ou le sec petit marquis athée de la cour de
Louis XIV), on remarquera qu'il n'y a pas un trait en lui
que Mozart n'ait pu retrouver en soi-même, dans ces
obscures profondeurs de l'âme, où le génie sent poindre
les germes de toutes les puissances bonnes ou mauvaises
de l'univers. Chose étrange! Chacun des mots, dont nous
venons de nous servir pour caractériser don Juan, nous
avait déjà servi pour définir l'âme et le talent de Mozart.
Nous avons parlé de la sensualité de sa musique et de son
esprit railleur. Nous avions noté son orgueil, ses transports
de colère, et son égoïsme redoutable — et légitime.

Ainsi (ô paradoxe!) Mozart portait en lui les puissances
d'un don Juan, et il a pu réaliser dans son art le caractère

de savoir, avec peu de badinage, autant, dans une *opera buffa*, il faut
de badinage et de gaieté, avec peu d'érudition. Si l'on veut de la
musique légère dans une *opera seria*, je n'y puis rien. » (16 juin 1781.)

1. Je dis : peut-être, car il faudrait ignorer la *vis comica* des musiciens italiens du xviiie siècle, pour ne pas réserver son jugement sur
l'immense quantité d'œuvres qui dorment encore dans les bibliothèques italiennes, et dont tous les grands classiques allemands, que
nous admirons aujourd'hui : Hœndel, Gluck, Mozart et les autres
avaient fait abondamment leur profit.

qui, dans son ensemble, et par la combinaison différente des mêmes éléments, était le plus éloigné de lui qu'on pût trouver. Il n'est pas jusqu'à sa tendresse câline, qui ne se soit traduite ici par la force de séduction du personnage. En dépit des apparences, cette âme aimante eût probablement échoué à peindre les transports d'un Roméo, — et un don Juan a été sa plus puissante création. — Ainsi le veut souvent la nécessité paradoxale du génie.

**

Mozart est le compagnon préféré des cœurs qui ont aimé et des âmes apaisées. Ceux qui souffrent, se réfugient de préférence dans les bras du grand consolateur, le grand inconsolable, Beethoven, qui tant souffrit.

Cependant Mozart ne fut point épargné. Le sort lui fut plus rude encore qu'à Beethoven. Il connut la douleur, sous toutes ses formes ; il connut les déchirements de la souffrance, la terreur de l'inconnu et les mornes angoisses de l'âme solitaire. Il les exprima dans quelques pages, que Beethoven et Weber n'ont pas surpassées. Entre toutes, il faut citer ses *Fantaisies* et l'*Adagio* pour piano *en si mineur*. Ici, nous voyons apparaître une puissance nouvelle, que nous n'avions pas encore aperçue chez Mozart, et que je nommerais le génie, si ce ne semblait une impertinence de laisser entendre que nous ne l'avions pas encore rencontré en dehors de ces œuvres. Mais j'appelle : génie, ce grand souffle indépendant du nôtre, qui emporte une âme, parfois médiocre, ou qui lutte avec elle ; c'est une puissance étrangère à l'esprit où elle établit sa domination ; c'est le Dieu qui est en nous, et qui pourtant n'est pas nous. — Jusqu'ici, nous n'avions vu en Mozart qu'un être merveilleusement riche de vie, de joie et d'amour ; mais c'était toujours lui-même que nous retrouvions au travers des âmes où il se transformait. — Ici nous atteignons le seuil d'un monde plus mystérieux. C'est l'essence même de l'âme qui parle, son être impersonnel et universel, — l'Être, — le fond commun des âmes, que seul le génie peut

exprimer. Il s'engage parfois entre l'âme individuelle et
son Dieu intérieur des dialogues sublimes, surtout aux
heures où l'âme accablée se réfugie dans son sanctuaire
inaccessible. Ce dualisme de l'âme et de son démon se
retrouve constamment dans l'art de Beethoven. Mais l'âme
de Beethoven est violente, capricieuse, fantasque, passionnée. Celle de Mozart est juvénile, délicate, souffrant
parfois de son trop de tendresse, mais harmonieuse, chantant sa souffrance en phrases bien rythmées, et finissant par
s'y *laisser bercer*, par sourire au milieu de ses larmes à la
grâce de son art, à sa propre séduction (*Adagio en si mineur*).
C'est le contraste de cette âme de fleur et de ce génie
souverain, qui fait le charme sans prix de ces poésies
musicales. Telle Fantaisie ressemble à un arbre au large
tronc, aux bras puissants, au feuillage finement dentelé, et
parsemé de fleurs au léger parfum. Un souffle héroïque
emporte le premier morceau du *Concerto pour piano en ré
mineur*, et les éclairs s'y entrecroisent avec les sourires.
La célèbre *Fantaisie et sonate, en ut mineur*, a la majesté d'un
dieu Olympien, et l'élégante sensibilité d'une héroïne de
Racine. Dans l'*Adagio en si mineur*, le dieu est plus sombre
encore, et prêt à lancer la foudre; l'âme soupire, parle de
la terre, aspire aux tendresses humaines, et finit par s'en-
dormir dans l'alanguissement de sa plainte harmonieuse.

*
* *

Il est des occasions enfin où l'âme de Mozart, s'élevant
plus haut encore, rompt ce dualisme héroïque, et parvient
aux régions sublimes et pacifiées, à la limite desquelles
meurt le souffle des passions humaines. Alors il est l'égal
de plus grands; et Beethoven lui-même, dans ses visions de
vieillesse, n'atteint point à des cimes plus sereines que
Mozart transfiguré par la foi.

Le malheur est que ces moments sont rares, et que la
foi de Mozart ne s'exprime que par exception. Et cela,
pour sa certitude même. Un homme comme Beethoven,
qui a sans cesse à créer sa foi, en parle constamment.

Mozart est un croyant; sa foi est ferme et paisible, elle ne le tourmente point, il ne parle pas d'elle; il parle du monde gracieux et éphémère, qu'il aime et dont il veut être aimé. Mais lorsque la nécessité du sujet dramatique ouvre son art au sentiment religieux; ou lorsque les graves soucis, les souffrances, les pressentiments de la fin prochaine rompent le charme de la vie et ramènent ses regards vers Dieu seul, — alors Mozart n'est plus Mozart (j'entends celui que le public connaît, et admire sous ce nom). Il apparaît celui qui fût devenu, si la mort ne l'eût arrêté en route, l'artiste digne de réaliser le rêve de Gœthe d'unir l'âme chrétienne à la beauté païenne, d'accomplir comme le voulait Beethoven dans sa *Dixième Symphonie* « la réconciliation du monde moderne avec le monde antique, — ce que Gœthe avait tenté dans son *Second Faust !* ».

Dans trois œuvres surtout, Mozart a exprimé le *Divin* dans *le Requiem*, dans *don Juan*, et dans *la Flûte enchantée* — Le *Requiem* respire le pur sentiment de la foi chrétienne. Mozart y a fait le sacrifice de ses séductions et de ses grâces mondaines. Il n'a gardé que son cœur, qui se fait humble, repentant, tremblant, pour parler à Dieu. Un douloureux effroi et une contrition tendre parcouren

1. Carnets de notes de Bœthoven.
Gœthe eut le sentiment très net de cette mission de Mozart. Schiller lui écrivait, le 29 décembre 1797: « J'avais toujours espéré que la tragédie sortirait de l'opéra sous une forme plus noble et plus belle, comme jadis elle est sortie des chœurs des fêtes de Bacchus Dans l'opéra, en effet, on s'abstient de toute imitation servile de la nature; par la puissance de la musique, par l'excitation de la sensibilité que ce transport affranchit de ses grossières attaches, l'opéra prédispose la pensée aux plus nobles sentiments. La passion ellemême s'y montre comme un libre jeu, parce que la musique l'accompagne; et le merveilleux, qui y est toléré, doit rendre l'esprit plus indifférent au sujet même. »
Gœthe répondit :
« Si vous aviez pu assister dernièrement à la représentation de *Don Juan*, vous y auriez vu réalisées toutes vos espérances au sujet de l'opéra. Mais aussi cette pièce est-elle tout à fait seule de son genre, et la mort de Mozart a détruit tout espoir de voir jamais quelque chose de semblable. » (30 décembre 1797.)

l'œuvre, d'un sentiment grandiose et convaincu. La mélancolie touchante et l'accent personnel de certaines phrases font sentir que Mozart pensait à lui-même, quand il demandait pour d'autres le repos éternel. — Dans les deux autres œuvres, le sentiment religieux s'élargit encore; par l'intuition artistique, il sort des limites étroites d'une foi particulière, pour exprimer l'essence même de toute foi. Les deux ouvrages se complètent. *Don Juan* dit le poids de la prédestination, qui s'appesantit sur l'homme esclave de ses vices et entraîné dans le tourbillon des apparences; la *Flûte enchantée* chante l'extase libre et pacifiée des Sages. L'un et l'autre, par leur simplicité puissante et leur calme beauté, ont un caractère antique. L'implacable fatalité de *Don Juan* et la sérénité de *la Flûte* sont peut-être ce que l'art moderne a produit de plus près de l'art grec, sans en excepter même les tragédies de Gluck. La sublime pureté de certaines harmonies de *la Flûte* plane à des hauteurs où s'élèvent à peine les mystiques ardeurs des chevaliers du Graal. Ici, tout est lumière. Rien n'est plus que lumière.

*
**

C'est en elle que Mozart s'éteignit, le 5 décembre 1791. — On sait que la première représentation de *la Flûte* avait eu lieu le 30 septembre précédent, et qu'il avait écrit *le Requiem* dans les deux derniers mois de sa vie. — Ainsi il commençait à peine à livrer le secret de son être, au moment où la mort le frappa, — à trente-cinq ans. Ne médisons point de la mort. Mozart l'appelait sa « meilleure amie »; et c'est à son approche, sous son souffle fécond, qu'il prit pleinement conscience des puissances supérieures qu'il tenait captives en lui, et qu'il s'abandonna à elles dans ses œuvres les plus hautes : les dernières. — Mais il est juste de se souvenir qu'à trente-cinq ans, Beethoven n'avait encore écrit ni l'*Appassionata*, ni *la Symphonie en ut mineur*, et qu'il était bien loin de concevoir *la Neuvième* et *la Messe en Ré*.

Tel que la mort nous l'a laissé, interrompu dans son

cours, Mozart nous reste comme une source éternelle de paix. Au milieu du bouleversement de passions qui, depuis la Révolution, ont soufflé sur tous les arts et troublé la musique, il est doux de se réfugier parfois dans sa sérénité, comme au sommet d'un Olympe aux lignes harmonieuses, et de contempler au loin, dans la plaine, les combats des héros et des dieux de Beethoven et de Wagner, et la vaste mer du monde aux flots frémissants.

Suave, mari magno...

Les articles qui composent ce volume, et qui tous se rattachent à un sujet commun : l'histoire du théâtre musical, ont paru d'abord, séparément, dans diverses Revues :

La *Revue d'Histoire et de Critique musicales* a publié, en juin 1902, l'introduction : *De la place de la Musique dans l'Histoire générale* (leçon d'ouverture de l'Ecole de musique, à l'École des Hautes-Études Sociales); — et en janvier, juin, et octobre 1901, l'étude sur *le premier Opéra joué à Paris : l'Orfeo de Luigi Rossi.*

La *Revue de Paris* a publié les articles sur *l'Opéra avant l'Opéra* (1er février 1904), — *Gluck* (15 juin 1904), — *Grétry* (15 mars 1908), — et les deux premières parties des *Notes sur Lully* (15 février 1908).

Les quatre dernières parties de l'étude sur *Lully* ont paru dans *le Mercure musical* du 15 janvier 1907 ; — et la *Revue d'Art dramatique* a donné, en 1903, le petit portrait de *Mozart*, qui date, en réalité, d'une dizaine d'années plus tôt.

SUPPLÉMENT MUSICAL

L' « ORFEO » DE LUIGI ROSSI (1647)
DÉSESPOIR D'ORPHÉE[1]

1. Acte III, scène X et dernière.

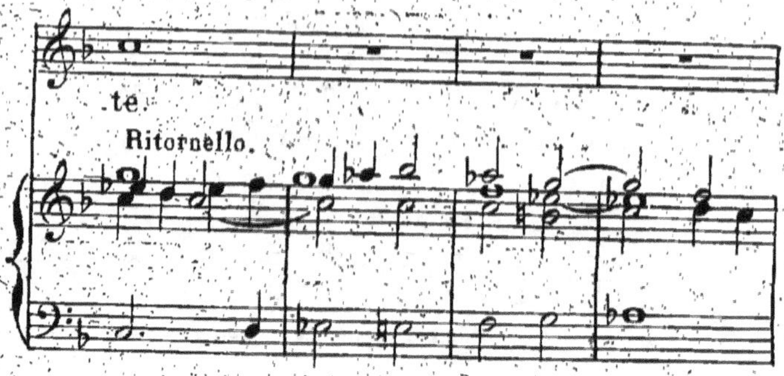
te
Ritornello.

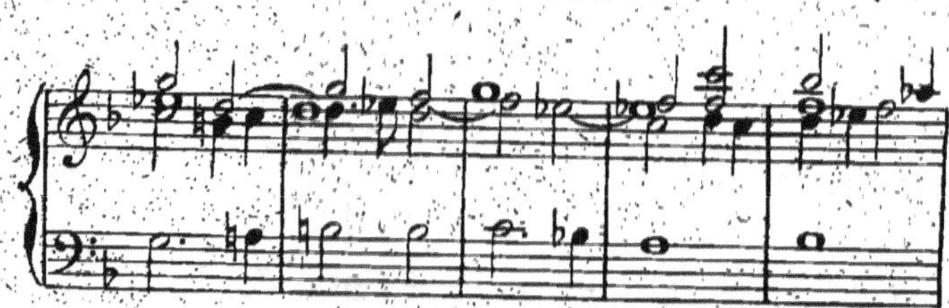

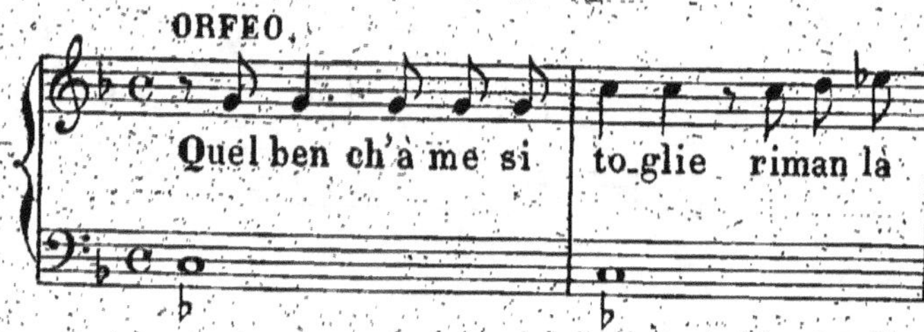
ORFEO.
Quel ben ch'a me si to-glie riman la

giù, nè ponno angoscie e doglie star già mai secou
_ni _ te; più pe _ no _ so ri _cet _ to,
più dispera _ to lo _ co del mio mi _ se _ ro
pet _ to non hà l'eter _ no fo _ co. Son
le mi _ se _ rie mi _ e solo in _ fi _ ni _ te.

Lascia teAverno, ò pe_ne, e
me e me se_gui te.
Ritornello come sopra.
E voi, del Tracio suol piaggie ri_
_den_ti. ch'impa_rando a gioir dalla mi_a
ce_tra garreg_giaste con l'etra hor,

all' as_pet_to sol de miei tor
_men_ti d'horror vi ri_co_ pri _ te,
e tu, ce_tra in fe _ li _ ce, obblia
gli accenti tuoi già si ca no ri, e per
o _gni pen di _ ce vien pur me _ copian

-gen do i miei do lo ri, son le
gio ie per noi tut te smar ri te.
Lascia teAverno, ô pe ne, e
me e me se gui te.
Ritornello come sopra
ORFEO.
Ma che tardo a mo ri re? Ma che

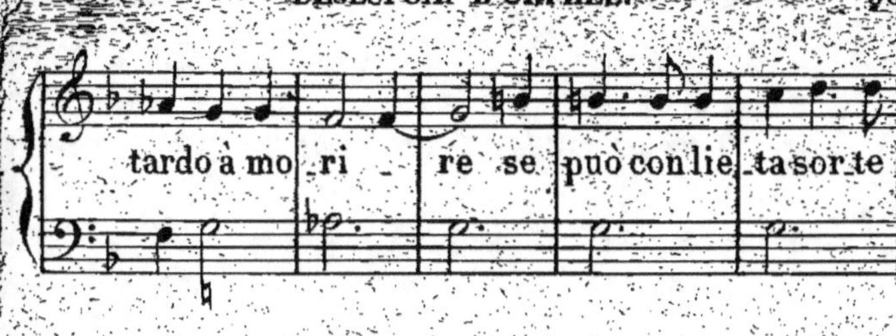

tardo à mo _ ri _ re se può con lie _ ta sorte
ricon _ dur mi la mor _ te al la bella ca _

_ gion del mio lan _ gui _ re, à mo _

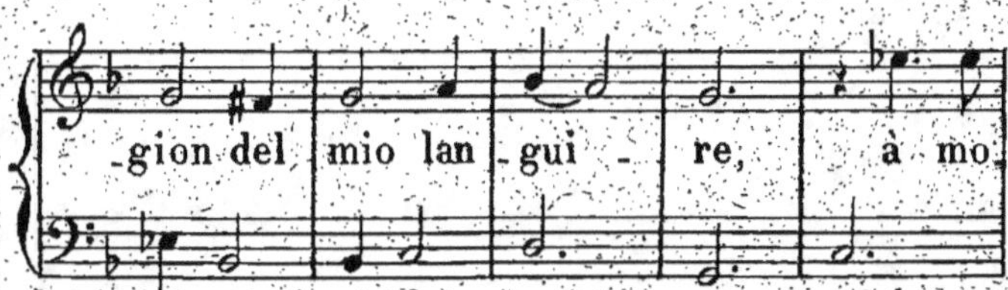

_ ri _ re, à mo _ ri _ re, à mo _

_ ri _ re, a _ mo _ ri _ re

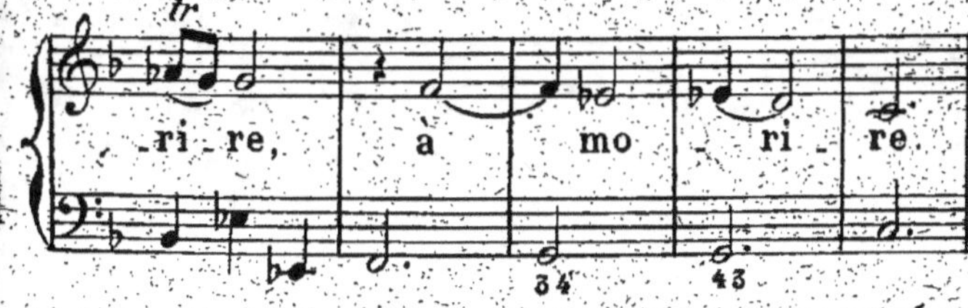

TABLE DES MATIÈRES

4670-11. — Coulommiers. Imp. Paul BRODARD. — P12-11.

LIBRAIRIE HACHETTE ET Cie

BOULEVARD SAINT-GERMAIN, 79, À PARIS

LES
GRANDS ÉCRIVAINS FRANÇAIS

ÉTUDES SUR LA VIE
LES ŒUVRES ET L'INFLUENCE DES PRINCIPAUX AUTEURS
DE NOTRE LITTÉRATURE

Notre siècle a eu, dès son début, et léguera au siècle prochain un goût profond pour les recherches historiques. Il s'y est livré avec une ardeur, une méthode et un succès que les âges antérieurs n'avaient pas connus. L'histoire du globe et de ses habitants a été refaite en entier; la pioche de l'archéologue a rendu à la lumière les os des guerriers de Mycènes et le propre visage de Sésostris. Les ruines expliquées, les hiéroglyphes traduits ont permis de reconstitué l'existence des illustres morts, parfois de pénétrer jusque dans leur âme.

Avec une passion plus intense encore, parce qu'elle était mêlée de tendresse, notre siècle s'est appliqué à faire revivre les grands écrivains de toutes les littératures, dépositaires du génie des nations, interprètes de la pensée des peuples. Il n'a pas manqué en France d'érudits pour s'occuper de cette tâche; on a publié les œuvres et débrouillé la biographie de ces hommes fameux que nous chérissons comme des ancêtres et qui ont contribué, plus même que les princes et les capitaines, à la formation de la France moderne, pour ne pas dire du monde moderne.

Car c'est là une de nos gloires, l'œuvre de la France a été accomplie moins par les armes que par la pensée, et l'action de notre pays sur le monde a toujours été indépendante de ses triomphes militaires : on l'a vue prépondérante aux heures les plus douloureuses de l'histoire nationale. C'est pourquoi les maîtres esprits de notre littérature intéressent non seulement leurs descendants directs, mais encore une nombreuse postérité européenne éparse au delà des frontières.

Beaucoup d'ouvrages, dont toutes ces raisons justifient du reste la publication, ont donc été consacrés aux grands écrivains français. Et cependant ces génies puissants et charmants ont-ils dans le monde la place qui leur est due? Nullement, et pas même en France.

Nous sommes habitués maintenant à ce que toute chose soit aisée; on a clarifié les grammaires et les sciences comme on a simplifié les voyages; l'impossible d'hier est devenu l'usuel d'aujourd'hui. C'est pourquoi, souvent, les anciens traités de littérature nous rebutent et les éditions complètes ne nous attirent point : ils conviennent pour les heures d'étude qui sont rares en dehors des occupations obligatoires, mais non pour les heures de repos qui sont plus fréquentes. Aussi, les œuvres des grands hommes complètes et intactes, immobiles comme des portraits de famille, vénérées, mais rarement contemplées, restent dans leur bel alignement sur les hauts rayons des bibliothèques.

On les aime et on les néglige. Ces grands hommes

semblent trop lointains, trop différents, trop savants, trop inaccessibles. L'idée de l'édition en beaucoup de volumes, des notes qui détourneront le regard, l'appareil scientifique qui les entoure, peut-être le vague souvenir du collège, de l'étude classique, du devoir juvénile, oppriment l'esprit; et l'heure qui s'ouvrait vide s'est déjà enfuie; et l'on s'habitue ainsi à laisser à part nos vieux auteurs, majestés muettes, sans rechercher leur conversation familière.

L'objet de la présente collection est de ramener près du foyer ces grands hommes logés dans des temples qu'on ne visite pas assez, et de rétablir entre les descendants et les ancêtres l'union d'idées et de propos qui, seule, peut assurer, malgré les changements que le temps impose, l'intègre conservation du génie national. On trouvera dans les volumes en cours de publication des renseignements précis sur la vie, l'œuvre, et l'influence de chacun des écrivains qui ont marqué dans la littérature universelle ou qui représentent un côté original de l'esprit français. Les livres sont courts, le prix en est faible; ils sont ainsi à la portée de tous. Ils sont conformes, pour le format, le papier et l'impression, au spécimen que le lecteur a sous les yeux. Ils donnent, sur les points douteux, le dernier état de la science, et par là ils peuvent être utiles même aux spécialistes. Enfin une reproduction exacte d'un portrait authentique permet aux lecteurs de faire, en quelque manière, la connaissance physique de nos grands écrivains.

En somme, rappeler leur rôle, aujourd'hui mieux

connu grâce aux recherches de l'érudition, fortifier leur action sur le temps présent, resserrer les liens et ranimer la tendresse qui nous unissent à notre passé littéraire; par la contemplation de ce passé, donner foi dans l'avenir et faire taire, s'il est possible, les dolentes voix des découragés : tel est notre objet principal. Nous croyons aussi que cette collection aura plusieurs autres avantages. Il est bon que chaque génération établisse le bilan des richesses qu'elle a trouvées dans l'héritage des ancêtres, elle apprend ainsi à en faire meilleur usage; de plus, elle se résume, se dévoile, se fait connaître elle-même par ses jugements. Utile pour la reconstitution du passé, cette collection le sera donc peut-être encore pour la connaissance du présent.

J.-J. JUSSERAND.

TURGOT par M. Léon Say de l'Académie française.	**CHATEAUBRIAND** par M. de Lescure.
THIERS par M. P. de Rémusat sénateur, de l'Institut.	**FÉNELON** par M. Paul Janet de l'Institut.
BERNARDIN DE S¹-PIERRE par M. Arvède Barine.	**SAINT-SIMON** par M. Gaston Boissier secrétaire perpétuel de l'Acad. française.
MADAME DE LAFAYETTE par M. le comte d'Haussonville de l'Académie française.	**RABELAIS** par M. René Millet.
MIRABEAU par M. Edmond Rousse de l'Académie française.	**J.-J. ROUSSEAU** par M. Arthur Chuquet professeur au Collège de France.
RUTEBEUF par M. Clédat professeur de Faculté.	**LESAGE** par M. Eugène Lintilhac.
STENDHAL par M. Édouard Rod.	**DESCARTES** par M. Alfred Fouillée membre de l'Institut.
ALFRED DE VIGNY par M. Maurice Paléologue.	**VICTOR HUGO** par M. Léopold Mabilleau professeur de Faculté.
BOILEAU par M. G. Lanson.	**ALFRED DE MUSSET** par M. Arvède Barine.

JOSEPH DE MAISTRE par M. George Cogordan.	**MALHERBE** par M. le duc de Broglie de l'Académie française.
FROISSART par Mme Mary Darmesteter.	**BEAUMARCHAIS** par M. André Hallays.
DIDEROT par M. Joseph Reinach.	**MARIVAUX** par M. Gaston Deschamps.
GUIZOT par M. A. Bardoux membre de l'Institut.	**RACINE** par M. Gustave Larroumet membre de l'Institut.
MONTAIGNE par M. Paul Stapfer professeur de Faculté.	**MÉRIMÉE** par M. Augustin Filon.
LA ROCHEFOUCAULD par M. J. Bourdeau.	**CORNEILLE** par M. G. Lanson professeur de Faculté.
LACORDAIRE par M. le comte d'Haussonville de l'Académie française.	**FLAUBERT** par M. Émile Faguet de l'Académie française.
ROYER-COLLARD par M. E. Spuller.	**BOSSUET** par M. Alfred Rébelliau.
LA FONTAINE par M. G. Lafenestre membre de l'Institut.	**PASCAL** par M. É. Boutroux membre de l'Institut.

FRANÇOIS VILLON par M. G. PARIS de l'Académie française.	**FONTENELLE** par M. LABORDE-MILAÀ.
ALEXANDRE DUMAS PÈRE par M. HIPPOLYTE PARIGOT	**CALVIN** par M. A. BOSSERT.
ANDRÉ CHÉNIER par M. EMILE FAGUET de l'Académie française.	**VOLTAIRE** par M. G. LANSON.
LA BRUYÈRE par M. MORILLOT professeur de Faculté.	**MOLIÈRE** par M. G. LAFENESTRE membre de l'Institut.
AGRIPPA D'AUBIGNÉ par M. SAMUEL ROCHEBLAVE.	

Coulommiers. — Imp. PAUL BRODARD. — 11-1911-1740.